Isto Não É um Ator

Coleção Estudos
Dirigida por J. Guinsburg

Projeto realizado com o apoio do Estado de Santa Catarina, Secretaria de Estado de Turismo, Cultura e Esporte, Fundação Catarinense de Cultura, Funcultural e Edital Elisabete Anderle/2014

Equipe de realização – Edição de texto: Iracema A. de Oliveira; Revisão: Marcio Honorio de Godoy; Produção textual: Luiz Henrique Soares e Elen Durando; Produção: Ricardo W. Neves, Sergio Kon e Lia N. Marques.

Melissa Ferreira

ISTO NÃO É UM ATOR
O TEATRO DA SOCÌETAS RAFFAELLO SANZIO

APOIO:

CIP-Brasil. Catalogação na Publicação
Sindicato Nacional dos Editores de Livros, RJ

F442i
    Ferreira, Melissa
    Isto não é um ator : o teatro da socìetas Raffaello Sanzio / Melissa Ferreira. - 1. ed. - São Paulo : Perspectiva, 2016.
    264 p. : il. ; 23 cm. (Estudos ; 344)

    Inclui bibliografia
    ISBN 978-85-273-1070-3

    1. Companhia Socìetas Raffaello Sanzio - História. 2. Teatro italiano (Contemporâneo). 2. Teatro - História e crítica. I. Ferreira, Melissa. II. Título. III. Série.

16-35987
                                  CDD: 792.0945
                                  CDU: 792(450)

30/08/2016   01/09/2016

Direitos reservados à
EDITORA PERSPECTIVA S.A.

Av. Brigadeiro Luís Antônio, 3025
01401-000 São Paulo SP Brasil
Telefax: (011) 3885-8388
www.editoraperspectiva.com.br

2016

Para Milton de Andrade,
pela parceria na vida, no amor e na arte.

Sumário

Agradecimentos xiii

Em Busca da Infância Perdida – *Matteo Bonfitto* xvii

Introdução xxi

1. PRÓLOGO:
   A SOCÌETAS RAFFAELLO SANZIO 1

   Teatro dos Corpos 2
   Teatro Comandini 4

2. ARTICULAÇÕES ENTRE A CENA, A FORMAÇÃO
   E A CRIAÇÃO ARTÍSTICA 9

   A Criança e a Socìetas Raffaello Sanzio 11
      Scuola Sperimentale di Teatro Infantile 11
      Teatro Para a Infância 18
      *A Criança nos Espetáculos da Socìetas
      Raffaello Sanzio* 23

Scholé, a Vivência do Teatro 44
Espaços de Compartilhamento e Síntese 51
   Laboratórios de Romeo Castellucci 51
   Festivais da Socìetas Raffaello Sanzio 55
A Questão da Origem: A Infância do Teatro 59
   O Teatro Anterior à Palavra: A Voz no Trabalho
   de Chiara Guidi 61
   A Materialidade do Corpo nos Espetáculos
   de Romeo Castellucci 65
   A Ritualização da Experiência nas Práticas
   de Claudia Castellucci 70

3. PRÁTICAS E PROCEDIMENTOS
   DE CRIAÇÃO 77
   "Quattro danze coloniali viste da vicino" 79
      O Espetáculo 80
      O Sentido Gerado Pela Experiência 87
      Diferentes Graus de Referencialidade 89
      Aberturas Para o Campo do Sensível 90
      Aprender Através do Fazer 93
   "Il nome dei gatti" 94
      A Performance 95
      A Imaginação Como Chave Para Rever
      a Realidade 97
   "Strappare un mondo e poi farne un altro" 101
      O Laboratório 102
      Procedimentos de Criação 103
   "La bambina dei fiammiferi" 107
      O Espetáculo 108
      A Suspensão de Estereótipos Ligados à Infância . . . 111
      Os Estímulos à Percepção e a Geração
      de Experiência 118
   "Macbeth" 120
      O Processo de Criação 121

    "Sul concetto di volto nel figlio di Dio" 134
       O Espetáculo 135
       A Participação de Crianças 136

4. TEATRO CONTEMPORÂNEO,
    PEDAGOGIA DO ATOR E DO TEATRO 147

    Corpo, Percepção e Experiência 148
    A Experiência Como Pedagogia 155
    É Isto um Ator? 165
       A Prática Como Produtora de Conhecimento . . . 175
    Pedagogia *Rovesciata* 181

5. ENTREVISTAS 199

    Romeo Castellucci 199
    Claudia Castellucci 212
    Sergio Scarlatella 219

Referências 227

Agradecimentos

Agradeço a todos que contribuíram para o desenvolvimento deste trabalho:

À toda equipe da Socìetas Raffaello Sanzio pela generosidade com que me acolheu. Aos fundadores da companhia Claudia Castellucci, Romeo Castellucci e Chiara Guidi, às produtoras Valentina Bertolino e Sandra Ghetti, aos atores Gianni Plazzi, Silvano Voltolina e, em especial, ao ator e amigo Sergio Scarlatella.

Ao meu orientador Matteo Bonfitto por sua disponibilidade em compartilhar seus saberes, pela escuta atenta, pelo incentivo e amizade.

À José Ronaldo Faleiro, Biange Cabral, Luiz Fernando Ramos, Flávio Desgranges e Cassiano Quilici, pelas importantes contribuições à pesquisa.

À Fundação Catarinense de Cultura que apoiou a publicação deste livro.

À Capes pelo auxílio indispensável à realização da pesquisa.

À Gita Guinsburg e Jacó Guinsburg.

À Lúcia Vernet, Letícia Cardoso, Dra. Waldyvia de Paula Machado, Antonio Falzetti, Patrícia Puttini, Samuel Romão, Heloíse Vidor, Marco Antonio Oliveira, Tuany Fagundes, Luana Leite, Teresa Mateiro, Max Buldrini, Luca Tanieli e Juliana Bassetti, pelas ajudas, pelas amizades e pelas parcerias criativas.

Aos meus pais, Sônia e Antônio, à Lene, às minhas irmãs Joana e Ísis e à minha vó Ivany, pelos afetos e cuidados.

À minha família. Milton, por sua forma amorosa, acolhedora e incentivadora de estar sempre ao meu lado; Gabriel, por sua amorosidade nutridora; Beatriz, Clara e Giulia, pelos afetos e cumplicidades femininas. Obrigada por existirem na minha vida e por todo apoio, incentivo e amor.

*Para entender nós temos dois caminhos:
o da sensibilidade que é o entendimento do corpo;
e o da inteligência que é o entendimento
do espírito. Eu escrevo com o corpo.
Poesia não é para compreender, mas para incorporar.
Entender é parede: procure ser árvore.*

MANOEL DE BARROS

*Aquilo que me atrai na cena são as coisas que a
afastam da representação, tornando o teatro
o verdadeiro conflito, como se ele estivesse sendo
concebido pela primeira vez. Não o espetáculo,
mas o próprio teatro.*

ROMEO CASTELLUCCI

Em Busca da Infância Perdida

Multivetorial. Essa é uma das percepções geradas pela pesquisa desenvolvida por Melissa Ferreira sobre o Teatro da Socìetas Raffaello Sanzio. De fato, a autora não se limita aqui à aplicação de teorias constitutivas de um olhar específico, mas entrelaça, de maneira cuidadosa, as análises apoiadas em referências teóricas com a tessitura de um olhar de matriz fenomenológica, fruto de experiências diretas ocorridas em Cesena, cidade sede da Socìetas Raffaello Sanzio, localizada na região da Emilia-Romagna, na Itália. Multivetorial, igualmente, em função da abordagem construída nesse caso, que nos coloca em um ambiente interdisciplinar e revela conexões no trabalho da Raffaello Sanzio que extrapolam as artes cênicas, envolvendo diversas áreas do saber, tais como filosofia, antropologia, artes visuais, música e, de maneira particularmente interessante, também a pedagogia. Sendo assim, se por um lado Ferreira nos faz ver como esses saberes não são simplesmente aplicados cenicamente na Socìetas, por outro ela nos mostra como eles nascem, se articulam e se definem a partir de um artesanato processual específico, criado sobretudo pelo núcleo principal da Raffaello Sanzio, ou seja, Romeo Castellucci, Claudia Castellucci e Chiara Guidi.

Nesse sentido, a autora nos permite perceber, passo a passo, como a exploração de lógicas utilizadas pela Raffaello Sanzio parece se apoiar em matrizes ampliadas, que não se limitam ao imaginário produzido pela historiografia teatral mas cultivam ecos e reverberações presentes na materialidade das experiências, na plasticidade dos materiais, no cromatismo, nos objetos, nas sonoridades e nas corporeidades. Ao mesmo tempo, evitando se limitar a uma reflexão que se restringe aos aspectos sensíveis do trabalho da Raffaello Sanzio, Ferreira reconhece de maneira aguda o modo particular como as disciplinas já mencionadas estão presentes na cena da Socìetas. Essa operação, tal como é conduzida pela autora – que adentra nas materialidades e as articula com os modos precisos de exploração de outros saberes – confere ao seu trabalho um alto grau de relevância e demonstra, ao mesmo tempo, uma rara combinação entre rigor, profundidade e envolvimento com a própria investigação. A partir das descrições e análises feitas pela autora sobre os processos criativos da Raffaello Sanzio, percebemos como a articulação entre saberes acontece de maneira específica e inúmeras vezes inusitada.

As elaborações de Ferreira podem nos levar ainda a reconhecer a diferença entre eruditismo e pensamento proveniente da experiência, este último constitutivo de uma lógica da prática. Enfatizo com isso, não o dualismo entre prática e teoria – ambas podem ser vistas como práticas profundamente ligadas às experiências – mas o reconhecimento de modos específicos de construção perceptiva que podem permeá-las. De fato, inúmeros artistas cênicos fazem do entrelaçamento entre saberes algo que julgam como um aspecto essencial do próprio fazer criativo, mas em muitos casos nos deparamos com uma mera "atitude aplicativa" que produz, não raramente, um efeito de demonstração de erudição, que ao invés de potencializar as criações, as assolam com informações que se transformam em traduções cênicas de notas de rodapé.

O equilíbrio entre exposição de erudições e processamento de conhecimentos em forma de arte é um tópico abordado em muitos estudos, e requer o desenvolvimento de novas pesquisas específicas porque adentra em um território complexo, que envolve por sua vez o exame de pressupostos ligados seja às noções de "ato criativo" seja às noções de "conhecimento". O trabalho de Ferreira é um material que alimenta essa reflexão de maneira significativa.

A filosofia, a antropologia e a pedagogia são – como nos mostra a autora de maneira potente – transubstancializadas, a fim de se transformarem, no trabalho da Socìetas, em acontecimentos cênicos singulares. Com relação à filosofia, não somos colocados diante da aplicação direta de conceitos, mas levados à busca da construção de modos de existência, nos quais, através da exploração da *scholé*, as noções de pedagogia teatral e de pedagogia como disciplina são ampliadas, revistas ou, como bem colocado no trabalho de Ferreira, *rovesciate*, ou seja, "invertidas". Desse modo, a concepção de arte como geradora de experiências liminares cumpre uma função central no teatro da Raffaello Sanzio.

Os processos de atuação não estão excluídos dessa revisão interdisciplinar colocada em prática pela Socìetas, e abordada com precisão pela autora. Os questionamentos e experimentações relacionados com a formação do ator-*performer* são latentes em todo o trabalho, sem fechar qualquer ponto de vista de maneira rígida. Interessante notar, nesse sentido, as diferenças perceptíveis entre as abordagens de Romeo Castellucci, Claudia Castellucci e Chiara Guidi, que atravessam um amplo *spectrum*, cobrindo desde a inserção de corpos singulares, que trazem já consigo a potência encarnada das próprias experiências, até o trabalho artesanal do ourives, que articula voz-corpo-ritmo em partituras precisas com a finalidade de potencializar as materialidades da cena. Não há aqui uma escola de atuação, há uma proliferação de escolas, muitas delas temporárias, que se redefinem constantemente em função dos processos de alteridade e da busca de instaurações precisas de experiências. Ao invés de uma agregação de artistas que se unem porque "pensam e trabalham de maneira parecida", a alteridade fricciona o próprio núcleo criativo da companhia, e parece ser uma componente de seu motor propulsor. Socìetas então como microssociedade pautada não pelas garantias *a priori* do benefício recíproco, mas como comunidade que busca resgatar e criar outros modos de *com*-vivência.

Já a escolha do nome "Raffaello Sanzio" para a companhia nos indica um horizonte perceptivo singular, se pensarmos que

Raffaello foi uma referência fundamental para o surgimento do movimento artístico que seria denominado mais tarde como Maneirismo. Como sabemos, uma das particularidades do Maneirismo está relacionada com as tensões expressivas que não se resolvem, não se apaziguam, não se concluem, e que buscam deslocar as representações de suas formas habituais de manifestação, criando assim, muitas vezes, um estado de suspensão perceptiva, um "espaço entre" em termos fenomênicos. Não por acaso, o Maneirismo é referido por muitos historiadores da arte como um movimento "estranho", que catalisa aspectos do Renascimento e do Barroco.

A metáfora da infância surge, por fim, como um perfume longínquo cujos rastros mantêm ainda a sua presença, envolvente e sutil. A partir dela nos deparamos com um dos eixos que contribuem de maneira determinante para a singularização do trabalho da Raffaello Sanzio. Infância como dimensão originária existencial, como metáfora de um teatro que busca sempre renascer e se reinventar através de um "olhar-se pela primeira vez", de novo e de novo... Infância como dimensão que antecede a linguagem e, portanto, preserva percepções valiosas que invertem as relações estabelecidas, fazendo da criança um mestre, um guia, um ser que abre caminhos desconhecidos.

Com Proust, podemos perceber o tempo não como algo de fato perdido, mas como uma dimensão que envolve a memória, e que está em constante construção e reconstrução. Deixamos, assim, de ver o tempo e a memória de maneira cristalizada, para percebê-los em seu fluxo inexorável. De maneira semelhante, ao dizer que algo "é" ou "não é", ao invés de estabelecer uma condição ou destino, podemos querer dissolver uma fronteira. Em *Isto Não é um Ator* nos deparamos com uma obra que nos leva a dissolver inúmeras fronteiras, em que a filosofia e a antropologia, mas sobretudo a criação artística, a pedagogia e a infância são retirados de seus lugares supostamente conhecidos para dar vida a uma verdadeira "paideia teatral".

Matteo Bonfitto

Introdução

O impacto gerado por um par de imagens fotográficas é o motivo pelo qual iniciei a pesquisa que resultou neste livro. As imagens me lançaram numa corrente de sensações contraditórias que intercalava prazer e desconforto. Tratava-se de duas fotografias dos espetáculos *Giulio Cesare* (1997) e *Tragedia endogonidia* (2002) da companhia teatral italiana Socìetas Raffaello Sanzio.

A primeira fotografia mostra duas mulheres anoréxicas com figurinos não realistas produzidos com pedaços de metal e meias-calças transparentes. É possível ver o contorno de todos os ossos de seus corpos. Uma das mulheres é careca e faz um gesto que me lembra uma careta infantil: as duas mãos abertas, mostrando as palmas, do lado do rosto e a boca aberta. A outra mulher está estendida no chão com uma placa que lhe cobre parte do corpo com a inscrição *ceci n'est pas un acteur*[1]. A segunda fotografia mostra uma menina de cerca de sete ou oito anos com os braços abertos e as palmas das mãos viradas para cima. Coberta com um líquido vermelho que lhe escorre

---

1 A frase faz referência aos quadros do pintor belga René Magritte *Ceci n'est pas une pipe* (Isto Não É um Cachimbo) e *Ceci n'est pas une pomme* (Isto Não É uma Maçã).

desde o topo da cabeça até os pés, ela veste apenas uma calcinha de malha. Numa das mãos ela segura um par de sapatos vermelhos de mulher.

O prazer causado pela beleza e força simbólica de tais imagens se misturava à perplexidade diante da violência que elas veiculavam. A presença dessas figuras, duas mulheres anoréxicas e uma criança coberta de "sangue", parecia localizar-se num território de fronteira e operar nos limites, não apenas entre o real e a ficção, mas nos limites éticos de exposição do corpo. Eram atrizes? Eram pessoas escolhidas para serem exibidas numa espécie de *freak show* pós-moderno?

Em um primeiro momento, a busca de respostas para esses questionamentos me levou a crer que as pessoas presentes nessas imagens operavam a partir de uma lógica de atuação, própria da performance, que concebe o artista como obra. Porém, a apreciação dos espetáculos em vídeo gerou um deslocamento do meu olhar de espectadora e provocou, assim, novas questões em relação às mesmas figuras. Apesar de se manterem num campo ambíguo, percebi que suas corporeidades eram geradoras de alteridade e que operavam como seres ficcionais. No vídeo ficou claro, então, que elas atuavam como atrizes, profissionais ou não, mas não representavam personagens apesar de, no caso das atrizes anoréxicas, lhes serem atribuídas funções dramatúrgicas ligadas a um texto. As atrizes e os atores desses espetáculos pareciam operar a partir de uma outra lógica de atuação: como dispositivos disparadores de sensações, percepções e emoções nos espectadores.

Apresentar o ator como dispositivo, que não expõe sua biografia, não se autorrepresenta, mas também não representa uma personagem, implica uma diluição da função do que por anos foi considerado o papel do ator, como aquele que usa habilidades corporais para interpretar ou representar os signos provenientes de um texto literário.

Essa quebra de paradigma provoca também uma transformação no papel do espectador, pois dele é exigida uma nova atitude. Sua função já não é a de interpretar os significados transmitidos pelo ator a partir de conteúdos preestabelecidos pelo texto dramático, nem mesmo o de observar voyeuristicamente um corpo real em risco. O espectador participa ativamente na

Cristina Bertini e Helena Bagaloni em Giulio Cesare. *Foto: Luca Del Pia.*

Tragedia endogonidia. BN#05. *Foto: Luca Del Pia.*

construção dos sentidos e tem que lidar com as ambiguidades que esse novo lugar lhe impõe.

A pesquisa que resultou neste livro nasce de questões desencadeadas pelo impacto gerado pelas já citadas imagens, mas se desenvolve, sobretudo, devido à descoberta surpreendente de que, ao longo dos trinta anos de existência, paralelamente aos espetáculos de estética perturbadora, os membros da companhia têm se dedicado à realização de percursos artísticos e formativos voltados para crianças, jovens e adultos. Essas atividades, que ocorrem em diversos âmbitos e incluem a criação de escolas, *workshops*, festivais, residências artísticas e espetáculos, têm em comum o fato de possuir um caráter experimental e laboratorial, e de manter uma relação de retroalimentação com as pesquisas artísticas e filosóficas da companhia. Em tais práticas, coloca-se o foco na "experiência da experimentação", na exploração contínua de novos caminhos, com o objetivo de investigar a potência que reside no ponto de origem de cada criação. Na prática, tal exploração não se traduz apenas como renovação estética, ou de linguagem, mas consiste em colocar à prova as "leis fundamentais do teatro" e, assim, recriar continuamente a própria ideia de teatro.

A análise de tais atividades experimetais da Raffaello Sanzio no campo formativo pode trazer contribuições para a investigação, a difusão e a consolidação de concepções de pedagogias do teatro que estejam em consonância com as práticas contemporâneas que priorizam a experimentação direta, a sensorialidade e o ato estético como experiência. A peculiaridade do trabalho realizado pela companhia está em borrar os limites entre a formação do ator e o ensino do teatro, a experiência cênica e o processo de aprendizagem, a atuação e a fruição, caracterizando uma profunda, duradoura e profícua contaminação entre a criação artística e a formação.

Este livro foi estruturado em quatro capítulos. No primeiro capítulo, será brevemente apresentado o percurso da companhia Socìetas Raffaello Sanzio, sua relevância na cena artística europeia, sua relação com a cidade de Cesena e a Itália, sua estrutura física e de produção.

No segundo capítulo, são analisadas diversas experiências práticas inseridas no campo da formação realizadas pela Socìetas

Raffaello Sanzio ao longo do seu percurso, como escolas, laboratórios e festivais. Vídeos, fotografias e descrições realizadas pelos membros da companhia, por pesquisadores e por participantes das práticas artísticas são utilizados como material de pesquisa.

O terceiro capítulo se apresenta como uma análise de práticas pedagógicas, espetáculos e processos criativos observados diretamente no Teatro Comandini, sede da companhia, em abril de 2012, e por ocasião da participação da companhia no Porto Alegre em Cena (POA-2013), em Porto Alegre, e no Festival Internacional de Buenos Aires, também em 2013.

No capítulo final, são articulados os principais conceitos e as ideias em torno das relações entre corpo, experiência e percepção que permearam as análises das práticas artísticas e pedagógicas da Socìetas Raffaello Sanzio. Esses conteúdos são articulados à luz das teorias teatrais contemporâneas com o objetivo de identificar possíveis contribuições para o desenvolvimento de um pensamento atual sobre a pedagogia do ator e o ensino do teatro.

Antes de apresentar a Socìetas Raffaello Sanzio, considero importante mencionar que não se tem aqui a finalidade de apresentar uma série de teorias com o intuito de justificar a prática da companhia, nem mesmo apresentar em primeiro plano os conceitos sob os quais foram analisados os trabalhos da companhia, como se a prática artística só pudesse ser validada a partir de uma teoria externa à própria experiência. As ideias de corpo, percepção e experiência articuladas neste trabalho emergiram no próprio processo de investigação e de observação da prática artística e pedagógica da companhia. Tais ideias são discutidas em diálogo com alguns autores do campo da filosofia, do teatro e da pedagogia, contudo, procura-se, ao longo do trabalho, manter o propósito de colocar as obras, os procedimentos criativos e a fala dos artistas em primeiro plano. Busca-se, assim, por meio do reconhecimento das especificidades da criação artística na produção de conhecimento, estimular o leitor a perceber *como* os conteúdos relativos ao corpo, à percepção e à experiência emergem na prática da Socìetas Raffaello Sanzio, e a (re)pensar os processos de formação do ator e de ensino do teatro na contemporaneidade.

1. Prólogo: A Socìetas Raffaello Sanzio

A Socìetas Raffaello Sanzio, que é apontada como um dos fenômenos mais importantes e radicais do teatro contemporâneo por teóricos como Hans-Thies Lehmann, Erika Fischer-Lichte e José Sánchez, apesar de já ter estado no Brasil em quatro ocasiões[1], ainda é conhecida de forma parcial ou superficial no meio artístico e acadêmico brasileiro.

A companhia foi fundada no ano de 1981, na pequena cidade de Cesena, na região da Emilia-Romagna no centro-norte da Itália, por Romeo Castellucci, Chiara Guidi, Claudia Castellucci e Paolo Guidi[2]. As duas duplas de irmãos[3], Romeo/Claudia e Chiara/

---

1   A companhia participou da 6ª edição do Festival Porto Alegre em Cena, em 1999, com o espetáculo *Orestea (Una commedia Organica?)*, e da 13ª edição, em 2006, com o espetáculo infantil *Buchettino*. Na ocasião, a Raffaello Sanzio também apresentou em São Paulo, no Sesc Belenzinho e no Sesc Pompeia, os espetáculos *Amleto* e *Orestea*. Em 2013, a companhia apresentou, no 20º Porto Alegre em Cena, o espetáculo *Sul concetto di volto nel filgio di Dio*. O mesmo espetáculo foi apresentado em março de 2014 na primeira edição da Mostra Internacional de Teatro de São Paulo.
2   Paolo Guidi participou da companhia até a metade dos anos 1990.
3   A história da companhia é marcada por outras relações de parentesco: o casamento de Chiara Guidi e Romeo Castellucci; a participação dos seis filhos do casal (Demetrio, Cosma, Teodora, Eva, Agata e Sebastiano) em diversos espetáculos da companhia; e a participação de Carmen Castellucci, irmã de Claudia e Romeo, como figurinista e, eventualmente, como atriz nos espetáculos da companhia.

Paolo, começaram juntos a fazer teatro ainda na adolescência, enquanto frequentavam o colégio. Posteriormente, Claudia e Romeo Castellucci frequentaram a Accademia di Belle Arti di Bologna, formando-se em Pintura e Cenografia. Chiara Guidi formou-se em Letras Modernas, com direcionamento para História da Arte, na Universidade de Bolonha.

A forte influência das artes visuais, evidenciada inclusive na escolha do nome da companhia em homenagem ao grande pintor renascentista italiano Raffaello Sanzio (1483-1520), se deve, portanto, à formação dos seus fundadores, que iniciaram seu percurso profissional no teatro durante a formação em artes visuais.

TEATRO DOS CORPOS

A Socìetas Raffaello Sanzio destaca-se no âmbito da arte contemporânea europeia por suas experiências radicais sobre a imagem, a palavra e a presença. Devido à presença de corpos singulares em seus espetáculos, a companhia ficou conhecida nos anos 1990 como um "teatro dos corpos". Suas experiências revelam uma atitude crítica em relação à representação e às suas implicações políticas e estéticas na sociedade atual.

Ao longo dos seus mais de trinta anos de existência, a companhia vem se caracterizando por utilizar diversas linguagens artísticas, sem hierarquizá-las, para produzir um teatro que age diretamente em todos os sentidos da percepção e em direções simbólicas imprevistas.

O pesquisador Oliviero Ponte di Pino inclui a companhia no que ele define como "o novo teatro italiano", ou seja, experiências marginais e excêntricas, mas significativas tanto pelos resultados alcançados ou reconhecimento obtido, como pela riqueza dos seus percursos. Essas experiências, que tiveram início no fim dos anos 1970 e 80, tão diversas entre si, têm em comum a busca de uma nova gramática para o evento cênico. A "mirabolante inventividade teatral" da Socìetas Raffaello Sanzio, conforme o autor, desorienta o espectador chamando-o a uma reflexão ética e política por sua capacidade de assimilar e reinventar materiais das mais diversas proveniências, e pela "vontade de atacar signos e arquétipos para lançá-los em suas órbitas imprevisíveis, uma mistura de fantasia subversiva e de reverberações ancestrais"[4][*].

Como sugere o título de um dos livros da companhia[5], ela vem oscilando entre a iconoclastia e o superícone: apesar do manifesto iconoclasta[6] do final dos anos 1980, suas obras refletem a busca por produzir símbolos e imagens complexas e potentes.

Se, por um lado, o sentido fundamental do trabalho da Raffaello Sanzio, como afirma o pesquisador italiano Raimondo Guarino, é a reivindicação da força simbólica do teatro, já que "seus projetos reviram o baú dos mitos e das tragédias, os *loci* da consciência compartilhada"[7], por outro lado, os animais e os corpos humanos que habitam os espetáculos da companhia (anoréxicos, doentes terminais, laringotomizados, pessoas com obesidade mórbida, idosos e crianças) oferecem resistência à representação e extrapolam o âmbito da ficção, pois tocam o espectador a partir da sua específica materialidade.

Nas práticas da companhia, a iconoclastia e o superícone, o plano material e o plano simbólico, o real e a ficção atuam num movimento contínuo de oscilação e constituem aspectos indissociáveis e complementares de um *continuum*.

Os corpos dos atores e animais, os objetos, a voz e a música, assim como os outros elementos da cena, assumem o mesmo *status* a fim de proporcionar ao espectador uma experiência sensorial. Estes elementos são investigados não apenas do ponto de vista do seu potencial simbólico, e das possíveis leituras que podem gerar, mas a partir dos modos como atingem perceptivamente o espectador.

É interessante ressaltar que, a partir dos anos 1980, a arte pós-moderna retoma o movimento de vanguardas[8] que ocorre no início do século XX, e propõe uma revisão crítica da representação,

---

4   O. Ponte Di Pino, *Il nuovo teatro italiano 1975-1988*, p. 120.
*   Todas as traduções de materiais ainda não traduzidos para a língua portuguesa por outros pesquisadores e tradutores apresentadas neste estudo são de minha autoria.
5   Cf. C. Castellucci; R. Castellucci, *Il Teatro della Socìetas Raffaello Sanzio: Dal teatro iconoclasta al teatro della super-icona*.
6   Cf. *Il teatro iconoclasta*.
7   *L'apocalisse teatrale della Socìetas Raffaello Sanzio*. Disponível em: <http://www.teatroestoria.it/>.
8   Para as vanguardas históricas, a obra de arte conteria o real, e não a sua representação.

com o intuito de evidenciar as relações entre representação e poder e questionar a função ideológica da linguagem mimética. Esses questionamentos, na prática, geraram movimentos artísticos que têm como característica a desconstrução do impulso mimético. Nas artes cênicas, conforme diz Hans-Thies Lehmann em *Teatro Pós-Dramático*, percebe-se a tendência à não representação e à busca da experiência imediata do real. Trata-se de um teatro que constrói a sua própria realidade, ou seja, o processo vital e performativo do espetáculo substitui de vez a atuação mimética.

Assim como a Socìetas Raffaello Sanzio, nos anos 1990 diversos diretores do teatro europeu recorreram ao trabalho com "não atores", ou "atores não profissionais", com o objetivo de evitar ou questionar a representação, como se a consciência das realidades vividas provocasse uma fratura na ficção, permitindo a irrupção da realidade na cena artística. Para muitos desses diretores, porém, tratava-se de uma tentativa "de apresentar o real ao invés de representá-lo"[9]. Essas experiências tiveram, em muitos casos, o intuito de sanar uma impossibilidade de conectar teatro e realidade, de fazer um teatro ancorado verdadeiramente no tempo e no espaço presente.

O teatro da Socìetas Raffaello Sanzio não busca apresentar o real bruto da cena como forma de quebra com a representação, e resiste à representação de dentro da própria representação. Diferentemente das vanguardas e da arte pós-moderna, a companhia não pretende cancelar ou anular a representação, mas, operando a partir dela, busca encontrar fissuras através das quais a materialidade dos elementos da cena possa se manifestar e tocar o espectador.

TEATRO COMANDINI

A Socìetas Raffaello Sanzio tem como sede de trabalho o Teatro Comandini, que está situado dentro da grande estrutura do Palazzo Guidi, localizado no centro histórico de Cesena e construído em 1719 por uma família tradicional italiana. Em 1907, a prefeitura

---

[9] J. Sánchez, *Prácticas de lo Real en la Escena Contemporánea*, p. 140.

passou a ser a proprietária do imóvel e, em 1993, faz a concessão do espaço à companhia. A Raffaello Sanzio, porém, desenvolve atividades no local desde 1989. O Palazzo atualmente hospeda, além do teatro, o Conservatorio Statale di Musica Bruno Maderna.

O espaço do Teatro Comandini inclui duas salas grandes destinadas à apresentação de espetáculos, ensaios e laboratórios, além de um grande *hall* central, uma oficina de figurinos, que é também uma espécie de sala de convivência com mesa, cadeiras e geladeira, e outras três salas onde funcionam os escritórios. O escritório maior possui ainda um *mezzanino*, que funciona como depósito e arquivo.

A estrutura administrativa e de produção conta com funcionários que trabalham nos escritórios do teatro. Cerca de oito pessoas assumem as funções de produção, secretariado e administração, dentre elas, Gilda Biasini e Cosetta Nicolini, que trabalham com a companhia há mais de vinte anos. Além disso, há outras pessoas que trabalham na equipe técnica e criativa, como o técnico de iluminação Luciano Trebbi e a figurinista Carmen Castellucci, que participam ativamente das produções da companhia, atendendo às solicitações dos processos criativos. Em ocasiões específicas, como a realização de festivais, a apresentação de espetáculos e turnês, outros técnicos são contratados para a realização de serviços específicos de cenotécnica, iluminação e técnica de som.

Desde o ciclo de onze espetáculos da *Tragedia endogonidia* produzidos entre os anos de 2002 e 2004, a Raffaello Sanzio deixou de realizar espetáculos com a participação de todos os membros fundadores. Como será visto nos próximos capítulos, essa ruptura reflete a necessidade de aprofundamento de caminhos individuais de pesquisa em saberes específicos, que já vinham se delineando ao longo dos anos dentro da companhia.

Ao longo do seu percurso, o grupo vem trabalhando com artistas de diferentes áreas, gerando profícuas e intensas parcerias criativas. Uma das mais importantes e elogiadas, e que se mantém desde 1999 até os dias de hoje, é a parceria com Scott Gibbons[10], músico norte-americano que trabalha com composição e performance de música eletroacústica.

10   Gibbons criou a ambientação sonora e a música dos espetáculos *Genesi, from the Museum of Sleep* (1999), *Tragedia endogonidia* (2002-2004), *The Cryonic* ▶

A Socìetas Raffaello Sanzio não possui um núcleo fixo de atores. Claudia Castellucci e Chiara Guidi frequentemente atuam nos espetáculos que dirigem, já Romeo Castellucci raramente está em cena. Suas últimas aparições como ator foram em *Inferno* e *Storia dell'Africa Contemporanea*, ambas em 2008. Os atores que trabalham com a companhia geralmente são convidados ou, em alguns casos, escolhidos em testes de elenco, conforme as especificidades de cada processo criativo.

Além das atividades que realizam dentro do grupo, Guidi dirigiu a edição de 2009 do Festival Internacional de Santarcangelo, e Romeo Castellucci foi diretor artístico da Bienal de Teatro de Veneza (Itália, 2005), *artiste associé* da direção artística da 62ª edição do Festival d'Avignon (França, 2008) e codiretor do Malta Festival di Pozdan (Polônia, 2013).

No ano de 2013, o reconhecimento da importância do trabalho realizado pela Raffaello Sanzio veio na forma de dois importantes prêmios na Itália. Em agosto, Romeo Castellucci recebeu o prêmio Leone D'oro pelo conjunto da obra da Bienal de Veneza e, em dezembro, Chiara Guidi recebeu o Premio UBU[11]:

pela pesquisa plurianual – conduzida no interior da Socìetas Raffaello Sanzio – no âmbito pedagógico e da experimentação vocal e pré-verbal. Uma pesquisa capaz de propor sempre novas questões ao mundo do teatro. E pelos festivais Màntica e Puerilia, cujas concepções são caracterizadas como laboratório e compartilhamento do próprio processo criativo, em diálogo com diferentes artistas e portadores de outros saberes, laboratório em que a própria escrita do programa assume o valor dramatúrgico da composição de uma obra[12].

Em 2014, a cidade de Bolonha, a partir de uma inciativa da Universidade de Bolonha, dedicou uma programação de cinco meses à obra de Romeo Castellucci. A programação incluiu a apresentação de espetáculos, encontros com importantes pesquisadores, teóricos e filósofos contemporâneos, instalações,

▷ *Chants* (2005) e da trilogia *Inferno*, *Purgatorio* e *Paradiso* (2008). Alguns desses espetáculos geraram vídeos, para os quais Gibbons fez a trilha sonora, e também o disco *The Cryonic Chants*, gravado em parceria com Chiara Guidi.
11 Fundado em 1977, por Franco Quadri, o prêmio é considerado o mais importante reconhecimento na Itália no campo do teatro.
12 Material de divulgação do Prêmio UBU, 2013.

performances e projeções de filmes. A homenagem dedicada a Castellucci se concluiu com a atribuição ao diretor de uma *laurea honoris causa* em Discipline della Musica e dello Spettacolo, em abril de 2015.

Apesar desses prêmios, a Itália não é o país que mais acolhe e dá suporte financeiro para os projetos artísticos da companhia. A Socìetas recebe subvenção estatal do Ministero dei Beni Culturali, que é compatível apenas com as despesas de manutenção de suas atividades administrativas. Para realização dos festivais, espetáculos e outras atividades é necessário buscar outros parceiros. De forma geral, os espetáculos são produzidos em parceria com grandes festivais europeus, e os salários de atores, diretores, técnicos são pagos com a venda de espetáculos. Nas palavras de Romeo Castellucci:

Nós somos uma companhia de teatro independente; então, não existe mercado, não existem financiamentos. Resumindo, é impossível fazer teatro com dinheiro público na Itália. Impossível se você é independente. Então a única possibilidade para nós é trabalhar com as coproduções internacionais, é a única dimensão possível. Somos apoiados por coproduções com festivais e teatros internacionais, funciona assim já há muitos anos, creio que desde 1985. Começamos logo a ir para fora, mas não porque não queremos trabalhar na Itália, não é isso, porque para mim é uma dor. Aconteceu, foi o que rolou. Aconteceu que nos chamaram fora e então a coisa foi alimentada, essas relações se tornam cada vez mais fortes. Temos relações muito fortes com certos países, como a França, a Alemanha, a Bélgica, que são apoiadores desde muitos anos. E tem também os teatros: o Théâtre de la Ville, em Paris, e o De Singel, de Anversa são parceiros históricos para nós. Também o Teatro de Salisburgo e o Festival de Avignon são parceiros quase fixos. Isso para mim é interessante porque, de qualquer modo, você deve demonstrar que está à altura da confiança deles. Não é como receber dinheiro do estado. O dinheiro do estado para mim é perigoso. Para mim ele tem uma potência anestésica. Com o dinheiro do estado, se você faz ou não faz... Acontece um pouco isso na França. Existem muitos financiamentos, mas não acontece quase nada naquele país. Não existem coisas interessantes. Poucas, pouquíssimas. Eu acredito que um artista, um grupo, uma companhia deve, contudo, empurrar, deve estar na linha de frente, de outro modo, não funciona. Simplesmente começam a não te chamar mais. Então a coisa se apaga. Por isso o teatro é bom, existe uma linha de frente, é preciso empurrar, empurrar, empurrar... você não pode nunca repousar sobre aquilo que você já fez. Isso não pode acontecer porque é mortal. Então, quando penso um trabalho busco imaginar a mim mesmo como um inimigo. Como alguém a ser superado, como alguém que faz coisas ruins.[13]

Ao longo de sua trajetória, a companhia sofreu cortes do financiamento recebido do estado; em alguns casos isso ocorreu por conta de questões ideológicas dos seus espetáculos. Nessas ocasiões, o financiamento foi retomado diante de uma forte resposta do mundo artístico e intelectual da Itália e de outros países da Europa.

Chiara Guidi, Romeo Castellucci e Claudia Castellucci, como veremos nos próximos capítulos, dirigem, coordenam e atuam em diferentes trabalhos (performances, espetáculos teatrais, recitais, exposições, instalações, festivais, escolas etc.) que, algumas vezes, envolvem todos os membros do grupo e, em outras, são realizados individualmente ou com outros parceiros. Desde a fundação do Teatro Comandini, a Socìetas Raffaello Sanzio vem realizando atividades que procuram estreitar a relação entre o Teatro, a cidade de Cesena e a região da Emilia-Romagna. Essas iniciativas, que incluem a realização de experiências pedagógicas e apresentações, vêm sendo intensificadas nos últimos anos com a organização de temporadas temáticas e festivais, e têm em comum o profundo entrelaçamento entre os âmbitos formativos, criativos e espetaculares, característica ainda pouco explorada em estudos sobre a Socìetas Raffaello Sanzio.

---

13   Entrevista concedida à autora, em Buenos Aires, em outubro de 2013.

2. Articulações Entre a Cena, a Formação e a Criação Artística

Chiara Guidi, Claudia Castellucci e Romeo Castellucci, apesar de trabalharem em colaboração e manterem um núcleo comum, tanto do ponto de vista administrativo e espacial quanto do ponto de vista das pesquisas filosóficas e artísticas, atualmente realizam trabalhos próprios de pesquisa na Socìetas Raffaello Sanzio. As pesquisas de Guidi giram em torno da infância e da voz. Suas práticas envolvem a realização de espetáculos infantis e laboratórios criativos para crianças e professores, o trabalho como atriz, a criação de festivais, entre outros. Claudia Castellucci tem como foco de pesquisa o movimento rítmico e realiza em Cesena diversas experiências artístico-pedagógicas com jovens, que resultam na criação de espetáculos e participações em festivais. Já as pesquisas de Romeo Castellucci estão focadas na produção de obras artísticas, que incluem instalações, óperas, performances, espetáculos teatrais etc. A maioria dos espetáculos de Romeo Castellucci, como já visto, são gerados em parceria com grandes festivais europeus, como o Festival de Avignon, na França, a Bienal de Veneza e o Ruhrtriennale, na Alemanha. Os laboratórios e *workshops* conduzidos por ele ocorrem no âmbito desses festivais, sempre com o objetivo de gerar uma experiência cênica.

Desde a fundação da Scuola Teatrica della Discesa, em 1988, a companhia cria continuamente espaços laboratoriais de formação, pesquisa e investigação da linguagem teatral. Tais espaços, ao mesmo tempo que propõem percursos formativos para crianças, jovens e adultos, são importantes fontes de experimentação de procedimentos criativos. Se, por um lado, o fato de a Raffaello Sanzio não possuir um núcleo fixo de atores gera a formação contínua de pessoas no interior dos processos de criação dos espetáculos, por outro, os percursos formativos em escolas e em laboratórios resultam em espetáculos importantes do ponto de vista estético e da renovação dos procedimentos empregados em sua criação.

A associação da ideia de pedagogia às práticas da Raffaello Sanzio, contudo, é refutada pelos membros da companhia com a afirmação de que tais práticas, mesmo as escolas, não possuem o objetivo de formar ou educar pessoas, nem mesmo de transmitir conhecimentos ou técnicas e, sim, de realizar experiências puramente artísticas.

Este estudo, porém, busca reconhecer que, apesar das intenções "não pedagógicas", as práticas da Socìetas Raffaello Sanzio constituem um ambiente significativo de formação de pessoas (crianças, jovens, atores, não atores, espectadores) no âmbito do teatro contemporâneo e, por suas especifidades, trazem importantes contribuições para o questionamento e a renovação dos procedimentos e mesmo das concepções das práticas pedagógicas atuais.

Investigar o percurso artístico da companhia na perspectiva pedagógica e formativa permite, portanto, pesquisar concepções de práticas pedagógicas teatrais que têm como propósito não a transmissão de conhecimentos ou técnicas, mas a criação de espaços de experiência e de ambientes de experimentação. A análise dos tipos de experiências que são produzidas no interior das práticas artísticas da companhia, que possuem características como a diluição de fronteiras entre a criação artística e a formação, entre o processo e o produto, entre o papel de espectador e o papel de participante, permitirá investigar as contribuições de tais experiências ao ensino do teatro na contemporaneidade, bem como à formação do ator e do *performer*.

O primeiro argumento que será abordado neste capítulo é a relação da Socìetas Raffaello Sanzio com a infância. O impacto gerado pelas imagens produzidas nos espetáculos, a radicalidade das experiências de linguagem, a presença de animais, máquinas e pessoas com corpos singulares que expõem sua nudez em cenas violentas, inserem a companhia num âmbito que normalmente não vem associado ao universo infantil. Apesar disso, a criança ocupa um lugar central nas práticas e no discurso sobre a prática da Raffaello Sanzio, pois é vista não apenas como aprendiz, mas como guia para o ator.

Os procedimentos criativos desenvolvidos nos percursos formativos e nos espetáculos infantis fazem com que a criança (atuante, espectadora e aprendiz) esteja sempre no campo da experimentação, diluindo, assim, as fronteiras entre a formação, o fazer artístico e a recepção. Essas experiências põem em jogo não somente a arte que é feita para crianças, ou o ensino de arte para crianças, mas a própria noção de infância.

As práticas voltadas para jovens e adultos, por sua vez, também possuem um caráter experimental e, tanto quanto o trabalho desenvolvido com crianças, geram estímulos para a revisão das ideias e metodologias que norteiam o ensino do teatro e a formação do ator na atualidade. As experiências da Raffaello Sanzio, mais do que "formar" pessoas na arte teatral, conduzem os participantes a um processo de compartilhamento de um tempo em comum, de um *ethos*, de um modo de pensar e viver o teatro.

A CRIANÇA E A SOCÌETAS RAFFAELLO SANZIO

Scuola Sperimentale di Teatro Infantile

A Scuola Sperimentale di Teatro Infantile criada por Chiara Guidi, em 1995, foi a semente de todo o trabalho posterior da Socìetas Raffaello Sanzio dedicado à infância. A escola foi proposta em três módulos (Anno I, Anno II e Anno 3) que aconteceram entre 1995 e 1997, sempre no Teatro Comandini, e foram oferecidos à comunidade de forma gratuita. Cada módulo teve um tempo diverso de duração e foi realizado com grupos diferentes de crianças com idades entre oito e dez anos.

A escola era um espaço de vivência do teatro voltado exclusivamente para as crianças, e do qual os pais e professores eram excluídos. Guidi afirma que nunca explicou aos adultos sobre o conteúdo do que era realizado nos encontros da escola, nem lhes foi permitido observar o que as crianças faziam quando entravam no teatro. Ela manteve uma relação direta com os pequenos, e as informações que chegavam aos pais eram sempre aquelas do ponto de vista infantil.

A primeira experiência na Scuola aconteceu entre os meses de novembro de 1995 e janeiro de 1996. Foram sete encontros de uma hora e meia cada um, com dois grupos de quinze crianças que se encontravam em dias diferentes. Cada encontro envolvia a participação de três ou quatro adultos, dependendo da demanda. No Anno I, Guidi contou com a assistência de Paolo Guidi, Paolo Tonti, Chiara Bocchini, Adam Peter Brien, todos atores de espetáculos da Raffaello Sanzio.

Ao entrarem no teatro, as crianças eram recebidas pelos atores, já devidamente caracterizados conforme suas personagens, e inseridas imediatamente no contexto da ficção, sem explicações ou apresentações. Os figurinos dos atores eram elaborados de acordo com cada encontro, assim como os objetos e a ambientação cênica. Conforme Guidi, seu modo de falar e agir com as crianças era sempre categórico, cada ação e palavra sua estavam inseridas dentro da lógica do argumento de cada encontro:

O meu "ser categórica" era exageradamente – mas não infantilmente – atuado, e, apesar de tudo, resultava real, como num jogo: uma vez apreciado pelas crianças, era compartilhado e também atuado. O problema consistia, propriamente, na qualidade dessa atuação. A isto se reduzia a disciplina quando se fazia presente: a um divertimento da atuação[1].

O espaço do jogo e da ficção era rigorosamente pensado para envolver todos os sentidos da percepção e para que a consciência do ato teatral pudesse fluir naturalmente e de forma direta em cada criança. Para Guidi, "o teatro é o lugar onde, se a ficção é conscientemente jogada, pode-se experimentar um outro mundo. O teatro dá as provas daquilo que se conta, porque se experimenta efetivamente. O jogo dá às crianças a possibilidade de transformar em ação a imaginação: somente quem entra no jogo pode 'ver'"[2].

1   C. Guidi, *Diario della Scuola sperimentale di Teatro Infantile, Anno I*, p. 6.
2   Idem, Puerilia: Material de Divulgação, 2011, *UnDo.net*. Disponível em: <http://www.undo.net/>.

As crianças eram inseridas no contexto teatral por meio da experiência e vivência direta da cena. Sem a realização de exercícios preparatórios, jogos teatrais ou improvisações, elas eram levadas a agir no espaço da ficção, da ritualização e do jogo.

Para proporcionar esse ambiente de experimentação, o espaço da escola era dividido em três zonas. A primeira, uma espécie de portal, era o lugar onde as crianças conheciam o tema do encontro e vestiam seus figurinos. Os figurinos eram brancos e jamais foram lavados, pois continham as marcas deixadas pelas atividades, que envolviam tinta, carvão, argila, e funcionavam como um diário de memórias das vivências.

A segunda zona era fechada. Muitas vezes, as crianças precisavam abrir uma passagem para entrar nela. De dentro do espaço provinha um som, um ruído, uma música. O ambiente, criado conforme o argumento de cada encontro, sempre estava ligado ao imaginário infantil: uma cabana, uma casinha, um refúgio. Era a zona da segurança, do conforto, onde estavam à disposição biscoitos, doces, tecidos, maquiagem e para a qual as crianças podiam trazer coisas de casa como livros e desenhos. Nesse espaço, as crianças recebiam a explicação do que seria realizado na próxima zona: as palavras, os cantos, os gestos e ações que seriam úteis para enfrentar o desafio que as esperava na terceira zona eram aprendidos e experimentados.

A terceira zona era a da luta e da conquista. Nas palavras de Guidi, "era o lugar do objetivo, do propósito conquistado mediante uma partitura sonora e coreográfica nem sempre correta e perfeita, se bem que eu solicitava constantemente uma precisão formal e o controle crítico daquilo que era executado"[3]. Assim como a primeira zona, a terceira era um lugar desconhecido, imprevisível, não familiar. Nessa zona, ao contrário das duas anteriores, não havia espaço para observação, mas somente para a ação. As crianças que não se sentiam preparadas retornavam por um momento para a segunda zona e, então, voltavam para a terceira somente se quisessem estar envolvidas na ação.

O tema do Anno I da escola era o corpo humano. Sendo assim, cada encontro era pensado com o objetivo de explorar uma parte do corpo, não só fisicamente, mas também no plano

---

[3] Idem, *Diario della Scuola sperimentale di Teatro Infantile, Anno I*, p. 6.

simbólico e dramatúrgico. Para se entender melhor como funcionava a interação entre as três zonas, o quarto encontro, que explorou o tórax[4], será detalhado a seguir.

Ao entrar na primeira zona do encontro "Il torace", as crianças se deparam com um cubo de madeira que lhes desperta curiosidade. Em seguida, colocam seus figurinos e, em uma faixa branca de tecido amarrada ao redor do abdômen, escrevem com tinta preta, uma com a ajuda das outras, o nome de um sentimento (ódio, raiva, amor, medo, terror etc.). De repente, o cubo emite uma luz do seu interior, por pequenas frestas. De dentro do cubo se podem escutar algumas palavras que aos poucos se tornam inteligíveis: miocárdio, ventrículo, palavras ligadas ao coração. Trata-se, pois, de uma caixa torácica. As crianças exploram a caixa espiando pelas frestas e fazendo sons com as mãos em sua superfície. Dentro do cubo há uma figura vestida de preto, com uma meia calça de *nylon* que lhe cobre o rosto, que recita um texto médico sobre o coração. Ao seu lado, há uma cabra morta e esfolada pendurada pelo pescoço.

A segunda zona está ambientada no interior de um coração batendo. O lugar é fechado como uma caverna, todo vermelho, repleto de fios e tubos que lembram veias e artérias. Em meio aos fios, há quinze espadas com as quais cada criança transforma-se em um cavaleiro medieval. Aos cavaleiros é explicada sua missão: enfrentar um dragão. O dragão é muito poderoso, mas tem o coração fora do corpo. A única maneira de enfrentá-lo é atacar seu coração com as palavras "deves morrer!". Todos empunham as espadas com convicção e gritam "deves morrer". Prontos para o desafio, os cavaleiros entram na terceira zona.

Na terceira zona, no canto da sala escura as crianças encontram o dragão que emite sons assustadores. O dragão é um ator que veste apenas uma calça e uma máscara negra ao redor dos olhos. Ele maneja um lança-chamas que solta imensas labaredas que iluminam a sala. Pendurado no centro da sala, há um grande coração incandescente de ferro que está ligado ao dragão

---

[4] A descrição desse encontro é possível devido ao diário produzido pela Socìetas Raffaello Sanzio, em forma de livro e documentário audiovisual, que traz o registro das atividades realizadas na escola: *Diario della Scuola Sperimentale di Teatro Infantile. Anno I* e *Diario della Scuola Sperimentale di Teatro Infantile. Anno II*.

Scuola Sperimentale di Teatro Infantile. Foto: Societas Raffaello Sanzio.

por um longo tubo de borracha. O coração de fogo solta um cheiro forte de fumaça e querosene na sala. As crianças, montadas em seus cavalos imaginários, avançam com suas espadas sobre o coração do dragão, gritando todas juntas: "deves morrer". A cada grito das crianças, o dragão reage se contorcendo e soltando sons de dor e angústia. As chamas diminuem. As crianças continuam a gritar e finalmente o dragão cai no chão, vencido. O corpo caído no chão emana um cheiro forte de suor e graxa. Uma espuma branca sai de sua boca.

As crianças retornam à segunda zona e são recebidas por uma figura vestida de negro que as conduz a um ritual. No centro da sala, um ator toca um instrumento de percussão construído com latões e outros objetos metálicos. A figura vestida de negro conduz o ritmo da caminhada das crianças, relacionando o som da percussão às emoções que as crianças levam escritas no abdômen. Depois de uma viagem por todas as emoções, as crianças são levadas novamente para a terceira zona onde se desenvolve um combate de espadas entre os cavaleiros.

A descrição detalhada desse encontro nos dá uma noção dos elementos que eram trazidos por Guidi para a criação do ambiente ficcional, vivido e experimentado sensorialmente pelas crianças: o ambiente escuro iluminado pelas labaredas produzidas pelo dragão, a sensação tátil do fogo, o cheiro dos combustíveis, o som das batidas do coração, a música rítmica criada no ritual e a visão cruel da cabra morta sem coração. A qualidade do impacto gerado por esses e outros materiais usados nos encontros estava sempre ligada à sua materialidade e também ao valor simbólico atribuído a eles no contexto ficcional. Tais materiais, ao mesmo tempo que geravam experiências perceptivas, eram de extrema importância para a composição da dramaturgia de cada encontro.

O Anno II da Scuola Sperimentale propõe uma experiência que é ainda mais elaborada em relação ao ano anterior no que se refere à preparação dos materiais, à ambientação cênica e sonora e, também, à dramaturgia.

A inspiração temática do Anno II envolveu a aparição de personagens mitológicos, como o ciclope, o unicórnio e o sátiro, assim como a história bíblica da dança de Salomé. Enquanto no ano anterior havia a representação não literal e não realista das figuras e a criação de ambientes que geravam estranhamento, como no episódio do dragão, nesse módulo a ambientação cênica e a apresentação das personagens evocavam o real por meio da potência das presenças colocadas em cena. Além da transformação do espaço do Teatro Comandini, da caracterização minuciosa das personagens e da utilização de algumas das "máquinas" criadas para os espetáculos adultos da companhia, o segundo ano envolveu também a participação de animais e de atores com corpos singulares.

Nesses encontros as crianças conviveram com cavalos, ovelhas, touros, lidaram com animais mortos, interagiram com atores experientes e pessoas com características corporais e mentais fora dos padrões considerados normais[5]. Essa combinação resultava em experiências significativas para as crianças, pois envolviam o ultrapassar de barreiras entre arte e vida, real e ficção,; e elaborações sobre as questões de gênero, alteridade e morte.

---

5   Como, por exemplo, Loris Comandini, ator portador de síndrome de Down que atuou a personagem Salomé, ou o anão que atuou um rei que esperava as crianças em seu enorme trono branco.

Scuola Sperimentale di Teatro Infantile. Foto: Romeo Castellucci

O espaço criado para a escola no Anno II se manteve o mesmo durante todos os encontros: uma espécie de tenda feita com tecidos brancos que era dividida em dois ambientes. No primeiro, havia uma mesa baixa em que as crianças sentavam em almofadas brancas. Esse era o lugar onde as crianças colocavam seus figurinos, sempre brancos, faziam a maquiagem e ficavam sabendo do tema do encontro. O outro ambiente era onde as crianças recebiam as figuras que participavam de cada encontro. Todas as figuras eram brancas, como o cavalo, os cordeiros e o touro, ou vestiam figurinos brancos. Cada uma dessas figuras tinha uma função específica relacionada ao contexto ficcional ligado ao tema do encontro e, através da observação e interação com elas, as crianças aprendiam questões ligadas ao ritmo, ao movimento, à gestualidade, aos estados emocionais etc.

A criação da ambientação cênica e a participação das figuras (atores e animais) inserem as crianças dentro de um contexto ficcional que é sustentado pela potência da materialidade. A qualidade dos materiais utilizados na caracterização das personagens e na cenografia, a ambientação sonora, bem como o impacto gerado pela presença de animais e atores exigem das crianças uma participação radical, já que as colocam diretamente na ação dramática. Para Guidi, trata-se de um ambiente onde a criança pode exercitar suas habilidades de agir e pensar ao mesmo tempo, de estar sempre no limiar entre a realidade e a ficção:

Através dos exercícios e dos ambientes as crianças se encontram dentro do teatro, respiram-no e se apropriam da disciplina teatral sem as cisões típicas do raciocínio. As crianças se fecham no teatro, ocupam-no, habitam-no, e, através das técnicas específicas e das regras do estar sobre um palco, são fascinadas. [...] Então, a criança não se apercebe nem mesmo de aderir ao que lhe é pedido, de tão radical que é sua participação, e o lugar lhe restitui aquela energia, e então a motiva, dando-lhe a consciência da invenção e da interpretação. Essa troca entre o lugar e a infância será imprevisível e sempre original, e determinará mudanças expressivas na criança, embora eu não busque a escalada ascensional do aprendizado.[6]

Guidi, na Scuola Sperimentale, alcançou resultados artísticos e pedagógicos que não foram estabelecidos *a priori*. Os desafios foram sendo criados de acordo com as reações e o envolvimento das crianças. As questões técnicas da atuação foram trabalhadas através da ficção e dos encontros com as figuras e, portanto, os processos estiveram focados na vivência do teatro, e não em explicações sobre as convenções, as regras e os signos teatrais. A ficção, como afirma Guidi, era aceita pelas crianças como "un nuovo vero" (uma nova verdade) no instante em que ultrapassavam o portão de entrada do Teatro Comandini.

Teatro Para a Infância

Nos anos 1990, o teatro infantil esteve no foco artístico da Socìetas Raffaello Sanzio com a produção de seis espetáculos dirigidos por Romeo Castellucci e Guidi: *Le Favole di Esopo* (1992), *Hänsel e Gretel* (1993), *Le fatiche di Ercole* (1994), *Buchettino* (1995), *Pelle d'Asino* (1996) e *La prova di un altro mondo* (1998). Fugindo dos estereótipos ligados ao teatro infantil, para Guidi, o teatro para a infância "deve ser tratado como um discurso artístico. Trabalhar com as crianças significa falar da origem da arte, encontrar uma infância do teatro e não construir um teatro

---

6   *Diario della Scuola sperimentale di Teatro Infantile*, Anno I, p. 8.

infantil"[7]. A pesquisa sobre "a origem da arte", como será visto adiante, está na base filosófica da companhia e gera diversos desdobramentos, sendo um deles a pesquisa sobre a infância.

Dada a complexidade arquitetônica, os espetáculos infantis criados nos anos noventa não eram transportáveis ou eram de difícil adaptação para outros espaços. Para Guidi, "a arquitetura, antes ainda da cenografia, é aquilo que imediatamente põe a criança na fábula dramática"[8]. O espaço e os elementos de cena eram pensados para serem experienciados e experimentados pelas crianças com todos os sentidos da percepção e proporcionarem, assim, a imersão na fábula.

Como será visto a seguir, é possível identificar nesses espetáculos a característica que marca todo o trabalho da companhia destinado à infância: as crianças são levadas continuamente a deslocar-se da lógica da informação para a lógica da experiência. Para Stefania Chinzari e Paolo Ruffini, "coerente com a manifestação de um teatro total, que busca o núcleo central e oculto do narrar, as produções para a infância [da Socìetas Raffaello Sanzio] são particularmente atentas à experiência perceptiva, emotiva, sensorial, em sintonia com a sensibilidade seríssima e florescente dos receptores infantis"[9].

Favole di Esopo, o primeiro espetáculo infantil criado pela companhia, em 1992, exigiu uma transformação radical do Teatro Comandini. O espaço do teatro foi todo recoberto de palha para abrigar trezentos animais vivos de várias espécies. Nos quatro mil metros destinados ao espetáculo, as crianças cumpriam um percurso em que acompanhavam as cenas em meio a animais com características antropomórficas representados pelos atores e a animais reais.

O espetáculo *Hänsel e Gretel*, inspirado no conto dos irmãos Grimm, conhecido no Brasil como "João e Maria", foi apresentado pela primeira vez em 1993, no Teatro Bonci, de Cesena, e foi remontado em 1997, com os irmãos de nove e oito anos Teodora e Demetrio Castellucci, filhos de Chiara Guidi e Romeo Castellucci. A remontagem exigiu a total reconfiguração do palco do

---

[7] C. Guidi apud Matteo Antonaci, C'era una volta, *Artribune*, 2 maio 2011, p. 1. Disponível em: <http://www.artribune.com/>.
[8] *Diario della Scuola Sperimentali di Teatro Infantile*, Anno I, p. 38.
[9] *Nuova Scena Italiana: Il teatro dell'ultima generazione*, p. 106.

Teatro Valle de Roma. O palco foi desmontado e reconstruído de acordo com o projeto cenográfico labiríntico em forma de estômago. Nesse espaço, o público acompanhava a jornada dos dois imãos (dentro e fora da ficção) até a casinha feita de doce que, no espetáculo, tinha a porta feita de chocolate, era decorada com guloseimas e tinha cheiro de caramelo.

Romeo Castellucci conta que o espetáculo sempre foi recebido com entusiasmo pelas crianças, que literalmente experimentavam o cenário: "a primeira casinha de marzipã, no fim da apresentação não existia mais, foi devorada a dentadas pelos jovens espectadores"[10]. Apesar disso, o tortuoso percurso das duas crianças perdidas na floresta até o encontro com a bruxa malvada era assustador. A cenografia, a atuação e a ambientação sonora reforçavam os aspectos obscuros e profundos da fábula, que trata do medo, do abandono e da morte.

Em *Le fatiche di Ercole*, de 1994, a personagem principal é atuada por um menino[11]. Segundo Guidi, "a tentativa fabular dos heróis-crianças de encontrar, por meio das peripécias e das viagens, o mundo dos adultos, equivale aqui à tentativa de passar do reino humano àquele divino tomado por Hércules"[12]. Animais vivos e um leão de Nemeia máquina, construído com pedaços de motor e peças de carro, que se movia sozinho, tornavam-se personagens da história junto aos atores do elenco formado por crianças e adultos. A ambientação cênica do espetáculo transitava por um teatro clássico do renascimento italiano, pelo estábulo de Augias e, por fim, pelo mundo dos mortos, que foi criado com várias cúpulas de tamanhos diversos.

Buchettino (1995) é o único espetáculo infantil criado nos anos 1990 que se mantém no repertório da companhia.

10 Castellucci apud S. Cesarale, Nella foresta con la strega, *Corriere della Sera*, 12 nov 1997. Disponível em: <http://archiviostorico.corriere.it/>.
11 O termo "atuar a personagem" será utilizado nesse estudo como alternativa aos termos interpretar e/ou representar a personagem. Como o trabalho da companhia Sòcietas Raffaello Sanzio se localiza num território de fronteira entre o teatro e a performance, considerou-se o termo "atuar" mais adequado para denominar o processo no qual os atores operam na cena como seres ficcionais e suas corporeidades são geradoras de alteridade. O termo é utilizado pelo pesquisador Matteo Bonfitto em suas pesquisas sobre as articulações entre o ator e o *performer* em livros como *Cinética do Invisível* e *Entre o Ator e o Performer*.
12 C. Guidi, Puerilia: Romagna iniziative. Festival de Puericultura Teatrale, *Material de divulgação do Puerilia*.

Buchettino foi montado em outros países, como Japão, Chile, Espanha, Taiwan e Dinamarca, com grupos e atores locais sob a coordenação de Guidi. O espetáculo é ambientado num quarto de criança, todo feito de madeira com cinquenta pequenas camas, onde os espectadores se deitam sob as cobertas para ouvir a fábula contada pela narradora. O quarto se transforma numa grande caixa de ressonância dos eventos narrados. Além das modulações produzidas pela narradora, se ouvem ruídos, músicas, passos vindos do teto, golpes nas paredes, em todos os lados, que são produzidos por cinco pessoas que permanecem fora da cena para realizar a ambientação sonora. Os passos do ogro, os sons do bosque e da casa, as vozes das personagens, conforme o crítico teatral Massimo Marino, conduzem os espectadores ao interior da fábula:

Criava-se um universo completamente diferente da realidade, não movido por intenções pedagógicas ou por imediatos e fáceis apelos ao mundo afetivo e psicológico da criança. Transportava-se a territórios violentos, ameaçadores, arquetípicos, que colocavam à prova radicalmente as faculdades de conhecimento e a superação do medo através da experiência profunda da criança.[13]

Pelle d'asino, de 1996, traz um projeto cenográfico ainda mais radical. O assoalho do Teatro Comandini foi totalmente removido e escavado com o objetivo de ambientar a cena abaixo da superfície da terra, numa escavação subterrânea, "sob a vida diurna da cidade". Sem esconder a terribilidade da fábula, que trata de um pai que deseja se casar com a própria filha, o espetáculo é habitado por figuras estranhas e animais que circulam pelo espaço. O Comandini é transformado, em toda sua dimensão, por cenários de incrível realismo e, em contraste, por telões pintados à mão que remetem ao teatro italiano do século XIX.

Último espetáculo infantil criado nos anos 1990, *La prova di un altro mondo* (1998) propõe uma nova concepção do teatro para as crianças que é resultante das experiências de Guidi na Scuola Sperimentale di Teatro Infantile. Nesse novo ciclo, o foco não está mais na reestruturação arquitetônica do espaço,

---

13 M. Marino, Nuovi sguardi per la infanzia, 21 dez. 2011 *Doppiozero*. Disponível em: <http://www.doppiozero.com/>.

mas na participação ativa das crianças na encenação, que são inseridas na performance como atuantes, com capas e capuzes brancos. Como parceiras de jogo, elas trabalham com os atores na superação de obstáculos como quebrar o feitiço de uma rainha condenada ao sono eterno, libertar um cavalo (que de fato aparece em cena em carne e osso), e aprisionar um mago maléfico. Aos adultos, é destinado o papel de espectadores.

Na primeira década dos anos 2000, Guidi cria diversas atividades voltadas para o pensamento sobre a infância e a arte feita para a infância, que envolvem pais, professores e todos aqueles que buscam "um novo olhar para a criança". Como será visto adiante, esse período é marcado também pela participação expressiva de crianças nos espetáculos adultos da Socìetas Raffaello Sanzio.

Já em 2010, Chiara Guidi dirige *Bestione*, espetáculo no qual as crianças são levadas a fazer parte da representação como personagens da história e espectadoras ao mesmo tempo. Os espectadores são recebidos por uma serva, interpretada por Guidi, em uma sala escura e são colocados diante de uma mesa comprida coberta por um esqueleto de cavalo e restos de comida. Na sala esfumaçada, além da história ameaçadora contada pela serva, era possível ouvir ruídos inquietantes e um latido feroz. Bestione, de acordo com a serva, é uma criatura de proporção gigantesca mantida como escrava de um homem malvado que nutre seu poder através do soro que corre nas veias da besta. As crianças, "escondidas embaixo de uma mesa, fantasiadas, pintadas, eram chamadas para libertar o pobre prisioneiro"[14], enfrentando desafios, combates e provas que envolviam medo e diversão.

L'uccello di fuoco (2011) é uma "fábula musical" criada por Chiara Guidi junto aos músicos Massimo Simonini e Silvia Tarozzi. Inspirado na fábula homônima do folclore russo, o espetáculo foi construído a partir do encontro de diferentes registros sonoros: a voz de Chiara Guidi como narradora da fábula, o violino de Tarozzi e o theremin preparado de Simonini, e a ambientação sonora produzida por um grupo de crianças:

> As palavras da fábula se liberam das amarras da descrição para tentar a via abstrata da música. Essa via é o valor do experimento:

[14] Ibidem.

encontrar uma substância corpórea e dinâmica para as palavras, restituir a abstração dos sons com o poder encantatório das chamas que, ao serem vistas, não cansam porque renovam o jogo contínuo da novidade (Material de divulgação do Màntica Festival, 2011).

No espaço, em primeiro plano, estão os músicos e, atrás deles, depois de uma porta de vidro, estão a narradora e as crianças. O significado das palavras e a própria história são postos em segundo plano em relação ao encantamento do som, produzindo um espetáculo que, apesar de trazer imagens luminosas e criativas, foi feito para ser ouvido mais do que visto.

Um dos mais recentes espetáculos infantis da companhia, *La bambina dei fiammiferi*, que será analisado no próximo capítulo, teve sua estreia em abril de 2012. Inspirado no conto de Hans Christian Andersen, o espetáculo é atuado por uma criança, Lucia Trasforini, que faz o papel da pequena vendedora de fósforos. A ambientação sonora do espetáculo é realizada ao vivo pelo pianista Fabrizio Otaviucci. Assim como *L'uccello di fuoco*, *La bambina* explora a relação entre a musicalidade da palavra, a música produzida pelos instrumentos musicais e a sonoridade dos outros elementos da cena.

A Criança nos Espetáculos da Socìetas Raffaello Sanzio

O reconhecimento da capacidade das crianças de entrar no jogo, conforme Guidi, é a razão da intensa pesquisa em torno das questões da infância que, como foi visto até aqui, foi amplamente explorada pela Socìetas Raffaello Sanzio nos anos 1990 com a criação das escolas e dos espetáculos infantis. A presença da criança, porém, não fica circunscrita ao mundo infantil, mas marca também os espetáculos do repertório principal da companhia.

Os filhos de Romeo Castellucci e Guidi frequentaram intensamente os espetáculos da companhia, de 1999 a 2004: "todos os meus filhos cresceram respirando teatro. Para eles o teatro foi um ambiente antes mesmo que um mundo, antes mesmo que uma linguagem". Teodora Castellucci diz que o teatro fez parte da sua infância de forma natural, "nós nunca tivemos uma explicação: era como comer e beber. Mesmo se era muito cansativo, se eram ritmos muito duros, era assim com toda a serenidade do mundo"[15].

As experiências teatrais vividas na companhia geraram estímulos para carreiras artísticas individuais que não se encerraram na infância. Atualmente, Agata, Teodora e Demetrio trabalham juntos na companhia de dança Dewey Dell. Além disso, Romeo Castellucci manteve, de 2009 a 2012, uma ação performática, atuada por ele com seus seis filhos, chamada *Storia dell'Africa contemporânea, vol. III*, que é baseada na ação de colocar-se de joelhos.

A característica comum a todas as obras da companhia em que há a presença da criança, como será visto adiante, é que esta assume um papel fundamental no que diz respeito ao questionamento de valores tácitos ligados ao papel e ao lugar da criança na sociedade. A abordagem de certos tabus faz com que a presença da criança muitas vezes esteja no centro de polêmicas que envolvem o espetáculo como, por exemplo, no caso dos protestos em Paris e Milão, em janeiro de 2012, contra o espetáculo *Sul concetto di volto nel figlio di Dio* (2010), no qual crianças "atiram granadas" na imagem de Cristo. Ou no segundo ato de *Genesi* (1999), em que os seis filhos de Romeo Castellucci e Guidi, ainda crianças, atuam sozinhos numa cena denominada "Auschwitz".

O surgimento de discussões de cunho ético em torno da participação de crianças nos espetáculos da companhia traz à tona algumas questões fundamentais referentes aos sentidos gerados pelas presenças infantis na cena. Assim como as outras figuras que marcam os espetáculos de Romeo Castellucci, como os corpos singulares de anoréxicos, amputados e laringotomizados, a presença da criança gera no espectador o que Erika Fischer-Lichte denomina de "multiestabilidade perceptiva". Isso significa que a percepção do espectador entre o corpo fenomênico do ator, ou seu "ser no mundo", e a personagem atuada por ele, alterna-se continuamente durante o espetáculo.

A multiestabilidade perceptiva está presente não só nas experiências em que há a participação de atores com características singulares diretamente reconhecíveis, mas também

---

15 A. Abete, Una famiglia per il teatro, *Il fórum delle muse*, p. 1. Disponível em: <http://ilforumdellemuse.forumfree.it/>.

caracteriza propriamente o jogo de mão dupla entre os signos teatrais (no caso, aqueles gerados pelo ator) e o olhar do espectador, que configura a teatralidade. Como afirma Fischer-Lichte, em algumas experiências do teatro contemporâneo, porém, esse jogo é conscientemente jogado. O foco não está na eliminação da dupla percepção, como ocorreu principalmente no teatro do século XIX e início do século XX, mas na desestabilização da percepção, na não fixação, na alternância da percepção entre o corpo fenomênico real e a personagem fictícia representada pelo ator:

> o teatro contemporâneo joga com a multiestabilidade perceptiva. O foco principal reside no momento de desestabilização, no qual a percepção transita entre o corpo fenomênico e a personagem. O sujeito que percebe fica no limiar entre dois modos de percepção, alternadamente o corpo real do ator e a personagem fictícia passam para o primeiro plano[16].

É interessante perceber os diversos modos com os quais Castellucci lida conscientemente com a desestabilização da percepção e com os múltiplos sentidos gerados pela presença da criança na cena nos espetáculos *Genesi, from the Museum of Sleep* (1999), *Tragedia endogonidia* (2002-2004) e *Purgatorio* (2008).

Genesi, from the Museum of Sleep, inspirado no primeiro livro da *Bíblia Sagrada* que narra a criação do mundo da perspectiva cristã, segundo Romeo Castellucci, nasce de um desejo de explorar a relação entre a criação divina e a recriação, função luciferiana assumida pelo artista: "essa *Genesi*, assim sendo, é também a minha pretensão retórica de refazer o mundo, ou seja, em cena, a parte mais vulgar de mim, o artista que quer roubar Deus"[17]. O espetáculo se propõe a apresentar postumamente, por isso traz a ideia do museu, o tema mitológico da fundação, em três partes: a criação do mundo, com Lúcifer e o nascimento de Adão e Eva; a destruição, Auschwitz; e a origem do mal, o fratricídio de Caim.

O segundo ato de *Genesi*, protagonizado exclusivamente pelos seis filhos de Chiara Guidi e Romeo Castellucci, trata da "consequência extrema, e não imaginável, da Genesis do

---

16 E. Fischer-Lichte, *The Transformative Power of Performance*, p. 89.
17 Apud S. Chinzari; P. Ruffini, op. cit., p. 113.

homem: os campos de concentração de Auschwitz"[18]. Auschwitz é apresentado por Romeo Castellucci como um espaço totalmente branco, iluminado e silencioso, onde Eva, Teodora, Cosma, Sebastiano, Demetrio e Agata Castellucci brincam de *Alice no País das Maravilhas*, enquanto recolhem réplicas hiper-realistas de órgãos humanos que descem do teto, ou são banhadas por uma ducha de leite que remete o espectador aos banhos mortais nas câmaras de gás.

A dificuldade diante da tarefa de apresentar o irrepresentável, de trazer à tona não só a existência, mas a concepção consciente de um espaço de horror, de uma "zona cinzenta"[19] criada e posta em prática por seres humanos, é uma das justificativas dadas por Romeo Castellucci a respeito da abordagem do tema por contraste. Por outro lado, também é interessante perceber que a criança é incluída na cena por sua própria condição de infante, que etimologicamente significa "aquele que não fala". Em *Genesi*, as crianças aparecem literalmente como representantes de algo indescritível, que não pode ser transmitido através da fala.

A "zona cinzenta", na origem do termo, refere-se ao processo de degradação moral que ocorreu nos campos de concentração por haver uma inversão sistemática nos papéis de opressor e de oprimido. A experiência de estar nessa "zona de irresponsabilidade", conforme Giorgio Agamben, onde não havia distinção entre a exceção e a regra, e sim a naturalização do horror, do inumano, gerava uma impossibilidade de transmissão dessa experiência[20]. Em *Genesi*, Romeo Castellucci evoca, através da criança, essa impossibilidade de transmissão: "as crianças eram as primeiras a entrar no gás. Não existe uma palavra de criança que chegue até nós de um campo de concentração (o testemunho de algum sobrevivente é sempre de um adulto)"[21].

Na cena, as criaças realizam tranquilamente todas as ações que lhes cabem. Em alguns momentos, as crianças seguem partituras corporais, como na cena da ducha de leite, na qual três

18 C. Castellucci et al., *L'epopea della polvere*, p. 264.
19 A "zona cinzenta" é uma expressão criada por Primo Levi, sobrevivente dos campos de concentração da Segunda Guerra Mundial, e retomada por Giorgio Agamben na elaboração do seu conceito de experiência.
20 Cf. *O Que Resta de Auschwitz*.
21 C. Castellucci et al., op. cit., p. 264.

Demetrio, Teodora e Agata Castellucci em Genesi, from the Museum of Sleep.
Foto: Luca Del Pia.

Demetrio, Sebastiano, Cosma e Agata Castellucci em Genesi, from the Museum of Sleep. *Foto: Luca Del Pia.*

delas repetem uma sequência de gestos que, de acordo com Romeo Castellucci, estava ligada ao número de letras do nome de cada uma[22]. O ritmo lento imposto pela cena dá ao espectador a sensação de estar fora do tempo ou em um novo tempo que não é o da criança e nem o do adulto, mas é talvez o tempo da morte ou do pós-morte.

As ações realizadas pelas crianças em cena são precisas, mas, ao mesmo tempo, mantêm a espontaneidade infantil. Um exemplo disso é a cena em que Sebastiano brinca com uma xícara e um bule de porcelana vazios e pergunta: "Vocês também querem um chá? Esta é a festa do desaniversário."[23] Se, por um lado, há nessa cena uma referência evidente à personagem do Chapeleiro Louco de *Alice no País das Maravilhas,* por outro lado, a brincadeira remete o espectador à sua própria infância. A potência dessas cenas está em fazer o espectador recordar a cada momento que os atores presentes na cena são literalmente crianças brincando no palco. As ações e as brincadeiras possuem um caráter de não representação e associam a espontaneidade à força da repetição própria da criança, que mantém seus rituais diários criados com gestos, falas e ações.

No final do segundo ato, Romeo Castellucci invoca Antonin Artaud para tratar do irrepresentável. O diretor, porém, não procura aplicar os princípios do Teatro da Crueldade na cena e, sim, traz para o palco o próprio Artaud como uma voz sem corpo, que grita "Je ne suis pas fou! Je ne suis pas fou!" (Eu não sou louco.) Enquanto a voz invade o teatro, as crianças correm de um lado para o outro gritando em delírio. Para Romeo Castellucci, em *Genesi* a criança é o messias artaudiano:

O corpo "finalmente" sem órgãos de Artaud é atuado cientificamente, e num sentido completamente diferente, na câmara de evisceração nazista. A descrição de Artaud da violação do seu corpo nos anos de internamento corresponde àquela do corpo do deportado. E, para Artaud, a promessa do advir é a mesma da criança. A criança é o messias artaudiano e a criança é a primeira vítima do campo.[24]

Como explica a pesquisadora Francesca Manno:

22   Ibidem, p. 244.
23   Ibidem, p. 241.
24   Ibidem, p. 265.

Messias no sentido de mediador. A palavra "messias" é a tradução da palavra hebraica *maschiakh*, que literalmente significa "ungido". O messias, na acepção hebraica e depois cristã (*khristós* em grego significa "ungido"), é aquele que, através da sua mediação, produz o advento de um mundo futuro e feliz. Cristo como messias é também a encarnação de Deus. Cristo como vítima inocente que, através da carne e do sangue, tem o poder de transformar o mundo, como o "corpo sem órgãos" de Artaud, como a criança dos campos de concentração, primeiras vítimas sem voz. Então, as crianças são na cena como "corpos puros" no sentido artaudiano. São assim como o foi Artaud. O corpo delas é atravessado pelo horror inexprimível, do qual se tornam desse modo testemunhas. Mas o corpo delas assim dissecado e torturado se torna "corpo sem órgãos", portador messiânico de uma transformação do mundo, de uma reversão do horror. É a rebelião do filho contra a lei do pai, contra o verbo, o juízo, o sentido de culpa, o destino: rebelião que contém todo o sentido da Crueldade artaudiana e do teatro "pré-trágico", "infantil" dos "Raffaello Sanzio".[25]

No programa de sala do espetáculo, Romeo Castellucci afirma: "devo mascarar o horror com uma pele de cordeiro". O horror de Auschwitz, apesar de não ser literalmente representado, é evocado pela força da própria palavra no imaginário cultural europeu. Em contraste, a presença da criança na cena é conscientemente empregada com o objetivo de gerar uma desestabilização da percepção: "Devo encontrar absolutamente uma dupla corrente, uma dupla sensação, uma dupla emoção para este segundo ato. Tu, o espectador, não deverias saber o que pensar, o que dizer..."[26]

O caráter de não representação que está presente na atuação das crianças em todo o segundo ato de Genesi aparece também nos atores que atuam Caim e Abel no terceiro ato. Como aponta Romeo Castellucci, assim como as crianças, "em alguns casos os atores são chamados para ser o que são, invocando a potência da literalidade da forma que repousa em si mesma"[27]. A presença objetiva do ator na cena resulta de uma escolha literal feita pelo diretor a partir de uma exigência dramatúrgica. A

---

25 Il bambino come messia artodiano nel teatro dei "Raffaello Sanzio". *Segni e Compressione*, n. 53, p. 138. Disponível em: <http://siba-ese.unisalento.it/>.
26 C. Castellucci et al., op. cit., p. 265.
27 R. Castellucci apud A. Pirillo, Conversando con Romeo Castellucci, *Culture teatrali: Studi, interventi e scritture sullo spettacolo*, p. 1. Disponível em: <http://www.cultureteatrali.org/>.

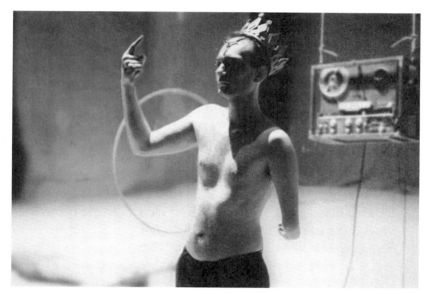

Renzo Mion atuando Caim em Genesi, from the Museum of Sleep. *Foto: Luca Del Pia.*

escolha de um corpo já "pronto", porém, não pretende transformar o espectador em um *voyeur*, não pretende apresentar a biografia desse corpo, mas nasce de um problema de interpretação anterior ao espetáculo:

> Para a escolha do ator que atua em Caim levei em consideração o fato fundamental de que o ato fratricida precisaria ser, de algum modo, inocente, infantil. Por essa, razão procurei um ator com um braço menor que o outro. O membro não crescido imediatamente sugere infância, e o jogo que acontece, infelizmente para o próprio Caim, se torna definitivo ou irrevogável.[28]

No caso de Caim, o ator foi escolhido para o papel por ter um braço de criança num corpo de adulto. Ao "evocar a potência da escolha literal" e optar por "presenças objetivas" na cena, Castellucci provoca deslocamentos no tempo e no espaço dos problemas ligados à interpretação e à representação.

Este trabalho de interpretação anterior aos ensaios, no qual o diretor escolhe um corpo específico para o papel, implica

---

28 J. Marshall, The Castellucci Interview: The Angel of Art is Lucifer, *RealTime Arts*, p. 2. Disponível em: <http://www.realtime.net/>.

uma mudança de atitude do ator na cena, pois já não cabe a ele "transformar-se" na personagem através de recursos e habilidades técnicas de interpretação. Nesses casos, o ator é escolhido por Castellucci justamente pelo conjunto de características singulares que o torna perfeito e pronto para o papel. As tensões produzidas pela alternância contínua entre os corpos fenomênicos dos atores e suas personagens (no olhar do espectador) dificultam o entendimento racional e uma interpretação imediata das figuras. As "presenças objetivas" na cena (crianças, animais, não atores, máquinas e atores com corpos singulares), porém, como já visto, não indicam uma intenção de apresentar a realidade. Trata-se de níveis de interpretação que ocorrem antes do espetáculo no trabalho do diretor e, posteriormente, no processo de atribuição de sentidos realizado pelo espectador.

A *Tragedia endogonidia* é um ciclo de onze produções teatrais realizadas pela Socìetas Raffaello Sanzio em dez cidades da Europa durante três anos (2002-2004). O ciclo se desenvolveu como uma obra aberta que foi sendo criada e transformada em função da cidade que a hospedava. Como explica Castellucci, a ideia "que estrutura esse conjunto é realmente a de um trabalho em andamento. A *Tragedia endogonidia* não é composta por vários espetáculos, mas também não é um único grande espetáculo"[29]. Fazendo referência à tragédia grega, as produções foram denominadas "episódios", e seus títulos foram definidos pela primeira letra do nome de cada cidade, seguido do número que corresponde à sequência das apresentações: C.#01, Cesena; A.#02, Avignon; B.#03, Berlin; BR.#04, Bruxelas; BN.#05, Bergen; P.#06, Paris; R.#07, Roma; S.#08, Estrasburgo; L.#09, Londres; M.#10, Marselha e C.#11, Cesena. Cada episódio era apresentado de forma independente e se completava em si mesmo, embora diversas associações entre os episódios pudessem ser feitas.

Em comparação à tragédia grega, a principal diferença do ciclo criado por Romeo Castellucci é a ausência do coro. Na *Tragedia endogonidia* mantêm-se apenas os episódios, sem a intervenção do coro, ou seja, sem os comentários, sem a narrativa. Segundo Romeo Castellucci, a tragédia grega já não pode ser experimentada fundamentalmente por dois motivos: o primeiro

---

29 E. Pitozzi, À Beira das Imagens, *Revista Cena*, v. 8, p. 134.

deles é evidentemente histórico e geográfico; o segundo, é a ausência de uma língua comum e do próprio sentido de comunidade. O coro era a metáfora da sociedade, do povo do lugar onde as pessoas viviam, "e não existe mais o coro. E talvez essa seja a característica da tragédia do futuro"[30].

A palavra e*ndogonidia* é inspirada no vocabulário da microbiologia e refere-se aos seres hermafroditas aptos a se reproduzir infinitamente: "um projeto concreto de imortalidade" sem a presença de um parceiro[31]. Por seu significado ligado à imortalidade e à reprodutibilidade infinita, a palavra *endogonidia* coloca em questão a própria ideia de tragédia, já que esta pressupõe a destruição inevitável do herói.

A tragédia de Castellucci toca o coletivo por uma via negativa. A retomada da tragédia na contemporaneidade é justificada pelo diretor como uma visita ao passado com o objetivo de entrar em contato com as ruínas de outros tempos e com a nossa amnésia atual em relação a eles, e não de resgatar memórias ou lembranças. Ao relacionar-se com o passado, Castellucci evoca a ausência de algo que ainda pode ser sentido, mas que já não está presente. Como observa Antonio Audino,

O que busca pôr em evidência a complexa operação da Socìetas é uma raiz ainda mais anterior ao trágico, alguma coisa que mergulha em um passado de tal forma remoto para ser totalmente esquecido no nível intelectual ou consciente, mas que permanece bem presente no nível sensorial. O estado de medo que abrigamos em nós, por exemplo, é um dispositivo animalesco, é um instinto de defesa não regulável através da razão e vontade, reside em zonas cerebrais particulares, "subcorticais" como afirmou muitas vezes o próprio diretor. Assim, aquelas imagens carregadas de inquietude que ele nos apresenta, não suscitam angústias pessoais, não movem um estado de fragilidade subjetiva, mas agregam a comunidade de espectadores em um sentido geral e coletivo de apreensão. Seria possível dizer que o trabalho desse encantador evoca e faz manifestar alguns espectros encontrados em uma estação que precede a nossa infância, colocando diante de nós um estado de "terribilidade".[32]

---

30 C. Allen, Interview With Castellucci, p. 1, *Montclair State University*. Disponível em: <http://jhlinsley.net/>.
31 E. Pitozzi, op. cit., p. 134.
32 Transfigurazione: La Biennale Teatro diretta da Romeo Castellucci, em A. Audino (org.), *Corpi e visioni*, p. 125.

As imagens da *Tragedia endogonidia* resultam numa espécie de enigma para o espectador. Os episódios mostram a humanidade em todos os seus matizes, inclusive aqueles que a modernidade tenta esconder com seus ideais de bondade. A *Tragedia* não aborda o embate do homem contra o seu destino, como na tragédia grega, mas do homem contra o próprio homem. As cenas apresentam uma estética e uma temática altamente contemporâneas e, ao mesmo tempo, remetem ao arcaísmo das relações humanas. Não há, porém, uma moralidade, não há o bem e o mal, pois os papéis se invertem continuamente. Há, sim, uma abordagem ética que só pode ser resolvida na individualidade de cada espectador.

Romeo Castellucci costuma usar a palavra figura, e não personagem, para as presenças ficcionais nos seus espetáculos. Por meio do termo figura, Castellucci reforça a noção de que essas presenças implicam não só ideias (ligadas ao texto dramático ou literário, ou ainda, à temática do espetáculo), mas também imagens que, nesse caso, estão sempre associadas ao corpo, "ao ser no mundo" dos atores. A transmutação da figura em personagem não necessariamente ocorre no corpo do ator. Muitas vezes, esse processo se dá somente por intermédio do olhar do espectador que, por meio de associações com os demais elementos do espetáculo, reconhece naquele "ser no mundo" as características ficcionais de uma personagem.

Na *Tragedia*, Castelucci trabalha com a ideia de que cada figura presente na cena e o próprio espetáculo carregam uma pluralidade de leituras possíveis que se concretizam somente por meio do olhar do espectador. Para o diretor, portanto, o espetáculo final e definitivo ocorre de forma individual na mente de cada espectador: "o palco definitivo, o teatro definitivo, está essencialmente na cabeça do espectador, mas eu diria também no corpo do espectador. É uma experiência completamente física"[33]. A experiência é classificada por ele como física porque, além das imagens arrebatadoras e da materialidade comovente do corpo dos atores, inclui outros efeitos sensorais como a ambientação sonora, que é criada pelo músico Scott Gibbons para ser vivida

---

[33] R. Castellucci apud J.F. Chevallier; M. Mével, La curvatura del sguardo, em A. Audino (org.), op. cit., p. 113.

como uma experiência multissensorial, o cheiro dos animais e, ainda, elementos como o vento que sopra no rosto dos espectadores no episódio c.#11.

A ideia de que a transfiguração ocorre no corpo-mente do espectador e a constatação de que o foco dos procedimentos criativos de atuação e direção empregados na construção das cenas está na ampliação da percepção sensorial dos espectadores suscita uma questão: na *Tragedia endogonidia*, o que é realmente vivenciado em cena pelas crianças e pelos atores, e de que forma essas cenas são experienciadas pelo espectador?

Há a presença de crianças em sete episódios da *Tragedia*: C.#01, A.#02, B.#03, BR.#04, BN.#05, L#09 e C.#11. Na maioria desses episódios, a figura da criança está inserida em cenas fortes que veiculam diversas formas de violência. B.#03 e C.#11, por exemplo, abordam o assassinato de crianças. Esses episódios inserem o espectador dentro de um pesadelo individual e coletivo, afinal, o que pode ser mais terrível e trágico do que o assassinato de uma criança? Em Berlin, a criança é vítima fatal da própria mãe, já no episódio de Cesena, a criança e sua mãe são vítimas de um jogo de regras impiedoso e impenetrável ligado ao mundo masculino dos *gangsters*. Este último, porém, é o único entre todos os episódios em que há efetivamente a representação do ato de violência contra a criança: a personagem atuada por Cosma Castellucci recebe um tapa no rosto e é morta a facadas. Em B.#03, a criança, atuada por Eva Castellucci, aparece em cena já morta, ao lado de sua mãe numa cama de casal. A mãe limpa os vestígios de sangue que estão por todo o quarto, inclusive nos lençóis. A criança é arrastada pelos pés para fora da cena por sua mãe que, em seguida, se masturba com uma boneca. O espetáculo mostra ainda várias mulheres executando gestos e ações obscenos. Em BN#05, Eva Castellucci é coberta com uma tinta vermelha que remete, imediatamente, a sangue.

A criança, presente na *Tragedia* em cenas extremamente violentas, opera como um dispositivo gerador de sensações e percepções no espectador, da mesma forma que todas as outras "presenças objetivas" nos espetáculos da Socìetas Raffaello Sanzio. Em associação com outros elementos cênicos, a criança tem o poder de deslocar o espectador para um espaço-tempo não racional ou ainda para o "estado de terribilidade" mencionado por Audino.

Não há ações reais de automutilação ou exposição de biografia pessoal na *Tragedia*, pois os atores atuam sempre no campo da ficção. No entanto, também não há o que se poderia chamar de psicologização na composição de personagens, ou melhor, não há propriamente a composição da personagem no sentido clássico ou moderno. Os atores, inseridos no contexto ficcional dado pelo espisódio, atuam no sentido de realizar ações que lhes são atribuídas por Romeo Castellucci, que dirige e concebe as cenas, e também por Guidi e Claudia Castellucci, que trabalham os aspectos sonoros e rítmicos da cena.

Na medida em que, para Castellucci, o espetáculo definitivo ocorre na mente do espectador, é interessante identificar, nos episódios mencionados acima, diferentes procedimentos e mecanismos de produção de efeitos estéticos de recepção. O sangue falso que banha a criança no episódio de Bergen, por exemplo, é um mecanismo que aparece também em outros episódios da tragédia como um código que desmascara e revela para o espectador a dimensão ficcional do espetáculo. Em Bruxelas, o líquido vermelho proveniente de uma garrafa plástica transparente é derramado no chão por dois atores que atuam policiais. Depois disso, um homem é colocado cuidadosamente em cima do líquido e ali ocorre uma cena de espancamento. O líquido vermelho rapidamente se espalha pelo chão e por todo o corpo do ator, transformando-se em sangue diante dos olhos dos espectadores. Se, por um lado, o ato de mostrar ao espectador o líquido vermelho dentro da garrafa plástica tem um tom provocativo, quase de brincadeira e de deboche, por outro lado, tal ato torna-se o anúncio de algo terrível: o chão vermelho antecipa e torna inevitável a ação dos policiais. Mesmo antes do espancamento, o sangue já foi derramado, não há como evitar.

Esses procedimentos usados por Castellucci, por meio dos quais a ficção é denunciada ao espectador, revelam o caráter de brincadeira e de jogo que envolve a participação das crianças nos espetáculos da companhia. Como não há a representação de personagens e os espetáculos não estão centrados na apresentação de uma narrativa linear, as crianças agem numa esfera ficcional criada a partir de ações simples e de partituras gestuais realizadas na cena. Apesar de as crianças estarem envolvidas em cenas que produzem imagens chocantes, o choque ocorre no processo de

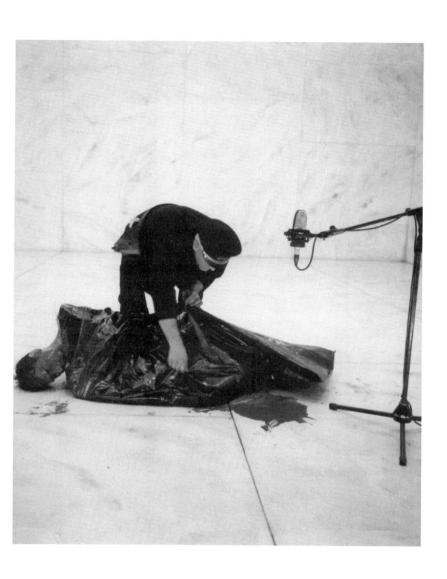

Sergio Scarlatella em Tragedia endogonidia. *Foto: Luca Del Pia.*

recepção do espetáculo a partir da leitura simbólica do espectador. Na prática, a cena não exige uma preparação psicológica específica para a criação do ser ficcional, como também não ocorre nenhum tipo de mutilação, violência e nem exposição da criança ao risco. O caráter de jogo entre o real e a ficção, assim como no jogo dramático infantil, é conscientemente jogado pelos atuantes da cena, adultos e crianças, e os procedimentos criativos que sustentam o jogo são desmascarados e apresentados ao público. Os efeitos gerados por esses procedimentos provocam continuamente a dupla percepção do espectador. A criança traz o elemento do real para a cena por ser e estar no palco como ela mesma, mas sua presença está sempre a serviço da ficção.

Com exceção do bebê colocado sozinho na cena em BR.#04, as outras seis crianças presentes na *Tragedia endogonidia* são filhos de Romeo Castellucci e Guidi. Como foi visto antes, a naturalidade com que Teodora Castellucci descreve a sua participação e a de seus irmãos nos espetáculos da Raffaello Sanzio, mesmo nas cenas que provocam uma forte reação da plateia, carrega uma semelhança com as dinâmicas de convivência profissional e familiar das companhias medievais, ou do ambiente circense, em que a participação e a formação das crianças acontecem no cotidiano de forma orgânica, por meio da vivência direta e intensa do teatro e da arte.

Purgatorio, espetáculo que faz parte da trilogia *Divina Commedia* produzida por Romeo Castellucci para o Festival de Avignon (2008), traz a criança como o centro da ação. Diferentemente das outras duas partes da trilogia, *Purgatorio* surpreende a plateia por seu cenário hiper-realista, ambientado numa casa de família burguesa dos anos 1970, pensado e construído nos mínimos detalhes.

A primeira cena do espetáculo[34] mostra a mãe, atuada por Irena Radmanovic, preparando o almoço na cozinha enquanto conversa com seu filho. O menino, atuado por Pier Paolo Zimmermann (com cerca de dez anos), parece solitário e triste. Em diálogo com a mãe, o filho reclama de dor de cabeça. Apesar do diálogo banal, é possível perceber uma certa tensão no ar. Por meio de mudanças radicais do cenário, o quarto da criança e a

---

34 *Purgatorio*. La Compagnie des Indes, Socìetas Raffaello Sanzio, DVD.

sala da casa também são apresentados ao espectador. Em seu quarto, a criança brinca com um robô, vê televisão, se esconde dentro do armário para brincar com uma lanterna. Durante a noite, o robô transforma-se num gigante que aparece na sala. A aparição do robô gigante transporta o espectador para o mundo imaginário da criança.

A chegada do pai, atuado por Sergio Scarlatella, de uma viagem de trabalho reforça a sensação anterior de crítica à banalidade da vida cotidiana, com os diálogos vazios, as falas e os gestos repetitivos sobre o trabalho. Por outro lado, a banalidade do diálogo vem associada a uma sensação crescente de incômodo e de tensão, que gera expectativa no espectador. As personagens são identificadas como a Primeira Estrela (a mãe), a Segunda Estrela (o filho) e a Terceira Estrela (o pai). Legendas projetadas numa tela transparente situada na frente do palco antecipam as ações que serão realizadas: "A Terceira Estrela tirará seu casaco", "A Terceira Estrela ligará a televisão", "A Terceira Estrela perguntará à Primeira Estrela se ela pode comer na sala de estar", "A Primeira Estrela colocará o prato sobre a mesa". As legendas reforçam a sensação de um cotidiano repetitivo e imutável.

A esposa esquenta o jantar, mas o marido mal toca na comida. Ele parece angustiado. Nas cenas seguintes, ocorre uma ruptura na aparente normalidade que se apresenta até esse momento. O homem e a mulher se abraçam e ele pergunta: "Onde está o chapéu?" Ela fica confusa e ele diz que a ama. A mulher chora e pede: "Não, por favor, te peço! Esta noite não!", o que num primeiro momento indica uma traição. Ele insiste "Onde está o meu chapéu?" e, diante da recusa e do choro dela, o homem vai procurar ele mesmo o chapéu. A mulher continua chorando sozinha na sala. O homem volta com o chapéu nas mãos e pede à mulher que chame o filho, mas ela não se mexe. Ele insiste e ela sai da sala chorando. Mãe e filho retornam para a sala. O pai faz perguntas banais para o filho que não parece animado em vê-lo. A mãe sai da sala e deixa os dois sozinhos. O pai mexe ameaçadoramente com o pé no chapéu que está no chão. Depois, coloca o chapéu na cabeça devagar e olha para o filho. A legenda anuncia: "Agora." O pai pega o filho pela mão e convida: "Vamos brincar com o papai? Vamos para o seu quarto..." A partir desse momento, nota-se uma discrepância entre as legendas e o que ocorre em cena. Além disso, elas passam a descrever a cena no presente, e não mais a indicar o que irá acontecer no futuro.

A legenda anuncia: "A Segunda Estrela mostra seus desenhos para a Terceira Estrela. Eles riem juntos. A Primeira Estrela ri também." Mas, em cena, o pai diz: "Vamos fazer de conta que somos cowboys, como da última vez…" Na legenda, o riso: "ha…ha…ha…" Os dois sobem as escadas enquanto aparece a frase: "A Primeira Estrela coloca um disco de música ligeira. A Segunda Estrela começa a dançar e a saltar ao redor da sala. A Primeira Estrela e a Terceira Estrela dançam juntas. A Primeira Estrela, a Segunda Estrela e a Terceira Estrela estão juntas em casa." Na cena não há desenhos, não há música. Os dois, apenas pai e filho, sobem as escadas lentamente. Antes de entrarem no quarto, a legenda anuncia: "Eles escutam a música." A porta se fecha e o espectador fica diante da sala vazia. Somente o silêncio e a legenda "A música." O quarto se localiza fora de cena, num lugar invisível para o espectador, mas é possível ouvir o que se passa lá dentro. A criança começa a chorar e implora: "Não, não, não!" O pai grita "Basta!", e bate no filho. Depois disso, ouve-se a respiração ritmada do pai e os gemidos da criança. O pai continua a gritar "Basta" e a criança pede: "Não, papai…" O pai responde: "Abre a boca de novo." O filho repete chorando "Eu te amo, papai, eu te amo", e o pai insiste: "Abre a boca."

Toda a tensão acumulada pelo espectador até esse momento, transforma-se em terror. A cena do estupro parece interminável e é de uma violência extrema, pois ao espectador é dado o mais cruel dos papéis, o de imaginar:

Inicia uma violência familiar que "se dilata em um plano de uma inquietude vertiginosa" (Castellucci), revelada pelos gritos do filho que se submete ao físico do pai, pelas palavras dessacralizantes do adulto ("abre mais a boca") e pela inaceitável crueldade de não mostrar a cena, deixando que se plasme na mente do espectador, tornando-o autor e criador daqueles instantes invisíveis. Como no teatro grego, as sequências violentas não são nunca atuadas sobre o palco, são ob-cenas. O espectador ouve somente os sons, os gritos, os impropérios, sendo em tal modo prepotentemente imerso na abstração do terror, na sua forma transparente, na sua essência.[35]

---

35 F. Ferraresi, "Divina Commedia – Purgatorio", *Close up. Storie delle visione*, p. 2. Disponível em: < http://www.close-up.it/>.

Terminada a violência, o pai desce as escadas com uma máscara de borracha hiper-realista que imita o rosto de outra pessoa. Ofegante, senta-se ao piano e tira a máscara e o chapéu. Passa a mão pelo rosto angustiado. Olha para as mãos. Com as costas da mão toca as teclas do piano e permanece imóvel. Imediatamente começa a soar uma melodia de piano melancólica, enquanto o filho desce as escadas. Com um fio de sangue que escorre da boca, com a roupa rasgada e ensanguentada, o filho lentamente retira um dos braços do pai do piano, senta em seu colo e o abraça: "Não se preocupe, papai. Acabou. Acabou."

Nessa cena, o conceito do perdão é reelaborado e problematizado. Na doutrina cristã, na qual se inspira Dante, o purgatório é o lugar onde se espera ganhar o perdão divino através do sofrimento físico. O *Purgatorio* de Castellucci subverte essa lógica, pois aqui é o pai que necessita do perdão do filho:

> O pai que trai é o Criador que comete um crime contra a criatura. A necessidade de ser perdoado, a necessidade de ser libertado de toda impureza, é aquela do próprio criador. A necessidade humana de abraçar-se é, de fato, a necessidade do Criador na sua abissal solidão. A teologia nos fala, ao contrário da psicanálise, da necessidade de assassinar o filho.[36]

Aos olhos do espectador, porém, a necessidade de perdão torna o ato do pai ainda mais imperdoável. Scarlatella conta que foi agredido verbalmente por espectadores indignados em praticamente todas as apresentações do espetáculo[37]. A cena do estupro impactava os espectadores de forma tão intensa que, de certa forma, os limites entre a realidade e a ficção eram borrados. Conforme Castellucci, após as apresentações, muitos espectadores declararam não suportar não só a cena do estupro, mas a cena em que o filho perdoa o pai[38].

A cena, que só pode ser ouvida, mas não pode ser vista, coloca o espectador numa posição radical: a de ser ele próprio o criador das imagens do horror ao qual é submetida a

---

36 Ibidem.
37 Entrevista concedida à autora por Sergio Scarlatella, em Porto Alegre, em setembro de 2013.
38 Diálogo com Romeo Castellucci após a exibição do vídeo de *Purgatorio* no cinema do El Cultural San Martín, como parte da programação do Festival Internacional de Buenos Aires, em outubro de 2013.

personagem. As imagens se concretizam somente e individualmente na imaginação de cada espectador. A questão do irrepresentável é mais uma vez trazida à tona por Castellucci, que apresenta o purgatório como o mais próximo ao cotidiano dos três mundos. Devido ao realismo do espetáculo e a presença da criança, a cena do abuso torna-se chocante. Porém, mais chocante ainda é o fato de cada espectador ter que preencher o vazio com suas próprias imagens interiores, provenientes de memórias, sonhos, vivências, pois estas sim são reais e aterrorizantes.

Assim, como visto nos espetáculos descritos anteriormente, a construção da violência só se completa com o olhar do espectador. A centralidade do espectador em *Purgatorio* e nos outros dois espetáculos da trilogia é pensada por Castellucci e realizada em diversos detalhes. Conforme o diretor, esses espetáculos foram pensados como um percurso do eu na direção do tu, do artista na direção do espectador. O *eu* do artista se dissolve, desaparece, para que possa surgir o *tu*, o espectador. Essa ideia aparece em diversas passagens de *Inferno*, como, por exemplo, na primeira cena em que o próprio Castellucci entra no palco e se apresenta ao público "Je m'appelle Romeo Castellucci", para em seguida ser atacado por cachorros ferozes, como se sua identidade fosse devorada pelos animais, ou na longa cena dos abraços, em que, mais uma vez, o *eu* vai na direção do *tu*. Em *Purgatorio*, essa ideia aparece na forma com que as personagens foram denominadas: Primeira Estrela, Segunda Estrela e Terceira Estrela. O espetáculo foi concebido originalmente em francês, portanto, o emprego da palavra "étoile", se justifica por conter em si mesma o "toi" (tu). Desse modo, as personagens seriam o primeiro tu, o segundo tu e o terceiro tu, ou seja, reportam-se diretamente ao espectador.

Enquanto, por um lado, houve em praticamente todas as apresentações uma resposta violenta do público em relação ao espetáculo, por outro, o processo de criação buscou poupar o menino Pier Paolo do conteúdo pesado veiculado pela peça. As vozes do pai e do filho da cena do abuso, conforme Scarlatella e Castellucci, foram gravadas separadamente. A voz do filho foi gravada num ambiente de jogo, de brincadeira com a presença dos pais do menino. Não foi revelado a Pier Paolo o caráter da violência sofrida pela personagem criança, foi-lhe explicado apenas que nessa cena o pai batia no filho. A voz da personagem pai foi gravada por Scarlatella posteriormente, sem a presença do menino. O que o espectador ouvia no espetáculo era resultado de uma montagem. Durante as apresentações, Pier Paolo permanecia no camarim nesse momento do espetáculo e, portanto, não ouvia a cena de violência.

A participação de Pier Paolo em *Purgatorio* coloca em questão valores tácitos culturalmente associados à criança, pois, ao mesmo tempo que aborda criticamente a questão do abuso, expõe a criança-ator diante dos espectadores. A criança não é poupada desse olhar e, atuando ela mesma, assume o papel de vítima de uma violência irrepresentável. Assim como em outros espetáculos da companhia, a criança é inserida num contexto que não é aquele associado ao universo artístico infantil, o que implica uma mudança radical na percepção do espectador. Desafiando as questões éticas associadas a essas experiências, a criança é chamada a viver o ambiente teatral em toda sua complexidade. E encara o desafio com a naturalidade de quem costuma diariamente transitar pelos diversos mundos presentes na sua imaginação e nos seus sonhos. Estes nem sempre são solares, divertidos e iluminados. Como pode muito bem se lembrar cada adulto, os sonhos infantis muitas vezes carregam consigo o peso sombrio, misterioso, enigmático e aterrorizante dos medos mais profundos.

A *Divina Commedia* era ela mesma considerada por Castellucci em sua infância como "um livro de terror": "Sempre me aterrorizou esse aspecto do juízo de Deus, que é inflexível, um juízo de ferro. Diria um Deus que se regozija em ver o suplício dos condenados, condenados por outros, por culpas totalmente humanas. Isso sempre atingiu muito a minha imaginação. […] É um livro completamente irrepresentável. […] O que há de mais interessante que o irrepresentável?"[39]

---

39 R. Castellucci, Interview de Romeo Castellucci par Gustav Hofer, em Socìetas Raffaello Sanzio. *Inferno, Purgatorio, Paradiso*. DVD.

"SCHOLÉ", A VIVÊNCIA DO TEATRO

A principal característica das práticas pedagógicas realizadas por Guidi, como foi visto anteriormente, é a proposição de ambientes em que os aspectos técnicos e as convenções do teatro são assimilados pelos participantes por meio da vivência direta da cena. O impacto gerado pelos materiais usados na ambientação cênica e sonora, e pela presença de animais, de corpos singulares e de máquinas na escola experimental e nos espetáculos infantis insere, de forma radical, a criança no contexto ficcional e estimula a produção imediata de respostas que se traduzem em gestos, falas e ações. O caráter de acontecimento é a marca dessas atividades. A qualidade do encontro depende efetivamente das relações que se criam a partir do contato das crianças com o contexto ficcional. As crianças assumem o papel de atuantes e, alternadamente ou simultaneamente, são espectadoras de si mesmas.

É interessante perceber que, tanto nas práticas voltadas para a infância quanto nos processos de criação em que há a participação de crianças em espetáculos não infantis da Raffaello Sanzio, a formação na arte teatral se dá na vivência da própria cena. A preparação para a cena não se dá por meio de uma lógica didática, que envolve a superação de etapas de aprendizagem para chegar ao palco propriamente dito, como o lugar onde ocorre a ação cênica compartilhada. E também não há a distribuição de personagens, a marcação de posições ou a memorização de falas, como nas práticas de ensino do teatro mais tradicionais. A lógica aplicada na preparação dos atores, incluindo a criança, aproxima-se daquela que foi denominada por Matteo Bonfitto de "treinamento como *poiesis*".

O treinamento como *poiesis* parte de uma lógica empírica ligada às especificidades de cada processo criativo e cria condições para a criação de procedimentos e a exploração de princípios que surgem da própria prática[40]. As práticas pedagógicas e artísticas da Raffaello Sanzio, na maioria das vezes, operam a partir de uma lógica empírica que possibilita a emergência

---

[40] Por outro lado, os processos que partem da aplicação de sistemas de atuação, com objetivos estabelecidos *a priori*, são definidos por Bonfitto, em seu trabalho, como "treinamento como *práxis*".

de um espaço de invenção de procedimentos que colocam as crianças em relação direta com os materiais de atuação. Na escola experimental de Guidi, e nos espetáculos infantis da companhia, a relação empírica com os materiais ocorre diretamente na cena e no contexto ficcional.

As escolas de teatro conduzidas por Claudia Castellucci no âmbito da Socìetas Raffaello Sanzio desde 1988, da mesma forma que as práticas citadas acima, não têm como foco a aplicação e a transmissão de técnicas de atuação. Elas mantêm um caráter de pesquisa sobre o movimento, a voz, o ritmo, a filosofia e a atuação. O termo escola não é utilizado no sentido habitual, mas aparece ligado à etimologia da palavra, *scholé* em grego, que literalmente significa ócio, ou seja, o tempo dedicado à contemplação do mundo. O aprendizado se dá na experiência e pela experiência. As questões técnicas ligadas ao movimento e ao ritmo são consideradas extremamente importantes e, diferentemente do que ocorre nas atividades desenvolvidas com as crianças, o aperfeiçoamento se dá através da repetição. Nem por isso elas adquirem um caráter didático, mas estão ligadas à instauração de um espaço de ritualização.

O rigor técnico e o rigor ético impulsionam a prática de Claudia Castellucci nas escolas. Cada atividade é minuciosamente pensada para envolver o participante em algum tipo de vivência prática sobre o tempo, o ritmo etc. O foco das escolas, conforme Claudia Castellucci, está na relação humana, no desejo dos participantes de estudarem juntos, e não propriamente na formação: "a escola não é de formação, mas de pesquisa, pura, se pode dizer"[41].

A Scuola Teatrica della Discesa (1988-1998), fundada segundo uma visão maiêutica do teatro, foi a primeira e mais duradoura dentre as diversas escolas experimentais criadas pela companhia ao longo de sua trajetória. Definida como uma experiência de filosofia e prática do teatro, a Scuola Teatrica della Discesa produziu diversos espetáculos, dentre eles *Voce dell'animale* (1990), *Teresa Martin la suicida della giustizia* (1992), *Festa plebea* (1994) e *Keplero* (1995).

---

41 R. Francabandera, *Stoa, occupare e ornare: Intervista a Claudia Castellucci*. Disponível em: <http://www.youtube.com/watch?v=ABSzq17Bh08>.

A Stoa Scuola di Movimento Fisico e Filosofico foi uma escola destinada à pesquisa sobre a relação da dança com a dimensão temporal do ritmo e da combinatória. Na escola, que funcionou entre os anos de 2003 e 2008, Claudia Castellucci produziu diversos espetáculos e contou com a colaboração de profissionais da área da dança, como Cristina Rizzo[42] e Sonia Bruneli[43]. Segundo Eugenio Resta[44], participante da escola, o trabalho acontecia da seguinte forma:

> Nós nos encontrávamos um dia por semana durante quatro horas cada dia, e fazíamos exercícios rítmicos sobre a interpretação ou a expressão de uma ideia. Ou então escrevíamos sobre filosofia ou história da arte e discutíamos sobre isso. Nós também criávamos movimentos de dança. Nunca chamamos esses movimentos de dança porque se tratava mais de um tipo folclórico de dança, *ballo* em italiano, uma dança circular algumas vezes com 28 pessoas, outras com doze e às vezes com trinta.[45]

A partir da experiência gerada em Stoa, Claudia Castellucci montou a Mòra Compagnia di Ballo que, ao contrário das escolas que aceitavam pessoas sem experiência em teatro ou dança, era composta por jovens com formação em balé clássico. Mòra tinha como objetivo "estudar o movimento no tempo" com pessoas que tivessem já experiência e habilidade em executar coreografias complexas. *Hommo turbae* (2009), espetáculo inspirado no conto O Homem na Multidão, de Edgar Allan Poe, é o primeiro trabalho da companhia. Em 2012, a companhia apresenta o espetáculo *La seconda neanderthal*, inspirado na obra *A Sagração da Primavera*, de Igor Stravínski.

Fundada em 2010, Calla, Scuola di Teatro é mais uma escola rítmica, destinada a jovens com idade entre quinze e vinte anos,

---

42 Dançarina, coreógrafa e *performer* de Florença, é uma figura de destaque da dança contemporânea na Itália. Possui formação em Nova York, na Martha Graham School of Contemporary Dance.
43 Coreógrafa e *performer* de Forli (Itália). Fundadora do grupo de *performing arts Barokthegreat*.
44 Membro da companhia Dewey Dell junto com Agata, Demetrio e Teodora Castellucci, todos formados em Stoa. Fundada durante a experiência na Stoa em 2007, a Dewey Dell é uma companhia premiada na Itália e participa de diversos festivais na Europa e Estados Unidos.
45 E. Resta apud M. McCloughan, Dewey Dell: Agata Castellucci, Demetrio Castellucci, Teodora Castellucci and Eugenio Resta in conversation with Mark McCloughan. *Movement Research Blog*, p. 1. Disponível em: <http://www.movementresearch.org/>.

de caráter prático e experimental. Calla tem como objetivo estudar os elementos da representação e aprofundar-se na questão da natureza imitativa da arte.

Atualmente, além da criação da Scuola Cònia – curso que, desde 2014, acontece nos verões e propõe o estudo de técnicas de representação – e da Setta, escola de técnica dramática proposta em 2015, Claudia Castellucci tem experimentado criar escolas fora da sede do Teatro Comandini. A primeira experiência nesse sentido aconteceu em Bordeaux, em 2011: a École du Rythme durou um mês, com oito horas de trabalho diário, e seu encerramento se deu com a apresentação do espetáculo *Sortie de la Caverne*, no Grand-Théâtre de Bordeaux.

Segundo Claudia Castellucci, a relação com o tempo breve muda radicalmente os parâmetros já estabelecidos pelas experiências anteriores, pois, enquanto as outras escolas tinham, cada uma, um tempo próprio de duração, em Bordeaux havia uma relação constante com o fim. A duração das escolas no tempo, de acordo com Castellucci, é definida pela qualidade das relações entre os participantes, e depende de etapas a se cumprir ou da revisão de certos conteúdos definidos *a priori*. É a partir das relações criadas entre os participantes que surgem as obras de arte realizadas na escola. E por obra de arte entende-se não só o espetáculo: por meio da investigação da qualidade da presença, bem como do rigor e da repetição, busca-se transformar cada atividade realizada numa obra. Em cada dia da escola, portanto, busca-se a relação com o conceito de plenitude.

Em geral, os encontros nas escolas de Cesena acontecem uma vez por semana, com duração de três a quatro horas. Os participantes não são selecionados por Claudia Castellucci, porque, para ela, é importante que os jovens decidam, e não ao contrário. Por isso, o primeiro dia de escola é aberto para que haja essa escolha, para que os participantes conheçam o trabalho e decidam se é ou não de seu interesse.

Existem pessoas que têm necessidade de mais dias, mas geralmente é suficiente um dia, já que no primeiro dia nos encontramos em trinta, no segundo, em quinze. Estas permanecem geralmente até o final, porque aquilo que faço no primeiro dia é uma ação já completamente dentro da escola; então, não é uma simples apresentação e muito menos uma explicação com a voz. Eu faço imediatamente certas coisas. Não explico, não pergunto sequer os nomes, justamente porque o nome de uma pessoa é muito importante para ser verdadeiramente perdido no primeiro dia em meio a uma lista de chamada. O nome faz parte de uma descoberta, deve ser conhecido por meio de uma descoberta que se realiza nos primeiros dias. Realiza-se um pouco mais adiante quando as pessoas já escolheram entre ir embora ou permanecer, aí então ocorrem os exercícios com o nome.[46]

O primeiro dia de escola já é regido pelo princípio empírico e experimental que será mantido ao longo do processo. Conforme Claudia Castellucci, no início de cada escola um movimento é iniciado por ela. E então esse movimento de pesquisa deve se tornar automático, ou seja, deve nascer na própria relação entre os participantes e não de um direcionamento que parta sempre dela. Por isso, para referir-se ao seu papel nas escolas que oferece, Claudia Castelucci prefere usar a palavra "scolarca", que vem do grego e quer dizer "fundador de uma escola de filosofia" (ou seja, aquele que inicia a escola), ao invés da palavra "professora", que traz o sentido de alguém que possui um conhecimento a ser transmitido.

O cuidado com a escolha das palavras, que é uma atitude constante no trabalho da Raffaello Sanzio, tem a ver como o desejo de renovação ou reinvenção de certos valores ligados a elas. No caso das escolas, Claudia Castellucci busca resgatar e reinventar o sentido de comunidade com o objetivo de retomar um modo de fazer coletivo:

na época na qual nos encontramos não existem mais deuses, ritos, fé compartilhada profundamente, em sentido comunitário. Não existe comunidade. Quando existe comunidade é uma paródia. A internet também é uma paródia de comunidade. Portanto, não se trata de restaurar um tempo que já não pode ser recuperado, mas se trata de encontrar um novo sentido na relação com o tempo que passa, na relação com o lugar, e também na relação com um ambiente de vida em que possa existir um vínculo de significado recíproco em consideração ao lugar onde vivo[47].

Não se trata, segundo a artista, de recuperar certos mitos ou rituais tradicionais, mas de recomeçar a partir de coisas

---

46 Ver infra, Entrevistas, p. 215.
47 Ibidem.

extremamente básicas e simples como o tempo do sol e das estações do ano, e de recuperar uma ligação com o lugar onde se vive: "É de fato algo que tem a ver com a realidade. A obra de arte tem a ver com a arte de viver, realmente. Há também o aspecto da ficção, o aspecto da representação, é verdade. Mas essa representação faz parte da celebração, é uma forma de celebração."[48]

Tanto os exercícios realizados nas escolas quanto as manifestações artísticas geradas pelas pesquisas focadas na relação com o ritmo, com o canto e com o movimento coral, possuem um caráter visual ritualístico (formas circulares, gestos repetidos) e algumas vezes recebem o nome de celebração, ao invés de espetáculo. Como é o caso das duas intervenções criadas na École du Rythme, em Bordeaux, denominadas *Célébration du Silence Commun* e *Célébration des Gestes Quotidiens,* em outubro de 2011.

A celebração também é foco do laboratório que Claudia Castellucci tem oferecido para crianças de seis a dez anos em vários eventos dedicados a gerar experiências de arte contemporânea para crianças, como o Puerilia, Festival de Puericultura Teatral (Cesena) e o Onfalos-Infanzia al centro (Bolonha). *Celebrazione dei gesti istoriali* é uma ação solene em que as crianças são convidadas a cumprir ações de modo ritual em resposta à sua necessidade inata de fazer e representar. O laboratório propõe a projeção de uma série de gestos que caracterizaram as descobertas e as escolhas decisivas na história da humanidade: "as crianças realizam a entrada solene em um lugar e a imitação desses gestos; experimentam uma forma de atenção 'histórica': em relação a si mesmas, em relação às figuras a imitar, e em relação a gestos antigos" (Castellucci, programa do Puerilia Festival).

O crítico teatral italiano Massimo Marino situa as escolas conduzidas por Claudia Castellucci dentro de uma série de práticas antiacadêmicas baseadas na experiência, na diversidade e no comprometimento: "o teatro torna-se visão singular (de um artista, de um grupo, de um movimento), que encontra em si e nas referências que se constroem de tempos em tempos

---

48 Ibidem.

os instrumentos para a própria expressão e criação"[49]. Dentre estas práticas, no âmbito do chamado Nuovo Teatro italiano, uma das mais significativas é a de Marco Martinelli no Teatro delle Albe, grupo teatral de Ravenna, com a fundação de uma Non-scuola no ano de 1992: "escola e teatro são estranhos um ao outro, e a aproximação entre eles é naturalmente monstruosa. O teatro é um lugar de humanidade selvática e subvertida, de excessos e medida, onde se se torna aquilo que não se é; a escola é o grande teatro da hierarquia e do aprender bem cedo a 'ser' sociedade"[50].

Outra prática interessante no âmbito do novo teatro italiano é a realizada por Amando Punzo, da Compagnia della Fortezza, grupo fundado dentro da prisão, na cidade de Volterra, na Toscana. Punzo foi um dos primeiros a realizar um projeto de teatro no cárcere na Itália, em 1988. Desde então, já realizou mais de vinte espetáculos na companhia, e dirige o Festival Volterra que, em 2012, está em sua vigésima sexta edição. A prática realizada por Punzo concentra-se propriamente nos problemas artísticos e busca extrapolar, ao menos mentalmente, as celas da prisão através de um processo contínuo de provocação, criação e comprometimento. Por meio da prática teatral, que por si só traz a possibilidade de transformação e criação de novos mundos, o próprio espaço da prisão é transformado de instituto penal em centro cultural, trazendo uma nova vida para o lugar.

Nessas práticas formativas, sejam elas consideradas escolas ou não escolas, os artistas e os grupos cultivam autopedagogias centradas em suas visões particulares do teatro. O foco dessas práticas está na proposição de experiências artísticas e não na transmissão de métodos e estilos de atuação. Tomando as escolas de Claudia Castellucci como exemplo, pode-se constatar que muitos dos jovens que participam dessas experiências seguem a carreira no teatro ou na dança. Também os participantes que não tomam o teatro como profissão têm a oportunidade de se tornar espectadores interessados, participativos e sensíveis à linguagem teatral.

---

49 M. Marino, L'altra Scuola del Nuovo Teatro, *Fillide Revista*, n. 3, p. 1. Disponível em: <http://www.fillide.it/>.
50 M. Martinelli, Chiaroveggenza. *Prove, Rivista di Inchieste Teatrale*, ano 10, n. 2. Disponível em: <http://www.muspe.unibo.it/>.

ESPAÇOS DE COMPARTILHAMENTO E SÍNTESE

Os laboratórios teatrais propostos por Romeo Castellucci e os festivais produzidos por Guidi são campos importantes de atuação da Socìetas Raffaello Sanzio e mantêm a lógica empírica que marca as outras atividades da companhia. Enquanto os laboratórios são um espaço de experimentação de procedimentos de preparação do ator, os festivais funcionam como um espaço de síntese das práticas desenvolvidas pela companhia e têm como principal característica seu aspecto transdisciplinar, já que agregam diversas áreas do conhecimento.

Laboratórios de Romeo Castellucci

A palavra "laboratório" é usada aqui em dois sentidos: como espaço de criação e experimentação dentro do processo criativo, e no sentido de *workshop*, oficina. No caso do trabalho de Romeo Castellucci, os dois adquirem significados muito próximos. Pelo fato da Raffaello Sanzio não ter um núcleo fixo de atores, a cada novo espetáculo atores são "formados" no interior da companhia. A preparação dos atores se dá no próprio processo de criação dos espetáculos, que transitam por linguagens diversas, em alguns casos ligadas à performance, em outros, à cena realista. O processo criativo dos espetáculos, portanto, se dá a partir de laboratórios em que os atores se relacionam diretamente com os materiais de atuação propostos por Romeo Castellucci. Por outro lado, os laboratórios, no sentido de *workshop* ou oficina, têm sempre o objetivo de gerar um espetáculo ou performance.

Os laboratórios/*workshops* de Romeo Castellucci, como o que será descrito aqui, ocorrem sempre no âmbito de festivais, como o Màntica Festival, realizado na sede da companhia, ou no festival de teatro da Bienal de Veneza. Quando indagado sobre o conteúdo desses laboratórios, o diretor enfatiza que não cultiva uma atitude pedagógica de quem pretende ensinar:

Eu não me considero um pedagogo, no sentido de que não tenho nada para ensinar. Vivemos numa época muito complexa, acredito, e essa época te pede para ser interpretada continuamente. Não se pode ter uma consolação que vem de um repertório, não é mais assim. [...] Tudo isso para dizer que colocamos em jogo uma série de questões a respeito do significado de ser ator hoje. Não se trata simplesmente de repetir um papel, é muito mais complexo, ou mais simples, não sei, depende do ponto de vista.[51]

O laboratório ministrado pelo diretor na Bienal de Veneza de 2010[52] fez parte de uma proposta, que ocorre em todas as edições do festival, na qual importantes artistas do teatro contemporâneo são chamados para conduzir experiências cênicas. Em 2010, sete diretores trabalharam a partir de um mesmo tema: a atualização dos sete pecados capitais. Os laboratórios de Thomas Ostermeier, Romeo Castellucci, Rodrigo García, Jan Lauwers, Ricardo Bartís, Calixto Bieito e Jan Fabre aconteceram em dois momentos. O primeiro, de caráter livre e experimental, ocorreu entre outubro e dezembro de 2010; o segundo momento envolvia a montagem de uma performance a ser apresentada no 41º Festival de Teatro de Veneza, em outubro de 2011.

O pecado escolhido por Castellucci foi o vício do "olhar". Na prática com os atores, o laboratório tinha como proposta a pesquisa obsessiva de "uma série de gestos capaz de liberar uma imagem" e a "conscientização do ator sobre sua própria condição de ser imagem"[53]. O primeiro dia de laboratório foi destinado ao cumprimento de uma tarefa dada aos atores dias antes do início do trabalho: a preparação de duas pequenas cenas, sendo que uma deveria envolver o uso da voz e a outra, somente gestos com o objetivo de mostrar sua própria concepção do tempo, do espaço, da voz, e uma ideia de espetáculo[54].

Conforme entrevista a Roberta Ferraresi, nesse laboratório, Romeo Castellucci confirma a sua descrença na aplicação

---

51 Laboratorio di Teatro: Romeo Castellucci, *La Biennale Channel*, Veneza. Disponível em: <http://www.youtube.com/watch?>.
52 A descrição do laboratório *Vedere contro Credere* foi realizada a partir de informações encontradas no arquivo do *site* oficial da Bienal de Veneza. A referência mais importante é o texto de Roberta Ferraresi, pesquisadora e crítica teatral, que acompanhou e descreveu o laboratório no texto Inneschi: al lavoro sulla presenza dell'attore.
53 R. Castellucci, Vedere contro credere, *La Biennale di Venezia*. Disponível em: <http://www.labiennale.org/>.
54 Cf. R. Ferraresi, Inneschi: Al lavoro sulla presenza dell'attore, *La Biennale Channel*. Disponível em: <http://www.labiennalechannel.org/>.

de métodos e técnicas de atuação, e parte da singularidade do ator, da sua presença física carnal e da sua visão pessoal do teatro, para dar início a uma série de experimentações individuais e coletivas. Articulando essas duas dimensões, os participantes puderam experimentar ao mesmo tempo a condição de ator e de espectador, de agente e de observador através do exercício do "olhar", observando atentamente o outro, e do "fazer", transformando-se eles mesmos na imagem.

Romeo Castellucci cria um espaço próprio para a experimentação a partir de certos exercícios simples e de desafios que são lançados ao grupo ou individualmente, tais como: entrar e sair de cena, revelar o rosto, aparecer e desaparecer na luz, atravessar a cena. Todos esses exercícios, que dizem respeito à essência da gestualidade do ator no palco, são explorados em profundidade com o objetivo de revelar toda a sua potencialidade: "Eu acho importante ver como as pessoas reagem quando são colocadas frente a um certo número de problemas que podem estar ligados ao tempo, ao ritmo, à imagem, à sensação. Ou seja, pessoas que são colocadas em um lugar comum. [...] Os exercícios que proponho são simples, mas é nos detalhes que se revelam muitas coisas."[55]

O percurso criativo percorrido na oficina, segundo Romeo Castellucci, esteve em constante transformação e sua tarefa, como condutor/diretor, foi a de buscar novos caminhos continuamente. Conforme Ferraresi, o que foi compartilhado com os jovens atores foi a própria "experiência da experimentação", e não um método linear ou a verificação de uma técnica específica. As atividades estavam centradas "não [em] conceder um modo correto de enfrentar um problema, mas [em] transmitir uma inexaurível curiosidade em desenvolver uma busca na realidade do teatro"[56].

O espetáculo *Attore, il tuo nome non è esatto*[57], criado a partir do laboratório, traz em seu nome o ponto fundamental do

---

[55] Idem, Intorno al laboratorio: Prima, dopo e oltre. Intervista a Romeo Castellucci, *La Biennale Channel*. Disponível em: <http://www.labiennalechannel.org/>.
[56] Idem, Inneschi: Al lavoro sulla presenza dell'attore, *La Biennale Channel*. Disponível em: <http://www.labiennalechannel.org/>.
[57] Romeo Castellucci escreveu um texto com título semelhante em 1994: "Attore: il nome non è esatto". O texto está publicado nos livros *L'epopea della polvere: Il teatro della Socìetas Raffaello Sanzio* e *Los peregrinos de la materia*.

trabalho: o questionamento do papel ator. Apresentado como um exercício no Teatro La Fenice, o espetáculo aconteceu numa sala inteiramente iluminada por uma luz vermelha. A cena se propunha a trazer uma série de "demônios" desenvolvidos pelos participantes do laboratório a partir da relação com materiais de atuação que provinham de gravações de áudio de possessões demoníacas do início do século XX. O espetáculo propunha colocar em cheque não só o papel do ator, mas também o papel do espectador como *voyeur*.

No espetáculo, os atores realizam entradas individuais em cena. A roupa é cotidiana, *jeans* e camiseta, e a atitude na entrada em cena é natural, não representada. A mesma sequência de ações é realizada por todos: ligar um gravador antigo que reproduz o áudio da possessão demoníaca, encher a boca de chantili e realizar sua partitura corporal sincronizada com o áudio.

Ao ligar o áudio, uma legenda que informa o nome, a data e o lugar da possessão é projetada numa tela instalada no fundo da cena. No espaço há apenas um cubo branco que é usado por alguns atores como suporte da sua partitura corporal.

As ações dos atores são precisamente sincronizadas com o áudio e nos reconduzem à própria possessão. Apesar de trabalharem com a ideia de convulsão e contorção, os gestos e a movimentação dos atores configuram-se como uma partitura corporal extremamente precisa. Uma ação marca o final de todas as performances: um olhar com um sorriso inquietante diretamente para a plateia.

No fim do espetáculo, enquanto o nome dos atores aparece na tela, o áudio de um "possuído" francês, de 1948, ecoa pela sala. É um trecho da gravação radiofônica *Para Acabar Com o Julgamento de Deus*, de Artaud, morto naquele mesmo ano.

Attore, il tuo nome non è esatto foi apresentado também em Cesena, em 2011, e em Verona, em abril de 2012, como resultado de outros laboratórios conduzidos nessas cidades. Sobre o trabalho, Romeo Castellucci comenta que:

> o significado comum que se dá à palavra ator, se a etimologia não nos engana, é daquele que age. Pessoalmente não estou, de fato, seguro dessa relação. Não vejo nenhum ato no ator, nem vontade ou objetivo. São as potências que ocupam o seu corpo e o fazem agir. São outros corpos – geralmente do passado – que o invadem e o atravessam. A sua técnica

consiste numa fundamental passividade, traduzida na interpretação das forças que o governam de dentro e desde sempre. O trabalho tende a focalizar a própria busca sobre potências exógenas que, longe de serem hábitos ou imitações, formam a própria ideia de ator[58].

Esse espetáculo manifesta, tanto no que se refere à apresentação de procedimentos quanto ao conteúdo, a pesquisa atual de Romeo Castellucci sobre a atuação. Os procedimentos utilizados na construção das cenas são revelados ao público: a entrada em cena sem personagem, o chantili que é colocado na boca na frente do público (e se transforma numa baba que escorre da boca dos atores), o áudio que é ligado pelo próprio ator e, por fim, o sorriso enigmático para o espectador, são todas ações que desmascaram os mecanismos que compõe a ficção, e dos quais o ator é o principal articulador. Já o conteúdo do espetáculo, a possessão, aborda com muita ironia a ideia de Castellucci sobre o ator como alguém que se deixa atravessar por forças externas ou por potências exógenas, como um corpo disponível para ser habitado por diferentes espíritos e diferentes operações, sendo, nesse sentido, ele próprio um possuído.

Festivais da Socìetas Raffaello Sanzio

O Puerilia e o Màntica, festivais realizados pela Socìetas Raffaello Sanzio no Teatro Comandini, foram idealizados por Chiara Guidi como um espaço de experimentação e investigação em torno da infância e da voz. Os festivais funcionam como um espaço de troca para aqueles que têm interesse em discutir, fruir, experimentar e refletir sobre as pesquisas artísticas realizadas pela companhia. A programação dos festivais envolve laboratórios práticos, espetáculos, instalações, festas, concertos musicais, projeções de filmes e encontros com artistas e profissionais de outras áreas como psicólogos, psiquiatras e professores.

Os festivais oferecem aos participantes uma série de atividades que abarcam o fazer e o pensar a arte contemporânea e fomentam o diálogo do teatro com outras artes e, também, com outras áreas de conhecimento. A diversidade dessas experiências

[58] Material de Divulgação do Espetáculo.

promove vários momentos de troca e contribui para que os artistas ampliem a visão do próprio trabalho.

O Puerilia, Festival de Puericultura Teatrale, foi criado em 2011 como consequência da longa experiência de Guidi com crianças. Por meio do festival, o pensamento sobre a infância desenvolvido no âmbito da companhia é materializado em todas as suas dimensões. Nesse evento fica evidente que, como afirma Guidi, a aproximação ao universo infantil não tem como objetivo encontrar uma linguagem teatral específica para a criança, ou produzir um teatro infantilizado, mas, ao contrário, colocar em primeiro plano a forma particular e espontânea com que a criança interage com o mundo, ou melhor, "a capacidade da criança de pensar e agir ao mesmo tempo". Todas as atividades desenvolvidas durante o festival priorizam a experiência estética sensorial em detrimento da explicação, da didática, do entendimento racional das obras, e dão aos adultos a oportunidade de aprender com as crianças novas formas de recepção e interação com a arte.

> [...] este festival é o modo de materializar um pensamento sobre a infância que vive em nosso trabalho na Raffaello Sanzio já há mais de quinze anos: é o primeiro festival com o intuito de ampliar uma ideia de infância do teatro, mais do que teatro da infância, pensado de modo que seja acessível para as famílias e para as escolas[59].

Há na Itália, nos últimos anos, um crescimento evidente de eventos artísticos com foco na formação, experimentação e recepção de arte contemporânea para crianças e adolescentes. Além do Puerilia, há o Onfalos-Infanzia al Centro (2010), festival de Bologna que promove experiências com arte contemporânea para crianças e adolescentes, e o Uovokids (2011), de Milão, festival pluridisciplinar dedicado à cultura e à criatividade contemporâneas, que também envolve artistas que habitualmente não trabalham com e para crianças; seu objetivo é colocar em evidência a originalidade do processo criativo. Também em Cesena, o Bim! Microfestival di Cultura Infantile é outro evento, criado em 2011, que promove experiências

---

[59] S. Nebbia, Primo anno di Puerilia al Teatro Comandini: Intervista a Chiara Guidi, *Teatro e critica*. Disponível em: <http://www.teatroecritica.net/>.

Teatro Comandini, Puerilia Festival. Foto: Melissa Ferreira.

com performances, espetáculos, instalações, concertos e laboratórios de arte contemporânea para crianças e adolescentes.

No Puerilia, os laboratórios criativos destinados às crianças, como será visto mais detalhadamente no próximo capítulo, abarcam várias linguagens artísticas e implicam na quebra de paradigmas da relação da criança com a arte. Em alguns casos, com o objetivo de ampliar a capacidade de geração de sentidos pelas crianças, são realizadas vivências artísticas anteriores ao espetáculo que proporcionam uma incursão da criança no ambiente ficcional ou mesmo nos procedimentos criativos do espetáculo que será assistido.

É importante destacar que muitos dos artistas envolvidos no festival não trabalham habitualmente com crianças. Esta escolha resulta em experiências de arte contemporânea não marcadas pelos estereótipos da arte feita para crianças.

Os adultos (pais e professores), além de terem a oportunidade de observar os espectadores especiais com sua capacidade de viver a ficção como uma "nova verdade", também têm a possibilidade de participar de laboratórios práticos cujo objetivo é aprimorar técnicas de contação de histórias, por exemplo, e ampliar sua visão da arte contemporânea e da arte feita para crianças. As palestras, oferecidas aos pais durante os laboratórios para as crianças (onde não é permitida a presença do adulto), são também um espaço de reflexão para pensar a relação entre a arte e a infância.

O Màntica Festival vem se configurando, desde 2008, como um espaço de troca e de compartilhamento de pesquisas e performances que têm a voz como foco. O festival, que ocorre anualmente no Teatro Comandini e nutre as pesquisas de Guidi, tem como objetivo descobrir as possibilidades ocultas da voz para restituir ao teatro a sua "infância". Infância entendida como estado pré-linguístico: a voz é concebida como som, mas também como *actio*, como lugar de ação e, portanto, abandona a tarefa de comunicar através do significado das palavras, pois busca atingir o espectador com impacto físico e sensorial.

O festival abarca diversas atividades como concertos, "escutas guiadas", laboratórios práticos, performances, espetáculos teatrais, projeções, *dj set* e festas. Em 2012, o Màntica incluiu também a realização de uma Accademia d'Arte Drammatica: "primeira tentativa de simulação de uma escola para atores dedicada à arte da imitação. Academia do paradoxo, que parte de uma ideia de interpretação não gerada do significado das palavras, mas do som da voz" (Socìetas Raffaello Sanzio, material de divulgação). A academia foi conduzida por Guidi com a colaboração de outros artistas e contou com a participação de noventa alunos. O processo foi divido em duas sessões de três dias com jornadas diárias de seis horas de trabalho prático e mais discussões teóricas ao final do dia. *Macbeth* foi utilizada como obra de referência para o experimento cênico[60].

Por suas características, que incluem a participação de artistas reconhecidos na Itália e na Europa e a realização de eventos abertos a um grande número de pessoas, o Màntica tem se tornado, ao longo dos anos, um dos espaços mais politizados dentre as atividades desenvolvidas no âmbito do Teatro Comandini. Em 2011, a presença do *happer* tunisiano El General, um dos responsáveis pelo início dos protestos contra o regime totalitário na Tunísia em 2010, foi um dos destaques do Màntica. No ano de 2012, o tema do festival foi a improvisação:

---

60   Outra experiência cênica conduzida por Chiara Guidi envolvendo *Macbeth* será descrita no próximo capítulo.

Acredito que a arte não deve se colocar problemas de propósito, mas deve estar na origem, no ponto em que deve fornecer uma resposta imediata a qualquer coisa que o artista vê e requer uma forma, ali onde existe uma imediatez, um gesto extremamente prático de beleza, que não tem nenhum tipo de utilidade social e, todavia, gera beleza; essa é em si uma reverberação que vai se inscrever na tessitura vibrante de todas as coisas da realidade e, portanto, é de toda forma alguma coisa que liga a estética à ética, como se diz desde a antiguidade. Os laboratórios de Màntica foram concebidos seguindo a ideia de improvisação como possibilidade do artista de se tornar matéria vibrante, dando uma resposta estética ao contexto no qual se encontra.[61]

A necessidade de fornecer uma resposta imediata àquilo que se vê para produzir "um gesto extremamente prático de beleza" é a ideia que guia a arte que a Socìetas Raffaello Sanzio compartilha não só nos festivais, mas também nas outras práticas descritas ao longo deste capítulo. Essa forma de pensar a arte aparece na prática e no discurso sobre a prática da companhia, e revela uma visão muito peculiar da arte contemporânea que se traduz na busca constante pelo ponto de origem do ato criativo e, como veremos a seguir, na investigação da "infância do teatro".

A QUESTÃO DA ORIGEM: A INFÂNCIA DO TEATRO

As pesquisas em torno da infância e da voz realizadas pela Socìetas Raffaello Sanzio, conforme Guidi, têm uma raiz comum, que é a investigação sobre as origens do teatro. Essas pesquisas possuem um caráter essencialmente prático e são regidas pela busca de procedimentos que possibilitem a realização de um teatro que aja diretamente em todos os sentidos da percepção, um teatro não dominado pela palavra enquanto fala ou discurso. Voz e infância relacionam-se no trabalho da companhia devido à condição do infante, que, como já mencionamos, literalmente significa "o que não fala", ou seja, "a condição de quem está fora da linguagem".

Nos anos oitenta e noventa do século XX, a pesquisa sobre a origem do teatro se traduziu na forma do manifesto iconoclasta

---

61 A. Coretti, *Chiara Guidi: Màntica Festival: Pratica Vocale Molecolare*, p. 2. Disponível em: <http://www.digicult.it

que orientou as experiências artísticas da Raffaello Sanzio, e na busca de inspiração no teatro pré-trágico, ou seja, um teatro anterior à palavra. A partir de então, a investigação da origem do teatro, ou da "infância do teatro", tem gerado desdobramentos em diversos níveis na prática artística da companhia, que se configuram como mecanismos e procedimentos que se articulam entre si sempre com o objetivo de despertar, igual e simultaneamente, todos os sentidos da percepção: o ato de colocar animais em cena; a "presença objetiva" dos corpos singulares de atores e não atores; a exploração de diversas linguagens artísticas; bem como o trabalho vocal e sonoro desenvolvido em parceria com os músicos Scott Gibbons, Fabrizio Ottaviucci e Giuseppe Ielasi. A questão da origem aparece, ainda, como pesquisa temática na exploração cênica de mitos, textos litúrgicos e clássicos da dramaturgia e literatura ocidental, como no espetáculo *Genesi*, que é inspirado na cosmogonia bíblica e aborda o terror diante das infinitas possibilidades no ato criativo; ou *Gilgamesh* (1990), inspirado no poema mesopotâmico *A Epopeia de Gilgamesh*, considerado uma das primeiras narrativas histórico-literárias da humanidade.

Além disso, a questão da origem aparece em cada atividade proposta pela companhia como uma busca incessante pelo momento originário do ato criativo, como um dispositivo de resistência contra a representação do mundo através de imagens e linguagens já conhecidas. Nas atividades pedagógicas e artísticas, essa questão aparece como recusa da fixação de métodos e técnicas nos processos criativos, como manutenção de uma busca contínua de reinvenção da linguagem teatral e, pode-se dizer ainda, como manutenção de uma busca pela reinvenção da própria realidade.

Como foi dito no início deste capítulo, os membros da Raffaello Sanzio atualmente têm aprofundado os caminhos individuais de suas pesquisas artísticas. Em um primeiro momento, isso se deu com a divisão das funções nos processos criativos dos espetáculos da companhia. Guidi assinava o ritmo dramático, a partitura vocal, ou ainda a dramaturgia musical. Romeo Castellucci normalmente assinava a direção, a cenografia e os figurinos. Claudia Castellucci era responsável pela melodia, *actio* ou corêutica dos espetáculos. Gradualmente esses campos de atuação foram se transformando em pesquisas pessoais que geraram desdobramentos como os que foram descritos ao longo deste capítulo: as escolas, os laboratórios, os festivais etc. Apesar de manterem a colaboração na organização de eventos e de compartilharem toda a estrutura física e administrativa da companhia, desde o projeto da *Tragedia endogonidia* (2002-2004), em que Guidi, Romeo e Claudia Castellucci trabalharam juntos no processo criativo e nas apresentações, a Raffaello Sanzio não realiza um projeto que envolva todos os seus membros. Ainda que mantenham a parceria conquistada em trinta anos de trabalho, Romeo, Chiara e Claudia passaram a assinar a direção de seus próprios espetáculos e realizá-los, na maioria das vezes, com colaboradores externos à companhia.

Através de suas práticas, bem como de suas falas sobre os próprios trabalhos, é possível reconhecer que as pesquisas artísticas realizadas por eles abarcam diferentes aspectos da investigação da origem do teatro: Guidi trabalha sobre as questões ligadas à linguagem e à materialidade da voz, Romeo Castellucci tem como foco os efeitos da presença e a materialidade do corpo, enquanto Claudia Castellucci investiga os processos de ritualização da experiência cênica.

O Teatro Anterior à Palavra:
A Voz no Trabalho de Chiara Guidi

A investigação da materialidade do corpo, do som e da voz está no foco das práticas artísticas da companhia italiana Socìetas Raffaello Sanzio. Apesar das questões em torno da materialidade serem um tema pertinente ao teatro contemporâneo que, no lugar da orientação semiótica, vem cedendo lugar a uma orientação fenomenológica devido às contaminações e à diluição de fronteiras com a performance[62], é no teatro pré-trágico, definido como "um teatro anterior à palavra", que a companhia busca referências. A pesquisa do teatro na sua origem, de acordo com Chiara Guidi[63], diz respeito ao desejo de realizar obras capa-

---

62 Cf. *The Transformative Power of Performance*, de Erika Fischer-Lichte.
63 Membro e fundadora da Socìetas Raffaello Sanzio, desde 1981, junto a Romeo Castellucci e Claudia Castellucci.

zes de atingir o espectador através de estímulos aos sentidos da percepção, gerando, assim, processos de produção de sentidos diversos daqueles gerados pelo entendimento racional a partir de códigos fornecidos pelo texto e pelo significado das palavras: "é alguma coisa que existe antes mesmo de transformar-se em linguagem, que existe além de uma lógica apurada e que se entrega ao espectador, que completa com o seu olhar aquilo que ocorre no palco"[64].

As atividades em torno da infância e da voz, como os laboratórios, os espetáculos, as escolas e os festivais são o campo de pesquisa de Guidi no qual ela desenvolve a ideia e a prática de um tipo de teatro que não está sob o domínio da literatura dramática, e nem da palavra:

A voz é aquela parte que não se vê e, todavia, vive além do significado. A minha tentativa é aquela de suspender sempre o significado das palavras – sobretudo dos textos com os quais trabalho – para colocar sobretudo em ato uma visão da voz, ter uma ideia antes mesmo de um significado das palavras que são usadas. A voz é uma matéria, plasmável e modelável, que deve ser conhecida. Devem ser conhecidas nem tanto as capacidades da voz, mas os seus limites. Esta voz, eu a vejo de modo muito similar a uma visão de teatro, de infância do teatro – dando à palavra infância o mesmo significado que dei antes: alguma coisa que une imediatamente a imagem e o pensar. O fato de que a voz, no momento em que a coloco em jogo, não se apoie sobre o significado das palavras, mas sobre o som que emite, sobre os limites do próprio som, a faz aparecer de modo muito similar a uma criança que não raciocina imediatamente, mas *imagina* e *raciocina*, e existe uma diferença substancial em relação ao modo da percepção numa idade adulta.[65]

Diante da busca por transformar a palavra em visão, a criança, com sua forma particular de perceber o mundo, torna-se para Guidi uma referência por sua capacidade de imaginar e raciocinar ao mesmo tempo, por sua capacidade de "ver" com todos os sentidos da percepção: "o teatro é o lugar do olhar por excelência, e é interessante ver como esse olhar pode ser alguma coisa de tátil, de olfativo, de auditivo, um olhar transferido

---

64 A. Mancini, Intervista a Chiara Guidi, *L'orientale Web Magazine*, p. 1. Disponível em: <http://magazine.unior.it/>.
65 Ibidem, p. 2.

esquizofrenicamente a outras partes do corpo, mais próximo de uma ideia de *play*, de jogo infantil quase"[66].

O trabalho desenvolvido com crianças, como afirma Guidi, não tem como objetivo encontrar uma linguagem cênica adequada à infância, mas investigar na prática, através da convivência artística com as crianças, novas formas de lidar com a realidade. Ela se propõe a aproximar-se das crianças não com um "olhar ordenador típico de quem tem já um processo em andamento como adulto, de ordem, mas aproximar-se com a consciência de aprender com elas um modo diferente de organizar a realidade, de dar respostas aos fatos da realidade"[67].

Através do olhar da criança, Guidi desenvolve a ideia de um teatro que não tem como foco a identificação dos sentidos, mas sim as questões relacionadas à produção de presença. Presença entendida no sentido dado por Hans Ulrich Gumbrecht[68], como uma referência espacial: o que está "presente" é algo tangível que está ao alcance do corpo. Guidi, através da voz, busca tocar os corpos, afetar a percepção e produzir ressonâncias através da materialização da palavra falada, da concretude da linguagem verbal.

Erika Fischer-Lichte, ao abordar a questão da materialidade da voz na *performance art*, afirma que as vozes dos artistas nem sempre estão restritas a servir como meio para a linguagem. *Performers* como Laurie Anderson e David Moss, porém, não necessariamente propõem a dessemantização das palavras, mas exploram a polimorfia da voz e a multiplicidade de significados das palavras. Já na obra de Bob Wilson, a voz é ela própria a linguagem: "ela [a voz] enfatiza a corporalidade porque deixa o corpo através da respiração; ela marca a espacialidade porque seu som flui no espaço e entra nos ouvidos dos espectadores e, também, articula conteúdos. Através de sua materialidade, a voz já é uma linguagem sem ter que primeiro se tornar um significante"[69].

A ideia de trabalhar a palavra a partir da materialidade da voz, de transformar a palavra em algo que pode ser visto e

---

66 Ibidem, p. 1.
67 F. Leone, *Intervista a Chiara Guidi*. Disponível em: <http://www.youtube.com/watch?>.
68 Cf. *Prudução de Presença*.
69 E. Fischer-Lichte, op. cit., p. 129.

sentido, já estava presente nas propostas de Antonin Artaud[70]. Como aponta Jacques Derrida, Artaud "fala de uma materialização visual e plástica da palavra"; e em "servir-se da palavra num sentido concreto e espacial" em "manipulá-la como um objeto sólido que abala as coisas"[71]. Artaud concebeu o Teatro da Crueldade influenciado pela ideia de que "a massa pensa primeiro com os sentidos"[72]. Com a intenção de produzir um "espetáculo que se dirige a todo organismo", a palavra volta a ser gesto:

a intenção lógica e discursiva será reduzida ou subordinada, essa intenção pela qual a palavra vulgarmente assegura a sua transparência racional e sutiliza o seu próprio corpo em direção do sentido, deixa-o estranhamente recobrir por isso mesmo que o constitui em diafaneidade: desconstruindo o diáfano, desnuda-se a carne da palavra, a sua sonoridade, a sua entoação, a sua intensidade, o grito que a articulação da língua e da lógica ainda não calou totalmente, aquilo que em toda palavra resta de gesto oprimido, esse movimento único e insubstituível que a generalidade do conceito e da repetição nunca deixaram de recusar[73].

A necessidade de Artaud de devolver o teatro "à sua primitiva destinação"[74], não diz respeito à reconstituição de antigas formas de drama, mas à restituição de uma linguagem puramente teatral, como afirma Derrida, de "uma cena cujo clamor ainda não se apaziguou na palavra". Há a necessidade de se reencontrar com a linguagem da própria vida, "a Palavra anterior às palavras", restituir um espaço onde "o gesto e as palavras ainda não estão separados pela lógica da representação"[75].

Na visão de Guidi, cada espetáculo exige a criação de um alfabeto próprio, de uma gramática, de uma linguagem. A investigação da origem do teatro, portanto, não diz respeito a uma aproximação cultural, mas sim ao contínuo ato de criação da

70 Apesar de a Socìetas Raffaello Sanzio negar qualquer espécie de hereditariedade ou influência dos grandes nomes do teatro do século xx, as ideias de Artaud são constantemente citadas pelos artistas da companhia. A voz em *off* de Artaud aparece nos espetáculos *Genesi, from the Museum of Sleep* e *Attore, il tuo nome non è esatto*, da Raffaello Sanzio.
71 *A Escritura e a Diferença*, p. 351.
72 A. Artaud, *O Teatro e Seu Duplo*, p. 109.
73 J. Derrida, op. cit., p. 349.
74 A. Artaud, op. cit., p. 92.
75 J. Derrida, op. cit., p. 350.

própria linguagem teatral. A criação do espetáculo para Guidi se dá com base em uma "dramaturgia da percepção", ou "dramaturgia sonora", que está calcada no corpo do ator, um corpo que não é portador, tradutor, ou mesmo intérprete de signos preestabelecidos pelo texto dramático, mas um "corpo sonoro", que através da percepção rítmica do mundo entra em contato com o texto, com a personagem e com os objetos de cena e, assim, cria vínculos com outros corpos.

A voz no trabalho de Guidi é concebida como som, e o trabalho do ator é guiado por uma "partitura musical" minuciosamente criada no processo criativo. Não só a voz, mas também as ações, a relação com os objetos e com os outros atores fazem parte da partitura sonora do ator. A música, como uma arte que foge à representação, é evocada por Guidi por sua concretude, por sua materialidade e, portanto, por sua capacidade de impactar sensorialmente o próprio ator e o espectador.

A Materialidade do Corpo
nos Espetáculos de Romeo Castellucci

O corpo ocupa um lugar central no teatro produzido por Romeo Castellucci. De um lado, a fisicalidade do ator é assumida na cena como geradora de sentidos, e, de outro, o corpo do espectador é exaltado como o ambiente onde ocorre a verdadeira experiência cênica. O corpo na cena, portanto, é investigado por sua capacidade de gerar impacto sensorial, pelos efeitos da sua presença, e não por suas habilidades de personificar uma personagem dramática. A ideia do corpo como detentor de signos preconcebidos a serem decodificados ou do corpo que é hábil para apresentar estados psíquicos, emoções e pensamentos da personagem dramática é substituída pela ideia do corpo que por si só é produtor de associações e sentidos.

Desde os anos 1960, o corpo em cena vem sendo investigado na *performance art* do ponto de vista da sua materialidade. Diferentemente da maioria das experiências teatrais anteriores, nas quais o corpo era visto como um material a ser controlado e moldado com o objetivo de portar uma personagem dramática, os artistas dos anos 1960 passaram a assumir na cena a coexistência de um corpo fenomênico (a singularidade de cada ator em seu "ser no mundo") e de um corpo semiótico, e a explorar conscientemente a dualidade de "ser um corpo" e "ter um corpo".

Romeo Castellucci, em diversas ocasiões, fala sobre seu afastamento consciente da tradição do teatro italiano e europeu com o intuito de trabalhar com os atores a partir da "verdade" do corpo e de, como já propunha Artaud, invocar o "poder carnal" do teatro.

A tradição à qual a companhia busca se ligar é anterior à tragédia. Para Castellucci, a origem do teatro é marcada por uma questão teológica:

> O teatro é atravessado por esse problema, o da presença de Deus, porque o teatro nasce para nós ocidentais quando Deus morre. É evidente que o animal desempenha um papel fundamental nesta relação entre o teatro e a morte de Deus. No momento em que o animal desaparece da cena, nasce a tragédia. O gesto polêmico que temos em relação à tragédia Ática é o de recolocar em cena o animal, dando um passo atrás. Revolver o arado sobre os próprios passos, ver um animal em cena, significa ir ao encontro da raiz teológica e crítica do teatro.[76]

Nos anos 1990, Castellucci declarava que o ator deveria desaprender todas as linguagens teatrais para aprender com os animais a corporeidade prévia à palavra e expor-se sem reservas ao olhar do espectador. A presença do animal na cena da Socìetas Raffaello Sanzio diz respeito ao resgate da dimensão orgânica e carnal do teatro, mas também da dimensão ritual. Trata-se ainda, segundo o pesquisador espanhol José Sánchez, de "aprofundar no incontrolável da presença, na profundidade de um olhar que anuncia uma atividade psíquica primária ancorada no corpo, no material, no orgânico"[77]. O animal na cena traz o fator da imprevisibilidade e, por sua impossibilidade de transformar-se em outro, assim como a criança, constitui uma ameaça para a representação.

O ator, para Castellucci, não é aquele que age, mas é alguém movido ou "agido" pelo espectador, é um corpo disponível habitado por forças exógenas, numa espécie de possessão. Em

---

76 R. Castellucci, O Peregrino da Matéria, *Sala Preta*, v. 7, p. 1.
77 *Prácticas de lo Real en la Escena Contemporánea*, p. 142.

consonância com Artaud, entende o ator como um elemento passivo e neutro do espetáculo. "Se deixa atravessar. [...] é então mais uma paixão do que uma ação. Um padecer. Padecer, exatamente, de *pathos*. Ele recebe uma força externa, não existe uma proposta ou proposição no *pathos* do ator. Não existe uma intenção. É propriamente um corpo disponível."[78]

Como no Teatro da Crueldade, o ator e o texto não são os elementos primordiais na cena de Castellucci. Ele busca em seu teatro a combinação, a fusão e a alquimia entre os elementos dispostos na cena, e não a hierarquia, com o objetivo de "desencadear a forma de comunicação mais profunda e radical possível, até chegar, às vezes, a uma comunicação cortical e, então, de pura sensação"[79].

O ator "cumpre a função necessária de vítima sacrificial no ritual de degradação e regeneração da representação teatral"[80]. O corpo "que não se exibe, mas se expõe, que não representa, mas se impõe com toda sua complicada autenticidade [...] não é o instrumento ou o objeto, mas a superação – a absolvição e a dissolução – do sujeito e, portanto, do ator"[81]. Não atores, anoréxicos, doentes terminais, obesos e amputados, crianças e animais se fundem com os outros elementos da cena, como figuras e não como personagens, para tocar o espectador com suas "presenças objetivas".

Para Castellucci, "o teatro não deve ser uma restituição, senão um reencontro com figuras desconhecidas que encontram um eco em cada um de nós"[82]. A escolha dos corpos que habitam espetáculos como *Giulio Cesare, Orestea, Genesi, Purgatorio* e *Sul concetto di volto nel figlio di Dio*, é fundamentada nas características singulares dos atores: o peso, a altura, a idade, o modo de se movimentar, o timbre da voz, as marcas de nascença etc. A questão da experiência profissional também

---

78 Entrevista concedida à autora por Romeo Castellucci, em Cesena (Itália), em abril de 2012. Vide Entrevistas.
79 R. Castellucci apud F.A. Miglietti, Socìetas Raffaello Sanzio: Conversazione con Claudia e Romeo Castellucci, *Magazines, L'edicole digitale delle reviste italiane di arte e cultura contemporanea*, n. 14, p. 2. Disponível em: <http://www.undo.net/>.
80 H.-T. Lehmann, *Teatro Pós-Dramático*, p. 343.
81 Piergiorgio Giacchè apud S. Chinzari; P. Ruffini, op. cit., p. 112.
82 R. Castellucci apud J. Sánchez, op. cit., p. 152.

é relevante, já que algumas pessoas são escolhidas justamente por não terem nenhuma experiência anterior no teatro:

> O profissionalismo não é necessariamente requerido, embora os atores o adquiram, no sentido de que aqueles que trabalham comigo não trabalham espontaneamente, não fazem improvisação, mas se tornam profissionais ainda que não o fossem no início. O que faz um ator importante nessa experiência é a alma, o rosto e o corpo.[83]

Apesar de estar ancorado na presença, o teatro de Castellucci não é produzido com base na autobiografia do ator. A verdade do corpo é inscrita com precisão na ficção do espetáculo. O questionamento da representação se dá no interior da representação. Os atores da Raffaello Sanzio, segundo Sánchez, "renunciam a expor sua experiência e colocam a serviço de personagens fictícios seus corpos singulares que enfrentam o espectador com a consciência da alteridade"[84].

A escolha dos corpos que atuam na cena, como foi visto anteriormente, nasce de um trabalho de interpretação, anterior aos ensaios, que se faz sobre o texto. Durante os ensaios, não há um treinamento corporal ou a ideia de criar um corpo extracotidiano, noções difundidas por Eugenio Barba nos anos 1980 e 90. Para Castellucci, os corpos devem existir já no mundo e devem se inserir na obra como uma forma perfeita e pronta. Lida-se com o corpo como um dispositivo gerador de sentido. Por meio da "escolha objetiva" dos corpos, o texto, a ideia ou a imagem que dá origem ao espetáculo transforma-se em carne. E, por fim, sob o olhar do espectador a carne transforma-se em signo: "em cada forma teatral, a figura sofre uma modificação: parte de uma forma e deve necessariamente terminar numa outra forma, ocorre uma transmigração de corpo e de signo, de corpo que se faz signo, soma-sema. Necessariamente a figura deve ter um itinerário, uma passagem fabular"[85].

Os signos emitidos pelos corpos dos atores, ou melhor, a transmigração do corpo do ator para signo e de figura para

---

83 R. Castellucci apud B. Marranca; V. Valentini, The Universal: The Simplest Place Possible. Interview With Romeo Castellucci, PAJ – A Journal of Performance and Art, v. 26, n. 2, p. 20. Disponível em: <http://www.mitpressjournals.org/>.
84 J. Sánchez, op. cit., p. 154.
85 R. Castellucci apud F.A. Miglietti, op. cit., p. 3.

personagem, depende do processo de geração dos sentidos que se estabelece na mente e no corpo do espectador. Como já foi dito, porém, o impacto gerado pela submersão na experiência sensorial nos espetáculos da Raffaello Sanzio dificulta o estabelecimento de conexões racionais e a análise dos elementos de cena durante a performance. Muitas vezes os sentidos se materializam na mente do espectador somente depois do espetáculo, como ocorre, segundo Fischer-Lichte, na obra *Giulio Cesare*:

A fisicalidade individual dos atores e atrizes tinha um impacto tão perturbador e imediato nos espectadores que eles foram incapazes de estabelecer qualquer relação com as personagens que os *performers* supostamente representavam – mesmo que alguém pudesse interpretar seus vários corpos de acordo com as personagens, eles seriam retratados em retrospecto. Durante a performance, os atores não foram percebidos como signo de uma personagem em particular, mas unicamente em relação à sua específica materialidade.[86]

Essa mesma ideia também é apresentada por Lehmann, quando ele afirma que a aparição de uma pessoa com anorexia[87] e de um ator com síndrome de Down[88] cria no espectador um bloqueio para interpretar o significado da figura dessa pessoa no espetáculo. Por seu impacto sensorial, segundo Lehmann, esses corpos escapam à categorização e, apesar de aproximarem-se do espectador de modo ambivalente e ameaçador, por provocar uma dolorosa confrontação com a imperfeição, deixam escapar sua beleza mesmo na transfiguração.

Para Castellucci, "é preciso se concentrar nas presenças objetivas e eliminar as outras, aquelas que são subjetivas e biográficas. Estas últimas não funcionam. [...] As presenças objetivas devem ser figuras que nos atravessam, continuamente"[89].

Os atores, assim como os outros elementos da cena, operam como actantes, ou seja, "como signos ambíguos, significantes móveis, identidades instáveis em movimento"[90]. Como afirma Bruna Fillipi, nos espetáculos de Castellucci o ator é

---

86 E. Fischer-Lichte, op. cit., p. 86.
87 Cristina Bertini e Helena Bagaloni, em *Giulio Cesare* (1997).
88 Loris Comandini, em *Orestea* (1995).
89 R. Castellucci apud E. Pitozzi, À Beira das Imagens, *Revista Cena*, v. 8, p. 143.
90 M. Bonfitto, *A Cinética do Invisível*, p. 9.

"pura 'aparição' em toda sua nudez ingênua, sem técnica nem energia particular"[91]. Ainda, de acordo com Annalisa Sacchi, "o ator não imita [a personagem] nem vive [na personagem]: ele simplesmente é. Isto é, o ator não representa, mas se apresenta como aparição de ser no vazio do palco"[92].

Castellucci define os membros da companhia como peregrinos da matéria: "o que fazemos é realizar uma peregrinação na matéria"[93]. Ou seja, um teatro ancorado na experiência do corpo. O verdadeiro conflito com o qual o ator vai lidar não é dado por uma dramaturgia externa, mas ocorre no próprio corpo, na própria carne, pela consciência da inevitável finitude dos seres. O corpo, com sua insuportável objetividade literal, torna-se em cena exatamente aquilo que é, mas, ao mesmo tempo, anula-se frente ao espectador ao apresentar um eu antibiográfico e universal.

A Ritualização da Experiência nas Práticas de Claudia Castellucci

Apesar de os projetos de Chiara Guidi e de Claudia Castellucci serem realizados muitas vezes em colaboração, há uma diferença relevante na lógica com a qual desenvolvem seus trabalhos artísticos com crianças e jovens. Enquanto Guidi trabalha a partir da lógica da instauração de acontecimentos, que se caracterizam pela busca da produção de experiências significativas no aqui e agora, pela imersão em contextos ficcionais, pelo estímulo aos sentidos da percepção e pela presença de corpos singulares, animais e máquinas, Claudia Castellucci busca em suas práticas a ritualização da experiência teatral.

Segundo Claudia Castellucci, nenhuma de suas escolas foi iniciada com a ideia de atingir certos objetivos determinados *a priori* ou com a ideia de criar espetáculos. Não há uma programação prévia ou conteúdos que devam ser superados. Castellucci propõe aos jovens a pesquisa de certos princípios ligados ao tempo, ao ritmo, à repetição e ao movimento. Tal pesquisa envolve

---

91 B. Filippi apud M.B. Lafrance, Quand le réel entre em scène, *Jeu Revue du Théâtre*, n. 142, p. 91. Disponível em: <http://www.revuejeu.org/>.
92 *Il posto del re(gista)*, p. 329.
93 O Peregrino da Matéria, op. cit., p. 1.

exercícios práticos e estudos filosóficos definidos e desenvolvidos a partir das relações que se criam entre os participantes.

O termo escola, como já foi dito, é usado por Claudia Castellucci no seu sentido original, *scholé* em grego, que literalmente significa ócio, ou seja, o tempo dedicado à contemplação do mundo. A ideia de criar escolas em que filosofia e práticas estão imbricadas está relacionada ao resgate de uma ideia de filosofia como "arte de viver". A contemplação não é entendida aqui, portanto, como algo passivo, mas como uma atitude ativa em relação ao mundo.

A noção de uma filosofia que exercita a formação de si mesmo é retomada a partir da filosofia antiga, por filósofos como Michel Foucault, em *História da Sexualidade 3* e Pierre Hadot, em *O Que É Filosofia Antiga?* No Brasil, no âmbito do teatro, pesquisadores como Gilberto Icle e Cassiano Sydow Quilici têm se ocupado desse tema[94]. Conforme esses pesquisadores, ao contrário da filosofia moderna, que lida com teorias abstratas, as filosofias antigas (estoica, socrática, helenística) propõem a filosofia como um exercício prático, como um modo de vida que proporciona descobertas pessoais através do ocupar-se de si. Foucault, assim como Hadot, aponta que as escolas filosóficas da antiguidade mantinham uma série de práticas e exercícios (do corpo e da alma) que tinham como objetivo a transformação de si mesmo. Nessas filosofias, a opção por um modo de vida, conforme Hadot[95], não se situa no fim do processo filosófico, mas em sua origem. O discurso filosófico, portanto, tem origem em uma opção existencial, e não ao contrário. Por outro lado, essa opção de vida implica em certa visão de mundo, e será tarefa do discurso filosófico revelar e justificar racionalmente essa opção existencial, essa maneira de viver. Na antiguidade, portanto, o modo de viver está estreitamente imbricado com o discurso filosófico. Há uma forte conexão entre a construção de conhecimento e os processos de modificação da própria existência, de transformação de si mesmo.

---

94 Cf. G. Icle, *Pedagogia Teatral Como Cuidado de Si*; C.S. Quilici, *Antonin Artaud: Teatro e Ritual*; idem, As "Técnicas de Si" e a Experimentação Artística, *Revista do Lume*, n. 2.
95 Cf. P. Hadot, *O Que É Filosofia Antiga?*

Nas práticas pedagógicas de Claudia Castellucci há também uma forte relação entre os modos de fazer, os modos de viver e a construção do discurso filosófico. A construção de conhecimento nas escolas se dá a partir da articulação entre a experimentação prática sobre o tempo e o ritmo e o discurso filosófico que deriva dessas práticas (e ao mesmo tempo as alimenta). Essas escolas não estão focadas, portanto, na transmissão de conteúdos, mas no próprio processo de construção do conhecimento. O que se compartilha com os alunos são formas de ver e de se fazer arte nas quais a prática e o discurso filosófico se articulam em experiências focadas na própria experimentação.

As práticas de Claudia Castellucci são permeadas pelas noções bergsonianas de tempo, ritmo, memória, repetição e fluxo[96]. De acordo com Henri Bergson, em *O Pensamento e o Movente*, as especificidades da investigação científica demandam que o tempo seja abordado por meio de recortes. Com a filosofia, por outro lado, tem-se a possibilidade de pensar a duração, ou seja, pensar o tempo segundo a dimensão do próprio tempo (e não do espaço), como fluxo. Pensar o tempo como fluxo implica em levar em conta a mudança contínua e integral das coisas, e viver a duração significa estar aberto a todas as mudanças que ocorrem em si mesmo e no mundo.

O desejo de reinventar e recriar a realidade aparece também no exercício de renovação do sentido cotidiano das palavras, presente no discurso e na prática da Socìetas Raffaello Sanzio. A companhia, em seu movimento iconoclasta, busca constantemente reinventar, ou resgatar na origem, o significado de palavras importantes em nossa cultura, tais como escola, infância, teatro, ator. A necessidade de criar um "alfabeto" próprio passa por uma percepção da impossibilidade, na contemporaneidade, da construção de uma linguagem comum a todos.

O discurso iconoclasta traz fundamentalmente uma reflexão sobre a necessidade de "destruir o existente", não pelo desejo de um espaço vazio, mas por "um desejo de ruptura com a representação do mundo"[97]. A iconoclastia proposta pela Raffaello Sanzio não constitui, portanto, uma negação da imagem, mas

---

[96] A influência da filosofia de Bergson é declaradamente assumida por Claudia Castellucci em seu trabalho. O autor é estudado em suas escolas.
[97] C. Castellucci; R. Castellucci; C. Guidi, *L'epopea della polvere*, p. 288.

um desejo constante de recriação do mundo: "O caráter essencial da iconoclastia, de fato, é a transformação de algo que antes tinha uma forma e agora toma uma outra. [...] a iconoclastia não é um cancelamento das formas, mas uma transformação figurativa, isto é, propriamente uma transfiguração."[98]

A iconoclastia busca recuperar uma condição de absoluta pobreza no confronto com o mundo, uma condição inicial, uma condição de autodeterminação, a fim de contrastar a época em que se vive e os condicionamentos culturais, geográficos, linguísticos que são determinantes do ser:

o gesto iconoclasta é um gesto que põe tudo em discussão, mesmo as coisas basilares, mesmo as coisas que frequentemente não podem ser postas em discussão porque são os dados de fato, incontrovertíveis, porque não se pode inventar a época em que se nasce. Não se pode reinventar ou desconsiderar o vocabulário. Mas essa é a contradição originária e original da arte, ou seja, o fato de ter que refazer o mundo completamente, completamente, então, não aceitar o mundo que existe. Mas a contradição é: para poder fazer isso, obviamente, é indispensável utilizar os elementos do mundo que foram negados, porque estamos nessa condição. Porém, esta atitude é uma atitude de quem quer, propriamente, romper a realidade dada, as leis, para determinar uma nova realidade.[99]

No confronto com o mundo, o ator, para Claudia Castellucci, é aquele que age na realidade através do instrumento da representação. A representação não é totalmente negada, mas entendida como uma forma de celebração:

E essas escolas falam e agem sobre isso. É realmente algo que tem a ver com a realidade. A obra de arte tem a ver com a arte de viver, verdadeiramente. Há também o aspecto da ficção, há também o aspecto da representação, é verdade. Mas essa representação faz parte da celebração, é uma forma de celebração. Então, em certo sentido, se pode falar de paraliturgia, apesar de ser necessário livrar a área de qualquer argumento religioso. Porque o argumento paralitúrgico da liturgia, exatamente, no nosso caso, não tem nada a ver com uma fé. Como dizia antes, fomos arrancados de Deus e dos deuses, não somente o Deus cristão ou o hebraico, e então esse argumento da paraliturgia serve para

---

98 Ibidem, p. 292.
99 Entrevista concedida à autora por Claudia Castellucci, em Cesena (Itália), em abril de 2012. Vide Entrevistas.

introduzir na sociedade algumas ações que têm um valor, seja de ficção seja de realidade. A liturgia religiosa é uma forma de representação que age. E isto me interessa.[100]

Trata-se de restaurar, e até de reinventar, a relação com as raízes, com as origens. Não no sentido de recuperar os rituais e os mitos antigos, mas em um sentido absolutamente simples, de recuperar uma ligação elementar com a terra, com o lugar em que se vive e encontrar novos sentidos nessas relações: "Retomar, verdadeiramente, uma espécie de condição elementar de vida no confronto com essa existência terrestre. Propriamente retomar as ligações que estão completamente despedaçadas nesse momento."[101]

As experimentações sobre o tempo propostas por Claudia Castellucci, tanto nas práticas realizadas nas escolas quanto nas manifestações artísticas geradas nesse âmbito, possuem um caráter visual ritualístico: formas circulares, movimentos corais, a gestualidade marcada pela relação com o ritmo, a musicalidade etc. A noção de rito praticada por Claudia Castellucci é aquela proposta por Victor Turner em sua obra *From Ritual to Theatre*, como uma experiência liminar, que desloca o participante de sua perspectiva cotidiana e promove uma desestabilização de sua identidade social. Segundo Quilici, o ritual não é entendido por Turner apenas como a ocasião na qual as representações coletivas são incorporadas e vivenciadas, em que se dá a construção de papéis e identidades, mas como a ocasião em que se dá a dissolução e reelaboração das representações coletivas[102].

Do ponto de vista das ligações entre teatro e ritual, podemos encontrar, ainda, relações entre as propostas de Artaud para a criação do Teatro da Crueldade e as práticas de Claudia Castellucci, já que, como ressalta Quilici, o resgate de uma dimensão ritual nas propostas de Artaud está ligado ao problema da representação. O teatro ocidental, fortemente criticado por Artaud, e do qual os Castellucci não se assumem herdeiros, tem em sua gênese a exclusão do rito.

100 Ibidem.
101 Ibidem.
102 Para saber mais a respeito, ver o primeiro capítulo Teatro e Ação Ritual do livro *Antonin Artaud: Teatro e Ritual*, de Cassiano Sidlow Quilici e *From Ritual to Theatre*, de Victor Turner.

O resgate de uma dimensão ritual do teatro, seguindo o raciocínio proposto por Derrida no que tange o problema da representação no teatro de Artaud, diz respeito à condução ao palco da origem não representável da representação, ou seja, a própria vida. Essa ideia perpassa também as práticas teatrais de Claudia Castellucci e da Raffaello Sanzio. A negação da representação corresponde a uma atitude crítica em relação ao excesso de mediações e de conceitos estabelecidos a partir dos processos de representação simbólica na cultura ocidental, que dificultam o contato direto com certas dimensões da vida. Conforme Quilici, a palavra "vida" em Artaud evoca "um excesso que transborda qualquer formalização conceitual"[103].

Em suas escolas e laboratórios, Claudia Castellucci busca eliminar a noção de espetáculo substituindo-a pela celebração. O sentido de obra de arte como "arte de viver" diz respeito não só ao que se faz em cena, mas também às relações que se estabelecem no cotidiano na escola. Em cada encontro na escola é estabelecida uma relação com a ideia de plenitude e com a produção de uma obra de "arte de viver". Busca-se eliminar a representação não só da cena, mas das relações que se estabelecem no cotidiano. Instaura-se diariamente um espaço ritual de experimentação que possibilita o trânsito por dimensões diferentes daquelas do cotidiano.

O rigor técnico obtido através da realização diária de certas práticas corporais, denominadas por Claudia Castellucci de "meditação rítmica", é da ordem da repetição (entendida no sentido que é atribuído por Bergson). Para Bergson, recordar é lembrar algo que está no passado, repetir, por outro lado, é trazer algo de volta à vida e projetá-lo para o futuro. Para Claudia Castellucci, a repetição faz parte do estatuto ontológico do ator. O ator se encontra sempre na condição de quem repete, de quem traz de volta a vida, de quem manifesta a ressurreição do gesto, da palavra.

O caráter ritual das práticas realizadas nas escolas de Claudia Castellucci não buscam a representação de algo ausente, nem a recordação de algo do passado, mas a repetição que proporciona a experiência do fluxo do tempo, de um presente

---

103 C.S. Quilici, *Antonin Artaud: Teatro e Ritual*, p. 72.

que está em contínua transformação. Os exercícios propostos aos participantes das escolas promovem a conscientização do fluxo do tempo, com o objetivo de criar fenômenos teatrais ou celebrações nas quais a experiência cênica se dá diretamente no corpo do ator e no corpo do espectador, estabelecendo, assim, uma comunicação que é baseada na construção de vínculos entre os corpos, e não na transmissão de informações. Busca-se, enfim, a liberação da mediação das imagens que cotidianamente servem para construir a realidade que as artes da representação procuram imitar.

3. Práticas e Procedimentos de Criação

O conjunto de práticas criativas descritas até aqui revela a complexidade das experiências artísticas realizadas no âmbito da companhia Socìetas Raffaello Sanzio, e evidencia um ambiente fértil de criação e constante reinvenção de uma série de procedimentos ligados à atuação, à recepção e à formação de crianças, jovens e adultos, atores e não atores.

O estudo foi possível graças ao acesso a materiais de registro e difusão do trabalho da Raffaello Sanzio, alguns deles produzidos pela própria companhia, como vídeos, fotografias e livros. Críticas, *sites*, entrevistas e artigos também serviram de base para a pesquisa e a posterior descrição e análise das práticas abordadas no capítulo anterior. O contato com esses materiais implicou em uma relação mediada pelas obras e práticas, já que eles possuem um tratamento prévio, um recorte, uma moldura, ou seja, foram manipulados, editados, montados, revisados. É importante reconhecer, portanto, que os recortes ou molduras apresentadas pelos materiais indicaram caminhos que, de certa forma, influenciaram e até direcionaram o olhar sobre as obras abordadas.

Presentemente serão descritas e analisadas práticas criativas e obras observadas diretamente no Teatro Comandini, em Cesena (Itália), em abril de 2012, em Porto Alegre (Brasil), em setembro de 2013, e Buenos Aires (Argentina), em outubro de 2013. Em Cesena, as práticas observadas giraram, principalmente, em torno das pesquisas de Chiara Guidi sobre a infância e a voz, bem como o trabalho sobre o movimento rítmico de Claudia Castellucci. As questões sobre a infância estiveram no foco das atividades que integraram a programação da segunda edição do Puerilia Festival, e a relação entre música, ritmo e voz foi o foco central do processo criativo de montagem de *Macbeth*, conduzido por Guidi com atores da École du Théâtre National de Bretagne (França). Já em Porto Alegre e Buenos Aires, a pesquisa teve como foco o espetáculo *Sul concetto di volto nel figlio di Dio*, de Romeo Castellucci.

Vivenciar essas práticas me possibilitou experimentar diversos níveis de participação, desde a observação distanciada até a participação ativa. A relação direta com os fenômenos artísticos trouxe implicações diversas daquelas geradas pela abordagem das práticas descritas no capítulo anterior. Por não haver mediação, o contato com tais fenômenos apresentou inúmeras possibilidades de leitura e recorte, e também alguns desafios, dentre eles: a busca por manter viva a experiência no processo de escrita e a preocupação em evitar uma descrição redutiva das obras e práticas artísticas.

A escolha dos *workshops*, espetáculos e processos criativos que serão abordados aqui se justifica pela diversidade e, ao mesmo tempo, por uma certa coerência no que diz respeito aos procedimentos utilizados neles para estimular e ampliar a percepção, procedimentos ligados à representação e à geração de sentidos e procedimentos ligados à exploração da materialidade da voz, à produção de sonoridades e ao ritmo da cena. Dentre as práticas artísticas presenciadas no ano de 2012 no Teatro Comandini, optei por abordar a intervenção de Chiara Guidi no espetáculo *Quattro danze coloniali viste da vicino*, da companhia de dança contemporânea MK (Roma-Itália), o laboratório para crianças *Strappare un mondo e poi fare un altro*, o espetáculo infantil *La bambina dei fiammiferi*, a performance *Il nome dei gatti* (apresentada como resultado final do seminário direcionado a professores de escola, Il potere analogico della bellezza) e, por fim, o processo criativo do espetáculo *Macbeth*. Como já foi mencionado, em Porto Alegre e Buenos Aires o foco de pesquisa esteve no espetáculo *Sul concetto di volto nel figlio di Dio*, última obra abordada neste capítulo.

"QUATTRO DANZE COLONIALI VISTE DA VICINO"

A performance de dança contemporânea *Quattro danze coloniali viste da vicino* (2011), da companhia MK[1], de Roma, participou da programação da segunda edição do Puerilia Festival (2012) como espetáculo convidado. Livremente inspirado em conteúdos da obra literária *A Volta ao Mundo em Oitenta Dias* (de Júlio Verne), o espetáculo, que não foi criado com a intenção de ser apresentado para crianças, foi adaptado por Chiara Guidi junto ao diretor da MK, Michele Di Stefano, para o festival infantil. A adaptação consistiu fundamentalmente na criação de um prólogo e em pequenas ações no espetáculo.

A participação de artistas que habitualmente não fazem arte para crianças proporciona a elas o contato com diversas linguagens artísticas contemporâneas não marcadas pelos signos frequentemente presentes nas artes destinadas à infância. Contudo, é interessante perceber que no Puerilia há um cuidado na forma com que as obras são apresentadas às crianças. Levando em conta a participação ativa do espectador para a construção de sentidos, no Puerilia alguns mecanismos são criados por Guidi, junto aos artistas convidados, para aproximar as crianças das obras, conduzindo-as à experimentação prática e à vivência de conteúdos e procedimentos criativos presentes nos fenômenos artísticos apresentados no festival.

No caso de *Quattro danze coloniali viste da vicino*, o prólogo criado por Guidi e Di Stefano não buscou explicar didaticamente a obra que viria na sequência, mas foi apresentado como um jogo cênico que demandou a participação ativa das crianças. O argumento do prólogo girou em torno da espera de

---

1 A companhia MK, de Roma, foi criada em 1999 como uma formação independente que se ocupa de performance, coreografia e pesquisa sonora, e mantém um trabalho de investigação autodidata sobre o movimento. A companhia é formada pelo diretor e coreógrafo Michele Di Stefano e pelos *performers* Biagio Caravano, Phelippe Barbut e Laura Scarpini.

Phileas Fogg, personagem principal do livro *A Volta ao Mundo em Oitenta Dias*.

O prólogo foi criado em três dias de ensaios com os integrantes do grupo MK e com os atores da École du Théâtre National de Bretagne. A dinâmica do processo de criação consistiu na realização de improvisações já no espaço onde a cena seria apresentada, o *hall* central do Teatro Comandini. Havia ali somente uma escrivaninha antiga e um tapete grande. A partir do que foi sendo criado nos ensaios, Guidi elaborou um roteiro com diálogos e ações.

Como o prólogo concebido por Guidi demandava a participação direta do público, algumas pessoas foram chamadas para participar dos ensaios no lugar que seria destinado às crianças nas apresentações. Sendo assim, como será descrito adiante, além de observar o processo de criação, participei dos ensaios como espectadora ativa. Após os ensaios, foram realizadas quatro apresentações no Teatro Comandini para crianças de oito a onze anos das escolas públicas da cidade de Cesena.

O Espetáculo

"Hoje é 21 de dezembro de 1872."
"Vocês devem acreditar que hoje é 21 de dezembro de 1872."
Na entrada do Teatro Comandini nos deparamos com Chiara Guidi imóvel, vestindo um sobretudo e uma boina marrom. Um foco de luz ressalta a sua presença no espaço escuro, sua aparência remete a uma época mais antiga que a atual. Devagar, Guidi começa a se mover e seus gestos nos orientam a escutar uma voz em *off*. A voz, reproduzida sem efeitos de distorção, repete as frases:

"Hoje é 21 de dezembro de 1872. Vocês devem acreditar que hoje é 21 de dezembro de 1872."

O texto é repetido muitas vezes, soando como um mantra. Além da voz, há um som de chuva forte e trovões. A figura, a voz e o som da chuva deslocam-me para um outro lugar, para um outro tempo. O papel do texto, porém, é ambíguo, pois instaura a ficção, já que dá a indicação da época em que ocorre a cena (um tempo outro, diferente daquele do instante real, reforçado pela ambientação cênica e os figurinos), e questiona a ficção, no sentido de explicitar ao espectador que esta é construída *na* relação *entre* os participantes do ato teatral. Portanto, ao mesmo tempo que a ambientação cênica me desloca do tempo e do espaço real, o texto desmascara e revela o jogo propriamente teatral entre a realidade e a ficção. O acordo coletivo tácito entre atores e espectadores, jogo pelo qual se dá a teatralidade, é revelado e construído abertamente e conscientemente entre Guidi e nós, os espectadores: "Vocês estão molhados? Com frio? Sim, porque hoje é 21 de dezembro de 1872. Feliz natal. Feliz natal."

Guidi dirige-se ao público com a saudação "Feliz natal!" Não ouvimos a sua voz porque ela só articula os lábios sem emitir som. Em seguida, ela repete a frase em voz alta diversas vezes, dirigindo-se diretamente a cada criança. Algumas crianças retribuem a saudação, enquanto outras repetem: "Mas não é natal!" A resposta negativa só surge em virtude de uma certa ambiguidade entre a ficção e o real, entre a representação e a realidade, presente na cena. Pergunto-me se essa resposta ocorreria em uma cena realista em que os signos da representação estivessem dados e estabelecidos. Diante das negativas, ela responde: "Mas que dia é hoje? Nós estamos perto do Natal, porque hoje é 21 de dezembro de 1872. Então, feliz Natal!!"

Quando algumas crianças ainda se recusam a fazer a saudação, Guidi dá a entender que não haverá espetáculo, explicitando às crianças a necessidade da participação de ambas as partes na construção da cena, na instauração da teatralidade. Finalmente, incentivadas também pelas outras crianças, todas concordam em entrar no jogo proposto por ela. Com o acordo selado, Guidi introduz o argumento da história na qual a performance é inspirada: *A Volta ao Mundo em Oitenta Dias.*

"Vocês conhecem Phileas Fogg? Ele apostou que daria a volta ao mundo em oitenta dias. Se ele tiver conseguido, vai chegar em alguns momentos e ganhar a aposta. Vocês querem saber se ele vai ganhar a aposta? Eu estou molhada e com muito frio. Vamos entrar na casa para saber se ele ganhou? Senhor, abra a porta. Por favor, nós estamos molhados e com frio."

Atravessando uma grande porta, somos recebidos em uma outra sala por um homem muito alto, de fraque e cartola. Ao contrário do ambiente anterior, o ambiente da sala é acolhedor[2]. Há uma árvore de natal cheia de enfeites natalinos, algumas estantes com livros e um grande tapete para as crianças se acomodarem. De frente para o tapete há uma escrivaninha antiga de madeira onde caracóis vivos se movem vagarosamente. No fundo da sala há um relógio grande e antigo. Uma música natalina completa a ambientação da cena e gera uma sensação de conforto e acolhimento.

Apesar de atuarem personagens, Di Stefano e Guidi dirigem-se um ao outro em cena com seus primeiros nomes verdadeiros: Chiara e Michele. A cena que se desenvolve entre eles gira em torno do argumento principal do livro de referência: a aposta feita pela personagem principal, Phileas Fogg, com alguns amigos de que daria a volta ao mundo em oitenta dias. A cena se desenvolve de forma que Phileas Fogg é aguardado ansiosamente pelas crianças. Mas sua chegada é apresentada de uma forma diferente da esperada. Após uma contagem regressiva junto com as crianças, Guidi arranca da parede um tecido que cobre um retrato e diz: "Chegou Phileas Fogg!! Chegou ou não chegou? Sim, chegou porque hoje é 21 de dezembro de 1872. Feliz natal!" Phileas Fogg é cumprimentado pelas crianças com saudações de "Benvindo" e "Feliz natal".

A saudação "feliz natal" é repetida por Guidi durante o espetáculo sempre que surge alguma descrença em relação ao contexto ficcional ou aos efeitos cênicos, tornando-se como uma espécie de senha que relembra constantemente o acordo coletivo de participação consciente no jogo ficcional. A repetição não soa como uma imposição, mas traz sempre um ar irônico e de brincadeira (como quando se compartilha um segredo) e torna o jogo prazeroso para as crianças. No momento da chegada de Phileas Fogg, foi necessário relembrar o acordo através da senha. Ficou perceptível como o momento de decepção vivido diante da descoberta do retrato foi imediatamente substituído pelo prazer do jogo. Phileas Fogg é acusado por Michele de ser frio e calculista porque ele não se interessou em conhecer nenhum dos países por onde passou nos oitenta dias de viagem. Chiara discorda e defende que é possível conhecer as coisas mesmo sem ver com os olhos, porque existem outras

---

2   Nessa cena, minhas lembranças estão associadas a uma percepção física. Lembro-me da primeira sala como um lugar frio e úmido, e da segunda, como um lugar quente e acolhedor.

Chiara Guidi e Michele Di Stefano, prólogo de Quattro danze coloniali viste da vicino. *Foto: Melissa Ferreira.*

formas de ver: pode-se ver com as mãos, por exemplo. Ela defende também que existem outras formas de viajar: "Quais são as formas possíveis de viajar?" As crianças respondem: "De carro, de carroça, de trem, de avião, de navio, de cavalo, de elefante." Guidi insiste: "E quais outras formas de viajar? Eu daria a volta ao mundo em dois minutos! Como? Numa bola de canhão."

Chiara propõe a Michele uma aposta para provar que é possível ver com as mãos. Eles selam a aposta assinando um contrato cada um com uma caneta tinteiro, ao mesmo tempo e no mesmo papel. Em seguida, cada um tira do bolso um enorme maço de dinheiro que estará em jogo na aposta. A relação entre eles é carregada de comicidade, as crianças se divertem com a rivalidade entre os dois. Chiara diz que precisa da ajuda das crianças para provar que existem outras formas de ver e conhecer as coisas, além de ver com os olhos. Chiara, então, propõe às crianças que elas participem de um jogo: identificar objetos somente através do tato. Fica combinado que a cada acerto Michele (que discorda que é possível ver com as mãos) deverá pagar a Chiara, e vice-versa. Chiara declara o começo da aposta.

Então, nos chega aos ouvidos um canto que tem origem fora da cena. O canto, formado por muitas vozes, vai aos poucos aumentando de intensidade e volume até que os cantores chegam de diferentes lugares. São quinze jovens[3], homens e mulheres. O canto é formado apenas por sonoridades (variações da vogal "o") cantadas por todos ao mesmo tempo, produzindo um efeito coral e a construção de polifonias. A aproximação gradual dos cantores, que estão nos cercando, gera uma sensação de imersão na música. Esse efeito é possível porque o espaço em que nos encontramos, o *hall* do Teatro Comandini, é cercado por várias salas que têm suas portas voltadas para esse espaço.

Todos os cantores/atores estão vestidos com roupas de cor marrom, de diferentes tipos e modelos. Cada um deles possui um saco de tecido preto nas mãos. Eles cantam até se posicionarem em três linhas atrás da mesa, de frente para as crianças.

Ao término do canto, uma a uma, as crianças começam a ser chamadas pelos atores para participar do jogo combinado previamente. Elas são chamadas numa língua inventada, não em italiano ou francês. Cada ator tem seu próprio "gramelô", que se assemelha ao alemão, ao árabe ou ao russo. Uma das atrizes cumpre a função de buscar a criança escolhida e levá-la até a mesa. De pé, em frente à mesa, a criança é convidada a colocar as mãos dentro do saco preto e dizer para todos o que está vendo. Algumas crianças ficam um pouco apreensivas em tocar em algo desconhecido, mas logo, curiosas, exploram o conteúdo do saco. Aos poucos as crianças descobrem que dentro dos sacos há sempre areia e o objeto a ser visto com as mãos. Alguns dos objetos vistos por elas foram: uma corrente de metal, um ovo, um diapasão, um saca-rolhas, uma pilha e uma casca de queijo parmesão.

As crianças que estão no tapete assistindo à cena torcem para que as outras acertem qual é o objeto. Chiara incentiva a torcida e pede a ajuda das crianças para ganhar a aposta. Quando elas acertam o objeto do saco, Chiara faz com as crianças o que ela chama de "comemoração silenciosa". As crianças devem fazer a gestualidade da comemoração com os braços levantados e a expressão de satisfação, mas sem som. O gesto é orquestrado por ela e é repetido por cinco, dez ou quinze segundos, dependendo do grau de dificuldade do objeto "visto" pela criança na mesa.

No final da aposta, Chiara diz estar convencida de que é possível "ver" com as mãos. Ela afirma que é possível não só

---

3 Os atores da École du Théâtre National de Bretagne.

Prólogo de Quattro danze coloniali viste da vicino. *Foto: Melissa Ferreira.*

ver com as mãos, mas também falar com os gestos. Para entender como isso é possível, Chiara pede que as crianças sigam Michele até a sala de espetáculos.

No teatro encontramos o palco vazio e iluminado por uma luz geral branca. O único elemento em cena é uma pequena corda amarela posicionada no chão na parte central do palco, que só é notada quando começa a ser puxada para o fundo do palco por um fio invisível. Quando a corda some na coxia, a ambientação sonora é imediatamente introduzida. A trilha gravada nos remete a uma floresta tropical, com sons de grilos, cigarras, pássaros, sapos etc.

O primeiro dançarino caminha até o centro do palco para então começar sua partitura. Ele usa um figurino cotidiano (bermuda e camiseta). Sua partitura é composta de escalas repetitivas formadas por movimentos abstratos, nos quais é possível perceber, em alguns momentos, referências a códigos gestuais de danças clássicas orientais, como o *khatakali*.

Um pequeno aparelho no fundo do palco produz uma fumaça preta que, ao subir, forma uma nuvem no palco ao mesmo tempo que sons de trovão são ouvidos na trilha sonora. Quando a fumaça se espalha, se transforma numa neblina que cobre todo o palco. Ao mesmo tempo, o segundo bailarino, vestido com uma capa de chuva, entra em cena pela frente do palco e passa ao lado do público, puxando um carrinho de madeira que transporta um vaso com planta. Ele para por alguns minutos e, com uma atitude neutra, observa o dançarino. O segundo bailarino coloca dois objetos sobre o palco: do lado esquerdo, uma trena, do lado direito, uma luneta com a qual observa o primeiro dançarino. Em seguida, o segundo bailarino atira bolinhas no primeiro com uma espécie de zarabatana. O primeiro bailarino não reage à intervenção do segundo. Os dois saem de cena e o palco fica vazio por cerca de quinze segundos. Após esse tempo, os dois bailarinos, junto a uma terceira bailarina, desenvolvem uma partitura com as mesmas qualidades de movimento apresentadas pelo primeiro bailarino. Os movimentos realizados por eles oscilam entre a atitude cotidiana e a codificação dos gestos.

Durante a apresentação, algumas crianças são convidadas pelas personagens do prólogo, Michele e Chiara, para ver as ações de perto, no palco. Elas são conduzidas pela mão até cerca de um metro do bailarino, e são incentivadas a prestar atenção em seus movimentos, gestos e ações por cerca de cinco minutos. Depois disso, são orientadas a voltar para o seu lugar na plateia.

Quando os atores saem de cena, Guidi retorna e explica para as crianças que uma das formas de entender os gestos é através do fazer. Então, ela pede que os atores voltem para o palco e repitam alguns gestos, ações e movimentos da sua partitura corporal, e as crianças são convidadas a experimentar com seus próprios corpos.

Em seguida, Guidi agradece e pergunta: "Que dia é hoje?" As crianças rapidamente respondem: "21 de dezembro de..." E Guidi as interrompe: "Vocês perderam o senso da realidade? Que dia é hoje? Hoje é 22 de abril. O espetáculo acabou e está na hora do almoço. Vocês devem ir para casa almoçar. Tchau!"[4]

---

4 Optei pela descrição somente do início do espetáculo *Quattro danze*, já que o mesmo não é o foco deste estudo. O que mais nos interessa aqui é a adaptação e a intervenção de Guidi no espetáculo. Julguei suficiente a descrição das primeiras cenas para fornecer uma imagem do espetáculo ao leitor com o intuito de possibilitar algumas conexões e reflexões no momento em que o trabalho de Guidi for analisado.

O Sentido Gerado Pela Experiência

Para iniciar a elaboração das experiências geradas a partir da criação cênica de Guidi junto à companhia MK, em primeiro lugar, há que se levar em conta que *Quattro danze coloniali viste da vicino* não é um espetáculo infantil. Dito isso, é interessante constatar que a intervenção de Guidi no espetáculo esteve focada em procedimentos que giraram em torno da criação de espaços para a produção de experiências perceptivas e sensoriais significativas para as crianças, mas não tiveram o intuito de traduzir ou adaptar o espetáculo de dança contemporânea para a linguagem infantil. Por meio da intervenção, Guidi buscou fornecer algumas chaves para a criação de conexões entre as crianças e a obra.

Como o espetáculo de dança da MK se trata de uma obra contemporânea conceitual baseada em composições abstratas, a intervenção de Guidi pode ser pensada como um procedimento significativo não somente do ponto de vista da necessidade de sanar uma "incapacidade" e imaturidade da criança para a geração dos sentidos na leitura do espetáculo, mas também do ponto de vista da pedagogia do espectador de todas as faixas etárias.

A dança proposta pela companhia de Roma, que se dá por um tipo de composição contrapontística na qual não ocorre um princípio de causalidade na ação, é declaradamente insuficiente na geração dos sentidos. Esse tipo de composição gera no espectador uma sensação de incompletude no plano compositivo da ação e do movimento que, nesse caso, se contrapõe a um plano imaginário figurativo, reforçado pela presença cênica momentânea de objetos (vaso, luneta, trena, taco de golfe), figurinos (capa de chuva) e outros elementos (fumaça, corda). A dramaturgia do movimento, portanto, é resultado da interação entre a composição do gesto abstrato elaborado em escalas repetitivas e um plano imaginário, dado pelas pistas dramatúrgicas e narrativas definidas pela obra de referência e pela ação.

A composição das partituras coreográficas é marcada por um excesso gestual que gera a sensação de acúmulo. O sentido não é gerado pelo desenvolvimento da ação gestual, mas pela justaposição e acumulação não causal. O sentido se dá num plano de suspensão e incompletude, colocando o espectador em desconforto e reforçando um dos grandes temas da dança contemporânea dos anos 1990 e da primeira década do século XXI, que é a incomunicabilidade e a individualidade. Na maior parte do tempo, não existe no espetáculo relação psicológica entre os atores, no sentido de estabelecer conexões através do olhar e de se deixar afetar pelo outro. São criadas linhas de ações pelos dançarinos que não se comunicam, que transcorrem num tempo paralelo, no devir do sentido.

Dadas as características do trabalho, portanto, os procedimentos criados por Guidi podem ser pensados como estratégias para instrumentalizar o espectador, não só crianças, e possibilitar seu envolvimento com um espetáculo de dança baseado na incomunicabilidade de formas não representacionais, não miméticas, pós-dramáticas, conceituais etc. Como afirma o filósofo Bruno Latour, em nenhuma outra manifestação cultural, como na arte contemporânea, "tantos efeitos paradoxais foram produzidos e lançados ao público para complicar sua reação às imagens", nem "tantos esquemas foram inventados para retardar, modificar, perturbar" e fazer com que o *amateur d'art* perca seu olhar ingênuo[5].

A formação do espectador de teatro, como defende Flavio Desgranges, deve ter como foco a sua capacitação para um diálogo profundo e intenso com a obra, para que o mesmo se sinta apto a "elaborar um percurso próprio no ato de leitura da encenação, pondo em jogo sua subjetividade, seu ponto de vista, partindo de suas experiências, sua posição, do lugar que ocupa na sociedade"[6]. Pensando no teatro contemporâneo, e na própria arte conceitual, a recepção solicita uma atitude ativa, imaginativa e artística do espectador, pois depende dele a efetivação do jogo como experiência que se estabelece no aqui e agora.

Sob essa perspectiva, os procedimentos criados por Guidi para a recepção e o envolvimento dos espectadores no espetáculo *Quattro danze coloniali viste da vicino* podem ser agrupados em pelo menos três tipos: a apresentação de diferentes graus de referencialidade, o estímulo aos sentidos da percepção

---

5   O Que É Iconoclash?, *Horizontes Antropológicos*, ano 14, n. 29, p. 121.
6   *Pedagogia do Espectador*, p. 30.

e a produção de conhecimento por meio da experimentação direta no próprio corpo. As questões fundamentais do texto *A Volta ao Mundo em Oitenta Dias*, no qual foi inspirado o *Quattro danze*, não aparecem de forma narrativa no prólogo e no espetáculo, mas são oferecidas às crianças em forma de experiência sensorial e vivencial.

Diferentes Graus de Referencialidade

Os seres ficcionais criados por Guidi e Di Stefano para o prólogo oscilavam entre diferentes tipos de atuação. Em alguns momentos, era perceptível a manifestação de um estado corporal extracotidiano que está diretamente ligado à construção do mundo ficcional do espetáculo, como a entonação da voz, o ritmo dos gestos, a relação com o espaço e os objetos. Em outros momentos, porém, os seres ficcionais quase se diluíam. A relação entre os atores e as crianças geraram outros tipos de percepções na plateia (não ligadas ao universo ficcional), que pertencem à lógica das próprias relações criadas durante o espetáculo. Por exemplo, como foi mencionado anteriormente, apesar de criarem seres ficcionais e se colocarem num estado corporal gerador de teatralidade (reforçado pelo uso do figurino, cenário, objetos de cena), Guidi e Di Stefano não adotaram uma personagem, mas referiram-se um ao outro como eles mesmos, Chiara e Michele. A atuação desses dois atores aproximou-se tanto da lógica do jogo dramático infantil, brincadeira espontânea da criança, quanto da lógica da performance, oscilando continuamente entre a dimensão ficcional e a irrupções do real geradas pela materialidade dos corpos e das relações.

Ainda em relação à atuação, é possível perceber que não havia uma preocupação com a fixação de uma partitura vocal e corporal dos atores. Durante os ensaios, e depois nos espetáculos, apesar de haver algumas marcações, as ações e falas ganharam diferentes nuances e os atores puderam explorar diversas qualidades expressivas durante as apresentações, que oscilavam entre o *acting* e o *not-acting*, para fazer referência ao *continuum* proposto por Michael Kirby.

Ao analisar as diferentes matrizes expressivas da atuação, Kirby propõe uma linha contínua entre o atuar e o não atuar, defendendo que nem sempre a ação cênica pressupõe representação[7]. O autor define diversas formas de ação cênica que vão desde a *nonmatrixed performing* até a *complex acting*, ou seja, desde uma ação sem matriz de representação até a atuação complexa em que a atitude do ator, junto aos outros elementos da cena, como os figurinos, reforça a personificação e a representação.

As ações de Guidi e Di Stefano no prólogo de *Quattro danze* oscilaram entre o que Kirby denomina *received acting*, que se refere ao tipo de ação cênica em que o ator veste um figurino que representa alguém, mas com matrizes de representação escassas (ele não age para reforçar a identificação com a personagem) e a *simple acting* e a *complex acting*, ambas situações claras de representação nas quais varia somente a quantidade de elementos usados como matrizes para gerar a identificação. Em alguns momentos, Guidi e Di Stefano se desprendiam das matrizes geradas pelo cenário e pelo figurino e estabeleciam o jogo com as crianças no aqui e agora, sem a preocupação de manter uma personagem, e, em outros momentos, os elementos que os cercavam eram utilizados para enfatizar a personagem e todas as dimensões temporais, espaciais e circunstanciais da ficção.

Essa oscilação entre os diferentes graus de atuação dava também às crianças a oportunidade de explorar várias manifestações expressivas e diversos graus de referencialidade, e jogar com a possibilidade de interagir com os atores e a cena, dentro e fora do contexto ficcional.

Aberturas Para o Campo do Sensível

Desde o prólogo até a intervenção no espetáculo do grupo MK, Guidi cria um percurso que proporciona aos espectadores aberturas para o campo do sensível. Nesse percurso, as crianças vão sendo, pouco a pouco, deslocadas das formas de leitura

---

[7] Cf. On Acting and Not-Acting, em P. Zarrilli, *Acting (Re)considered: a Theoretical and Practical Guide*.

do espetáculo baseadas na lógica da informação para a lógica da experiência.

Em primeiro lugar, as crianças são convidadas a "ver com as mãos". Essa prática, além de colocar as crianças em ação como participantes ativas, transfere o foco da visão para a percepção tátil.

Durante os ensaios do prólogo, participei como espectadora ativa no lugar das crianças. Essa experiência me permitiu perceber algumas especificidades dessa prática, diferentes daquelas constatadas na posição de observadora.

Quando coloquei minha mão direita dentro do saco preto descobri que além do objeto a ser descoberto havia outra coisa lá dentro. Minhas mãos me disseram que era areia. O contato com a areia me despertou, imediatamente, sensações ligadas à infância: me lembrei da praia em que passei todas as férias da minha infância. A sensação de liberdade, o aconchego dos avós e dos tios, o vento, a água, o sol quente na pele. Meus pensamentos, que duraram milésimos de segundo, foram interrompidos quando toquei no objeto com minha mão. As características do objeto eram estranhas. De um lado ele era áspero com pequenos espinhos, e do outro, úmido e viscoso. Suas características me provocaram uma mistura de nojo e medo. "É um bicho?" Pensei. Não, não era um bicho. Parecia ser a casca de alguma fruta, mas não tinha certeza. Perguntaram-me qual era o objeto que eu "via" com as mãos. Eu desconfiava, mas, com medo de errar, disse que não sabia. Mostraram-me o objeto e pude vê-lo com meus olhos: era uma casca de *kiwi*.

Essa foi minha primeira ida à mesa, porém, como fui chamada várias vezes nos ensaios, pude experimentar as sensações provocadas por vários tipos de objetos: um ovo, um diapasão, uma corrente, um pedaço de queijo parmesão seco. As sensações geravam uma torrente de imagens, até que a imagem do próprio objeto se formava na minha mente. Quando não conseguia reconhecer o objeto de imediato, como aconteceu com a casca de *kiwi*, me concentrava ainda mais em suas características físicas e nas percepções táteis que o mesmo me provocava, procurando explorar sua textura, sua forma, sua temperatura, tentando definir se era seco ou úmido. Percebi que isso também ocorria com as crianças durante as apresentações: quando elas não identificavam os objetos de imediato, concentravam-se em suas características físicas e nas sensações provocadas, e algumas tentavam descrever o objeto em voz alta para obter ajuda dos colegas.

O jogo proposto por Guidi não requer o tipo de participação comumente imposta aos espectadores de espetáculos infantis, nos quais muitas vezes as crianças são convocadas a responder perguntas retóricas e realizar ações constrangedoras. O jogo com os objetos ocultos estimula as crianças a sentirem e a perceberem o mundo através de outros canais de percepção além da visão e da audição, e as prepara para uma leitura do espetáculo baseada na própria experiência, em um processo no qual a produção de sentidos se dá como um ato pessoal e intransferível, e não está, portanto, baseada em significados prévios ou na tentativa da descoberta da mensagem do artista. Como aponta Desgranges:

> O sentido de uma cena teatral, tal como a compreendemos a partir das produções artísticas recentes, não se constitui como um dado prévio, estabelecido antes da leitura, algo pronto, fixo, atribuído desde sempre pelo autor, mas como algo que se realiza na própria relação do espectador com o texto cênico. Atribuir sentidos, portanto, quer dizer estabelecê-los em relação a nós mesmos. O que solicita disponibilidade para se deixar atingir pelo objeto, para se deixar atravessar pelo fato, para embarcar no processo de leitura, pois uma cena não quer dizer nada que se resuma a um significado previsto de antemão, a que se queira ou se deva chegar. É justamente nessa indeterminação, como evento provido de finalidade, mas, sem um fim previamente instituído, que se organiza o acontecimento artístico.[8]

A experiência estética, como afirma o autor, não pode se dar sem a efetiva atuação do espectador, e sem que o mesmo se "disponibilize para uma produção de sentidos *a priori* inexistentes". Nesse sentido, os procedimentos propostos por Guidi no prólogo, durante e após o espetáculo de dança contemporânea funcionaram como dispositivos que estimularam a atuação, a participação e a disponibilidade para a produção de sentidos por parte das crianças espectadoras.

---

[8] F. Desgranges, A Arte Como Experiência da Arte, *Lamparina, Revista de Ensino de Teatro*, v. 1, n. 1, p. 51.

No prólogo, a "comemoração silenciosa" pode também ser reconhecida como um estímulo à abertura de novos canais de percepção e comunicação. Essa ação simples possibilita às crianças uma transição para o "não verbal", pois propõe que a linguagem falada seja substituída pela linguagem corporal.

Já no espetáculo, a oportunidade dada às crianças de ver os movimentos dos atores de perto transforma a qualidade da recepção, pois também abre canais de percepção diferentes daqueles gerados à distância. A proximidade permite que as crianças vejam os detalhes dos movimentos, que escutem a respiração, sintam os cheiros, vejam as gotículas de suor se formando nos corpos e sintam os deslocamentos de ar gerados pelos movimentos, ou seja, que percebam de forma direta a materialidade dos corpos.

Aprender Através do Fazer

Por fim, as crianças são incentivadas a imitar os gestos e as ações dos atores. A imitação é oferecida às crianças como uma possibilidade de apreensão e apropriação do universo artístico apresentado a elas por meio da lógica da prática, do fazer. As ações realizadas na cena, que não se remetem diretamente ao universo temático do livro no qual o espetáculo foi inspirado, são apreendidos *pelo* e *no* corpo. Não é necessário entender o significado dos gestos para imitá-los. O entendimento da lógica dos gestos e dos movimentos (formas, desenhos e deslocamentos no espaço) no próprio corpo substitui a necessidade do entendimento dos significados ligados aos conteúdos e conceitos veiculados pelo espetáculo. A processualidade que, de certa forma, é percebida no espetáculo, é duplicada pelo *fazer* das crianças. O trabalho corporal gera os significados, e não o contrário.

A imitação, assim como os outros procedimentos utilizados por Guidi nessa experiência, fornece para as crianças ferramentas para a fruição de espetáculos que transitam no território entre o teatro e a performance. Diferente de outros festivais (e espetáculos) que optam por manterem-se no campo do teatro tradicional, o Puerilia conduz as crianças para um território conectado com as práticas teatrais contemporâneas. As crianças são incentivadas a perceber as diversas camadas de significação e sentido que compõem o espetáculo teatral. A transição entre essas camadas é trazida ao primeiro plano e é transformada em um jogo jogado conscientemente com as crianças.

Assim como nas práticas da Scuola Sperimentale di Teatro Infantile, descritas no capítulo anterior, no prólogo criado por Guidi para o *Quattro danze coloniali viste da vicino*, as crianças foram levadas a conhecer as convenções do teatro interagindo diretamente na ficção do espetáculo. Não houve uma conversa ou debate sobre os procedimentos de criação do grupo, ou sobre características do teatro contemporâneo, mas sim uma vivência que envolveu os sentidos, a percepção e a imitação, como forma de apropriação dos conteúdos e dos procedimentos no próprio corpo.

"IL NOME DEI GATTI"

A performance *Il nome dei gatti* foi apresentada no Teatro Comandini como ação final do seminário *Il potere analogico della bellezza*, conduzido por Chiara Guidi e pelo músico Fabrizio Ottaviucci nos meses de março e abril de 2012, em Cesena. O seminário teve como público-alvo professores, estudantes, atores, musicistas e, conforme consta no material de divulgação, "todos aqueles que se colocam em confronto com a realidade com um olhar de invenção".

Os objetivos do seminário giraram em torno da ideia de "entender na prática como a imaginação pode tornar-se a chave para rever a realidade" através de exercícios e de práticas musicais e teatrais. Instigados por questões como "Que história está escondida em um som ou como esconder um som na história? Que sinfonia se ouve na orquestração de muitas vozes ou como as vozes individuais podem se tornar sinfonia? Que sentido um ritmo contém ou como pode um ritmo estar contido num sentido?"[9], Guidi e Ottaviucci conduziram, junto aos participantes, a investigação cênica e musical, tendo como referência o conto infantil "O Gato de Botas", de Charles Perrault.

---

9   C. Guidi, material de divulgação

A Performance

O público aguarda o início do espetáculo do lado de fora do Teatro Comandini. As crianças conversam, riem, correm pelo pátio, brincam e sobem nos muros, dando ao lugar um ar diferente daquele do cotidiano do teatro. A equipe de produção da companhia nos conduz para a porta lateral da sala de espetáculos, por onde será realizada a entrada. As crianças são convidadas a entrar na sala antes dos adultos. Apesar de não ser um espaço teatral convencional, o palco do Teatro Comandini mantém uma relação de frontalidade com a plateia. O acesso principal, normalmente utilizado, conduz os espectadores a uma estrutura de praticáveis com cadeiras fixas. A porta lateral, porém, dá ao público acesso direto ao palco.

Quando entramos no espaço, quase todas as janelas estão fechadas e não há iluminação cênica. Os atores estão de pé, espalhados aleatoriamente pelo palco. Cada ator tem uma partitura vocal com textos e sons. Não há deslocamento no espaço ou produção de gestos, assim como não há figurinos. Guidi é a única participante da performance a usar um figurino: um vestido vermelho antigo com detalhes dourados.

Os atores se mantêm concentrados em sua partitura vocal e não procuram manter relação com o público que entra na sala. Os sons produzidos por eles têm um caráter de experimentação individual de diferentes qualidades sonoras. Alguns participantes exploram sons de animais, outros falam textos ou exploram variados tipos de sonoridades, volumes e intensidades. Os atores não parecem ter o objetivo de criar uma paisagem sonora única, pois os sons criados não se remetem a uma mesma paisagem sonora, atmosfera ou temática.

O privilégio de circular entre os atores é concedido somente às crianças, que são conduzidas de mãos dadas por Guidi pelo espaço. Os adultos permanecem nas laterais e observam os atores e as reações das crianças, que percebem tudo ao seu redor com atenção e curiosidade.

Lentamente os sons vão diminuindo de intensidade até parar completamente. Os atores deixam seus lugares para sentar na plateia do teatro, de frente para o público que está no palco. Nossa atenção vai se voltando lentamente do palco para a plateia. Entre o palco e a plateia há um microfone para onde Guidi se dirige, posicionando-se de frente para o público. Há também um piano onde Ottaviucci acomoda-se de frente para os atores. O público se acomoda no chão, no lugar que antes era ocupado pelos atores.

Guidi estabelece um diálogo com as crianças e, aos poucos, num jogo de perguntas e respostas que alterna a lógica dedutiva e a indutiva, chega ao tema do espetáculo. O diálogo tem relação com a possibilidade de imaginar a existência de coisas estranhas, como, por exemplo, um gato de botas. Guidi, então, pergunta para as crianças se elas conhecem a história "O Gato de Botas" e, diante da resposta positiva, pergunta se as crianças gostariam de ouvir a história novamente.

Guidi conta a história de pé ao microfone, sob o olhar e escuta atenta dos participantes. A iluminação na sala é uniforme, não há recursos de iluminação cênica. A sala é iluminada pelo sol que entra pelas janelas.

Utilizando-se de sua apurada técnica vocal, Guidi explora diferentes qualidade sonoras para compor as vozes de cada personagem da história. As qualidades sonoras das vozes não causam estranhamento, mas atendem à expectativa que se tem em relação a cada personagem: o gato tem uma voz fina e anasalada e emite miados no meio das frases, enquanto o ogro tem uma voz grave e assustadora. Em relação à atitude corporal de Guidi, é possível perceber que não há uma preocupação em executar gestos ou criar uma corporalidade para cada personagem. Seu corpo se adapta com o objetivo de encontrar a melhor posição para a exploração da qualidade sonora da voz de cada personagem. Em alguns momentos, Guidi fecha os olhos como que para "ver" a história.

Os atores da performance, regidos por Ottaviucci, criam ao vivo a paisagem sonora do espetáculo, com sons produzidos pelo corpo e vozes, e por alguns instrumentos musicais, como chocalhos e o piano. A paisagem sonora tem poucos momentos de silêncio. Os sons produzidos, na sua maioria em coro, estão relacionados aos momentos da história como, por exemplo, a aparição de alguma personagem. Quando Guidi diz a palavra Ogro, imediatamente todos repetem com um efeito de eco e voz grave: ogro, ogro, ogro, ogro. Em alguns momentos, enquanto o coro cria um tipo de efeito sonoro, como o som de cavalos chegando, outros atores criam outros tipos de sons, como uma banda de jazz formada por três atores que tocam instrumentos imaginários e reproduzem o som dos instrumentos com a voz. A banda de jazz e outros sons aparecem várias vezes para reforçar diferentes aspectos da história, ou para criar um efeito cômico, de expectativa ou de surpresa.

No final da história, os atores conduzidos por Ottaviucci produzem um *cluster*[10] com o som dos pés pisando forte no chão de madeira. Aos poucos o som dos pés vai diminuindo de intensidade, dando lugar a uma melodia, um *vocalise* com a vogal "a". Durante o *vocalise*, alguns sons de pés ainda são produzidos.

Em seguida, o encontro é dado por encerrado por Guidi, que se despede da plateia de forma alegre e cômica.

A Imaginação Como Chave Para Rever a Realidade

Como fica claro na descrição da performance, o trabalho realizado ao longo de dois meses por Guidi e Ottaviucci com os participantes, que na sua maioria eram professores, teve como foco a pesquisa de sonoridades, a exploração da voz e a percussão corporal. As sonoridades produzidas pelos atores criaram para a performance uma outra camada de significação que, em alguns momentos, reforçaram os sentidos gerados pela narrativa, e, em outros, geraram estranhamento, como o *cluster*[11], ou resultaram ainda na ressignificação dos conteúdos da fábula.

---

10 *Cluster*, aglomerado, em inglês, é um termo da teoria musical que significa "um acorde formado por notas consecutivas em uma escala". Na prática realizada por Chiara Guidi e Fabrizio Ottaviucci, o *cluster* é usado para denominar um exercício que consiste na produção de um aglomerado de sons rítmicos formados pela batida dos pés no chão e palmas. Geralmente, é seguido da voz, que funciona como um contraponto melódico ao ritmo produzido.

11 O *cluster* rítmico dos pés na cena gera uma sensação de desconforto e, de certa forma, um ruído na expectativa. O *cluster* é geralmente empregado como exercício de preparação vocal, quando, por exemplo, há o objetivo de partir da respiração e da melodia para o ritmo, ou vice-versa. Quando levado para a cena, o *cluster* chama a atenção porque não conseguimos perceber nele, mesmo tendo as mesmas características de outros elementos, um caráter de processo, como, por exemplo, na exploração vocal realizada na cena inicial, em que há sempre um rigor estético. Essa sensação talvez seja provocada pela percepção de que não há uma busca por qualquer tipo de organização rítmica no *cluster*. Os sons dos pés acontecem em ritmos, intensidades e volumes diferentes.

Diferentemente de outros espetáculos da Socìetas Raffaello Sanzio criados a partir de fábulas infantis, como *Le Favole di Esopo*, *Hänsel e Gretel*, *Le fatiche di Ercole* e mesmo *Buchettino*, em *Il nome dei gatti*, assim como em *L'uccello di fuoco*, os elementos invisíveis estão no primeiro plano em detrimento dos aspectos visuais do espetáculo. Esses trabalhos são definidos por Guidi como "fábulas musicais". A pesquisadora Bryoni Trezise ao relatar um *workshop* realizado por Guidi na Austrália, em 2012, a partir do conto *João e o Pé de Feijão*, afirma que a diretora cria uma "dramaturgia da imaginação": "pouco acontece visualmente no espaço, mas a ambientação sonora é plena"[12].

Nas fábulas musicais, a articulação entre a narração da história e os outros elementos sonoros conduz o espectador ao caminho da imaginação, pois os elementos visuais nem sempre estão dados, mas são criados individualmente pelo espectador em sua imaginação a partir dos estímulos dados pela performance.

Para Guidi, uma fábula (um conto, uma história) é o início de um caminho no qual a relação entre arte e infância torna-se direta. Esse caminho conduz a criança a um espaço de imaginação que, por sua vez, torna-se a chave para (re)ver e recriar a realidade.

Os processos de criação de espetáculos infantis da Socìetas Raffaello Sanzio criados a partir de fábulas, como vimos, têm em comum a exploração dos aspectos obscuros das fábulas. Obscuro tanto no sentido do não dito, do velado, do oculto, quanto do sombrio, do tenebroso. Os conteúdos simbólicos relacionados à violência, ao abandono, à maldade, à vingança, à morte, geralmente amenizados, suprimidos ou apresentados de forma estereotipada nos espetáculos infantis, estão efetivamente presentes na estética, na atuação, na ambientação cênica e sonora dos espetáculos da Raffaello Sanzio.

Nas obras de Guidi e da companhia, o caráter didático e moralizante das fábulas e contos infantis dão lugar à experiência direta de certos elementos simbólicos que remetem a criança à origem dos contos de fadas. Para o autor russo Vladimir Propp, os contos de fadas, ou contos maravilhosos, conservam "vestígios

---

12 A Theater for Children Other to Itself, *Realtime Magazine*, n. 108. Disponível em: <http://www.realtimearts.net/article/108/10620>.

de organizações sociais hoje desaparecidas"[13]. Para Propp, a origem dos contos maravilhosos está ligada aos ritos das sociedades antigas. Ao analisar a semelhança entre a estrutura narrativa dos contos e a sequência de ações dos ritos de passagem, o autor concluiu que as narrativas que deram origem aos contos eram partes integrantes de tais ritos. A partir das pesquisas de Propp, que foi um dos primeiros a dedicar-se ao estudo dos contos maravilhosos, conclui-se que, apesar dos diferentes motivos, os contos apresentam a mesma estrutura: início, ruptura, confronto e superação de obstáculos e perigos, restauração e desfecho[14].

Em muitos de seus espetáculos e *workshops* destinados às crianças, como foi visto no capítulo anterior, Guidi proporciona experiências estéticas que impõem a elas desafios que reportam às estruturas identificadas por Propp nos contos que, por sua vez, nos remetem aos ritos de passagem. Guidi transforma as narrativas fabulares não só em linguagem cênica, mas em verdadeiros rituais iniciáticos para as crianças.

Victor Turner, em seus importantes estudos sobre as relações entre teatro e ritual no campo da antropologia, reconhece a importância da expressão dramática dos conflitos e das rupturas nos rituais, atualizando a visão dos estudos clássicos, como os de Émile Durkheim, que enfatizavam somente o poder restaurador do rito. Como aponta Quilici, a partir das pesquisas de Arnold Van Gennep sobre os ritos de passagem, Turner focou seus estudos na fase liminar dos rituais, "privilegiando não só a função de construção de papéis e de identidades dos ritos de passagem, mas ainda investigando os processos de dissolução e reelaboração das representações coletivas que o rito também comporta"[15].

A partir do contato com as aldeias Ndembu, no Congo, nos anos 1950, e a teoria de Van Gennep sobre os ritos de passagem, Turner elabora a noção de drama social na qual identifica quatro momentos: 1. ruptura, 2. crise e intensificação da crise, 3. ação reparadora e 4. desfecho (que pode levar à resolução ou ao cisma)[16].

---

13 *As Raízes Históricas do Conto Maravilhoso*, p. 4.
14 Cf. N.N. Coelho, *O Conto de Fadas*.
15 C.S. Quilici, *Antonin Artaud: Teatro e Ritual*, p. 68.
16 Cf. J.C. Dawsey, Victor Turner e a Atropologia da Experiência, *Cadernos de Campo*, v. 13, p. 163-176.

Algumas práticas de Guidi com as crianças possuem características que se encaixam no modelo de análise proposto por Turner. Os prólogos realizados pela diretora no início dos espetáculos infantis, inclusive em *Il nome dei gatti*, poderiam ser considerados, por exemplo, como momentos de ruptura. As crianças não são levadas diretamente ao lugar da encenação, há um ambiente prévio em que se rompe com o mundo exterior, funcionando como uma espécie de preparação para o espaço seguinte. O espetáculo em si é para onde a criança é convidada a fim de desconstruir o mundo real e cotidiano e de embarcar num mundo novo dado pela materialidade dos estímulos sensoriais, para, em seguida, através da chave da imaginação, como afirma Guidi, rever a realidade.

Na Scuola Sperimentale di Teatro Infantile, em que o espaço era dividido em zonas, e sempre havia um desafio a ser superado, o caráter de rito de passagem fica ainda mais evidente. Os pais não podiam entrar na escola, as crianças eram recebidas no portão por uma figura/personagem que as conduzia à primeira zona. Essa primeira zona seria o momento de início e de ruptura, pois era uma espécie de portal onde as crianças colocavam seus figurinos, se maquiavam e se preparavam para adentrar no mundo da ficção de acordo com a proposta do dia. Na segunda zona, ocorria o momento no qual as crianças conheciam os desafios que enfrentariam. Seria o momento de início da crise, em que elas eram preparadas, muitas vezes por seres "mágicos" ou mitológicos, para enfrentar os desafios que viriam na próxima zona. A terceira zona seria, portanto, o momento de confronto e superação dos obstáculos, ou de intensificação da crise, e também do desfecho, da restauração. Segundo Guidi:

Na escola experimental de teatro infantil, por uma hora e trinta minutos, tudo era pensado e nada impensado podia quebrar a ilusão que se estava buscando. Tínhamos que ser verdadeiros e falsos por completo, ou melhor, tão falsos que parecêssemos verdadeiros. Eu não conhecia o nome das crianças que participavam, e, quando as encontrava na rua (Cesena é uma cidade com poucos habitantes, por isso é fácil se encontrar e se reconhecer), eu e as crianças nos olhávamos nos olhos em silêncio e depois abaixávamos o olhar, como guardiões de um mistério que foi guardado assim como acontecia quando, na Antiguidade, o teatro dos mistérios garantia no silêncio a sua força ritual.[17]

A abordagem de temas obscuros, a riqueza dos materiais utilizados na ambientação cênica, e a caracterização das personagens, bem como a participação de animais e de pessoas com corpos singulares, na Scuola Sperimentale resultava numa experiência de total imersão para as crianças, e requeria delas um engajamento corporal e emocional muito além de uma simples aula de teatro. Aquelas experiências tornavam-se para as crianças uma verdadeira prova iniciática que as conduzia, de forma radical e irreversível, ao mundo da arte, ao mundo do teatro.

"STRAPPARE UN MONDO E POI FARNE UN ALTRO"

Strappare un mondo e poi farne un altro (Despedaçar um Mundo e Depois Fazer um Outro) é um laboratório de arte destinado a crianças de seis a dez anos que foi conduzido por Guidi na segunda edição do Puerilia Festival no ano de 2012. Nos laboratórios oferecidos para as crianças nesse festival não é permitida habitualmente a presença de adultos na sala onde ocorre a experiência. Os pais, professores ou responsáveis devem aguardar as crianças em outro local. Frequentemente, enquanto as crianças participam dos laboratórios, há uma programação especial para os adultos que, em 2012, consistiu num ciclo de conferências sobre a relação entre arte e infância, com educadores, psiquiatras, antropólogos e artistas. Minha participação nesse laboratório foi possível devido ao convite de Guidi para que eu fosse sua assistente no trabalho. Ao ser convidada, não recebi nenhuma explicação prévia acerca do conteúdo do laboratório; Guidi apenas me orientou a agir somente quando fosse solicitada. O laboratório aconteceu no *hall* central do Teatro Comandini.

---

17   C. Guidi, apud A. Tolve, Elogio dell'educazione creativa, II, *Artribune*. Disponível em: <http://www.artribune.com/>.

O Laboratório

No espaço, já preparado para as crianças, há um papel pardo grande estendido no chão. Ao redor dele, almofadas formam duas linhas, uma de frente para a outra.

Guidi recebe as crianças com entusiasmo. Há, na sua relação com elas, um engajamento corporal não cotidiano, que não pressupõe, porém, a criação de uma personagem, mas uma gestualidade e exploração da voz semelhante à de um contador de histórias. Sua atitude nos desloca para esse novo ambiente protegido e livre de olhares externos.

Depois que todas as crianças se acomodam nas almofadas, Guidi mostra a elas um mapa *mundi*. A imagem é imediatamente reconhecida como "o desenho do mundo", "o planeta Terra", ou apenas "mundo". Então, sem aviso, Guidi rasga o mapa em vários pedaços, causando espanto nas crianças. Ela justifica o ato como um desafio a cada criança: o de criar seu próprio mundo.

Guidi solicita minha ajuda para distribuir pedaços de carvão para que as crianças desenhem no papel o formato do seu mundo. Aos poucos vão surgindo formas diversas: quadrado, retângulo, estrela, borboleta e outras menos reconhecíveis. Enquanto desenham, as crianças conversam entre si e mostram a sua criação umas às outras.

Em seguida, Guidi solicita minha ajuda mais uma vez para distribuir enciclopédias antigas para as crianças. Com as enciclopédias nas mãos, elas recebem duas orientações: folhear o livro bem rápido e de olhos fechados, e parar quando ouvir a palavra *stop*. E assim, com as crianças apertando os olhos para mantê-los fechados sem a ajuda das mãos, os livros são folheados. Ao ouvir o *stop*, elas param e abrem os olhos curiosas para ver o conteúdo da página. Guidi explica que elas devem perceber se há na página alguma imagem que as interessa: "Há na página alguma imagem que te chama?" Se a criança houver recebido "o chamado" de alguma das imagens, deve arrancá-la do livro e colocá-la à parte. Algumas crianças ficam hesitantes quanto à orientação de arrancar a página do livro, mas Guidi as incentiva: "Sim! Rasga, rasga!" Percebo nas crianças uma mistura de preocupação e prazer por ter a permissão de fazer algo normalmente proibido. Esse procedimento é repetido várias vezes. Muitas páginas são arrancadas e, aos poucos, a preocupação dá lugar ao contentamento.

No próximo passo, as imagens escolhidas devem ser aparadas pelas crianças para que somente o pedacinho de cada imagem que emita realmente o chamado seja colada no mundo que foi desenhado por elas.

No processo de colagem, Guidi e eu interferimos o mínimo possível. Algumas crianças menores (cerca de quatro e cinco anos) que, apesar de estarem fora da faixa etária do público alvo, foram acolhidas no laboratório, recebem ajuda das crianças maiores ao seu lado. Há uma atmosfera de cooperação entre as crianças.

Depois de colar as imagens, as crianças são convidadas a pintar o seu mundo de acordo com as cores que melhor representam o sentimento que cada uma tem em relação a ele. As crianças usam os dedos e as mãos para pintar com a tinta guache que fornecemos a elas.

As crianças, então, são orientadas por Guidi a destacar o seu desenho/colagem do papel coletivo, e apresentar para as outras como é o seu mundo, ou seja, o que há nele, como são as casas, as pessoas, os objetos etc. Todas as crianças apresentam para nós e para as outras crianças o mundo que criaram. Guidi as incentiva com perguntas sobre os detalhes das imagens escolhidas, sobre a colagem, os desenhos e a pintura. Após a rodada completa, Guidi encerra o trabalho dizendo para as crianças: "Vocês escolheram um mundo e o colocaram à parte, depois o rasgaram em pedacinhos para, com eles, inventar outro mundo. Vocês sabem como é o nome disso? É arte. Vocês fizeram arte. Peguem sua obra de arte e podem ir embora. *Ciao, bambini. Grazie!*"

Procedimentos de Criação

Apesar de breve, essa experiência foi escolhida para ser analisada porque traz algumas questões interessantes a serem discutidas, já que revela uma visão de arte muito particular que inspira e conduz os modos de criar de Chiara Guidi e da Socìetas Raffaello Sanzio.

A primeira ação de Guidi no laboratório, já anunciada no título, implica na destruição de um modelo cultural para a criação. A referência de mundo inicialmente apresentada às crianças é feita em pedaços, para tornar possível a invenção de um outro mundo, livre de modelos. O ato de rasgar o mapa e arrancar as páginas do livro pressupõe ainda a quebra com certos valores e convenções e propõe à criança um ambiente de liberdade não só em relação aos referenciais imagéticos, mas aos procedimentos de criação. Nos procedimentos adotados por Guidi nesse laboratório, podem ser apontados pelo menos três aspectos importantes, que dizem respeito não só a esse trabalho, mas a outras obras e práticas artísticas da companhia. São eles: a relação sensorial com os materiais, a predisposição para colocar-se em estado de escuta e a noção de montagem.

Nesse laboratório, como em outros trabalhos da companhia, há uma espécie de subversão dos materiais no que diz respeito ao seu potencial estético. Tanto em laboratórios como em espetáculos da Raffaello Sanzio, os materiais de criação e de cena não são apresentados ao espectador como a representação de algo ausente, mas como uma experiência física da sua materialidade específica. Esses materiais, porém, são sempre retirados do lugar comum, da sua função habitual de objeto, para ganhar *status* de dispositivo ou de personagem. A argila apresentada dentro de pratos em uma mesa cuidadosamente posta, e o peixe que desce do teto com uma mensagem em suas vísceras, na Scuola Sperimentale di Teatro Infantile, ou a casinha que pode ser comida, em *Hänsel e Gretel*, são exemplos de materiais apresentados às crianças como dispositivos para a experimentação sensorial e para a criação de sentidos.

A escolha dos materiais utilizados por Guidi em *Strappare um mondo e poi farne um altro*, como o carvão, a tinta e o livro, proporcionam estímulos sensoriais às crianças e a possibilidade de exploração do gesto. Em primeiro lugar, a manipulação do livro com os olhos fechados, associada à ação de arrancar e rasgar as imagens, desloca a criança da sua relação cotidiana com o livro como objeto material e simbólico. Os cuidados e regras de manuseio do livro são subvertidos. O livro é usado como material plástico de experimentação. Além disso, no lugar de fornecer tesouras ou imagens já destacadas, estimula-se a manipulação do papel e da imagem não mediada por um instrumento. A criança usa as próprias mãos para moldá-lo.

Em segundo lugar, os materiais fornecidos para desenhar e pintar, ou seja, a tinta guache e o carvão, funcionam como extensões do corpo. Além de estimular o gesto, tais materiais não deixam vestígios apenas no papel, mas no próprio corpo. Mãos, braços, pernas e roupas são coloridas ao mesmo tempo que o papel. A exploração do gesto é indispensável para a experimentação das diversas possibilidades desses materiais, pois implica diretamente nos resultados obtidos pelas crianças.

Ao apresentar o material como dispositivo, Guidi gera nos participantes a necessidade de colocar-se em estado de escuta, não só no sentido auditivo, mas em relação a todos os sentidos da percepção. Isso ocorre em *Quattro danze coloniali viste da vicino*, por exemplo, quando as crianças são convidadas a "ver" com as mãos. Em *Strappare un mondo e poi farne um altro*, o procedimento proposto por Guidi para lidar com os materiais, no caso, os livros, é o da "imagem que chama". As crianças são orientadas a não arrancar qualquer imagem do livro no momento do *stop*, mas exclusivamente "aquela que a chama". Ao participante do laboratório, portanto, é solicitado mais do que folhear o livro e arrancar suas páginas. É necessário colocar-se em modo de escuta para ouvir o chamado da imagem. Ao contrário do que ocorre em *Quattro danze*, em que as crianças veem com as mãos, nesse caso é necessário ouvir com os olhos.

Ao explicar as etapas dos processos criativos de seus espetáculos, Romeo Castellucci menciona os seus cadernos de direção[18]. O diretor, quando perguntado sobre as imagens fortes apresentadas em seus espetáculos, recusa a posição de criador de imagens, mas autodefine-se como um coletor de imagens. O trabalho com os cadernos de direção, que se inicia muito antes dos ensaios, portanto, é a primeira forma de seleção das imagens. Nesse processo, segundo ele, é necessário colocar-se em modo de escuta:

Para mim o termo "imagem" não é figurativo. [...] Também o som, mesmo a palavra, podem ser "imagens". Por imagem não quero significar alguma coisa ligada ao aparato visual. Talvez seja uma ideia, uma ideia que vive através de uma forma. Talvez devêssemos falar de "formas". [...] Uma forma ou uma imagem, é necessário esperá-la. Não se

---

18 Cf. E. Pitozzi, À Beira das Imagens, *Revista Cena*, v. 8, p. 131-152.

pode criar uma imagem. Não existe. Não sou um criador de imagens. Eu espero que as imagens se revelem. Espero a passagem das imagens. É preciso esperar. Permanecer em escuta.[19]

Após o processo de coleta, com o caderno já cheio, há um segundo momento em que, ao rever e reler as imagens, é necessário reconhecer aquelas que emergem, que se destacam do fundo, num processo absolutamente intuitivo: "é verdade que o que as faz emergir – a força que as faz destacar do fundo – é algo completamente invisível e intangível"[20].

Esse procedimento é similar ao proposto por Guidi às crianças: colocar-se em estado de escuta para identificar o chamado das imagens, identificar aquelas que se destacam do fundo, para colocá-las à parte.

No laboratório, após o momento de escolha das imagens, as crianças foram orientadas a colá-las no seu "mundo", desenhado anteriormente. A disposição dos pedacinhos de imagens no papel gerou novos significados, diferentes daquelas gerados pelas imagens originais.

Da mesma forma, depois de identificar as imagens que se destacam do caderno de direção, Romeo Castellucci, trabalha com as imagens a partir de uma noção de montagem:

A imagem, na realidade, desaparece: não se trata nunca de um objeto a ser mostrado, dissolvendo-se em uma trajetória invisível na qual acabo de mencionar. Talvez seja algo que se possa definir entre duas imagens. Em uma montagem, há sempre pelo menos duas, a imagem e a seguinte; a terceira é aquela que falta, que invoca a presença do espectador. Por essa razão, o espectador é a chave para cada trabalho.[21]

A concepção de montagem de Castellucci é muito similar àquela consolidada por Sergei Eisenstein (1898-1948) no início do século XX. O espectador, para Eisenstein, tem um papel essencial na criação dos sentidos, pois a "imagem desejada *não é fixa ou já pronta, mas surge – nasce*. A imagem concebida por um autor, diretor e ator é concretizada por eles através dos

---

19 J.F. Chevallier; M. Mével, La curvatura dello sguardo, em A. Audino (org.), *Corpi e visioni*.Disponível em: <mattmevel.ek.la>.
20 R. Castellucci apud E. Pitozzi, op. cit., p. 133.
21 Idem, p. 135.

elementos de representação independentes, e é reunida – de novo e finalmente – na percepção do espectador. Este é, na realidade, o objetivo final do esforço criativo de qualquer artista"[22].

A montagem, para o diretor russo, é a arte de dar significado através de dois planos separados, de modo que essa justaposição dê origem a uma ideia, ou a uma terceira imagem, que não exista separadamente nos dois planos.

A obra de arte, entendida dinamicamente, é somente este processo de organizar imagens no sentimento e na mente do espectador. É isto que constitui a peculiaridade de uma obra de arte realmente vital e a distingue da inanimada, na qual o espectador recebe o resultado consumado de um determinado processo de criação, em vez de ser absorvido no processo à medida que este se verifica. [...] Deste modo, a imagem de uma cena, de uma sequência, de uma criação completa, existe não como algo fixo e já pronto. Precisa surgir, revelar-se diante dos sentidos do espectador.[23]

No material de divulgação do laboratório proposto por Guidi, a ideia de justaposição e reorganização de imagens e geração de novos sentidos aparece de forma clara:

Tocar uma palavra ou uma figura com as mãos e arrancá-la para colocá-la à parte e depois uni-la a uma outra que será, por sua vez, escolhida, tocada e arrancada. Reduzir tudo em pedacinhos para refazer a ordem, para recomeçar do zero e descobrir que, no ponto de contato, nasce uma outra figura que de fato não existe, mas que mesmo assim está ali, no meu pensamento. E, portanto: 1. Reciclar as imagens em um novo contexto que transforme o seu significado. 2. Criar um vazio e recomeçar do zero reduzindo ao mínimo elemento visual e linguagem para encontrar um mundo depois do fim do mundo. 3. Compor uma nova ordem e desordem. 4. Descobrir no fragmento, em que não há início nem fim, a possibilidade de um conto fantástico.[24]

"LA BAMBINA DEI FIAMMIFERI"

O espetáculo infantil *La bambina dei fiammiferi* (A Pequena Vendedora de Fósforos), inspirado no conto homônimo de Hans

---

22 Palavra e Imagem, *O Sentido do Filme*, p. 28. (Grifo do autor.)
23 Idem, p. 22.
24 C. Guidi, Puerilia: Material de Divulgação, *UnDo.Net*. Disponível em: <http://www.undo.net/>

Christian Andersen, é dirigido por Chiara Guidi e tem como protagonista Lucia Trasforini, uma menina então com cerca de dez anos. Ele retoma, depois de alguns anos, a prática do protagonismo infantil da companhia, presente ao longo de sua trajetória em trabalhos adultos e infantis, como foi demonstrado no capítulo anterior.

La bambina dei fiammiferi teve sua estreia no Puerilia Festival (2012) e, depois de passar por uma reformulação em 2014, continua no repertório da companhia. A ambientação sonora da obra é realizada ao vivo pelo músico Fabrizio Ottaviucci.Como em *Quattro danze coloniali viste da vicino*, trabalho descrito anteriormente, também é dividido em duas partes que acontecem em ambientes diferentes. A primeira parte, que também é uma espécie de prólogo, ocorre no *hall* central do teatro, e a segunda, na sala de espetáculos.

O Espetáculo

Entro no Teatro Comandini cercada por algumas turmas de crianças que saíram das escolas de Cesena com suas professoras para ver o espetáculo. Na entrada, somos orientados a andar pelo corredor até o *hall* central do Comandini. No local encontramos, na penumbra, uma mulher com um vestido longo e um xale nas costas, que dorme sentada numa poltrona, com um livro no colo. O espaço é iluminado apenas por um abajur. Ao lado da poltrona, há uma mesa com várias coisas que despertam a curiosidade, como garrafas transparentes com líquidos de diversas cores, caixinhas, copos e outras miudezas. Ao entrarem na sala, as crianças são orientadas a sentar-se no tapete posicionado de frente para a mesa, os adultos sentam no chão ou ficam de pé.

Carmen Castellucci entra na sala com um sapato dourado nas mãos, dirigindo-se às crianças: "Alguém sabe de quem é este sapato?" Sussurrando, ela conta que o objeto foi achado perto dali. As crianças da plateia negam conhecer o sapato. Ela resolve então acordar a mulher que dorme na poltrona. A mulher desperta vagarosamente de seu sono e Carmen lhe pergunta sobre o sapato, mas ela também não o reconhece. Conversando, as duas chegam à conclusão de que certamente trata-se do sapato de uma menina. A mulher conta às crianças que está grávida e espera uma menina.

A grávida fica curiosa em relação ao sapato e começa a investigá-lo, analisando por todos os ângulos, apalpando e, enfim, encontra algo. Sob os olhares atentos das crianças, ela retira um papel de dentro do sapato. O papel, que está dobrado em várias partes, é aberto rapidamente. Ela percebe que há algo escrito e lê em voz alta: "Coloque-me na água." As crianças ficam surpresas e curiosas com o conteúdo da mensagem. A mulher, então, acata o que diz o bilhete e coloca o papel numa garrafa d'água sobre a mesa. Assim que entra em contato com a água, o bilhete desaparece. Ela derrama um pouco da água num copo vazio. Não há nem vestígio do papel. Mas, alguns segundos depois, outro papel aparece magicamente no copo. Ela retira o bilhete da água e nele há outra mensagem. Assim, sucessivamente, bilhetes aparecem magicamente: num pão, numa caixinha preta etc. Um dos bilhetes faz a água mudar de cor. Na caixinha preta, um fio preto é encontrado junto com o bilhete. A mulher parte o fio em vários pedaços que, dentro do contexto do diálogo que ela mantém com as crianças naquele momento, são distribuídos como partes de sonhos despedaçados, não realizados. Ela nos diz que a sua menina a faz ter esperança na realização dos sonhos, enquanto recolhe os pedaços de linha e faz uma bolinha com eles. Depois, puxando pelas duas pontas, mostra que o fio está inteiro novamente. As crianças riem de satisfação e comentam umas com as outras animadas e atentas.

É comum em espetáculos da Socìetas Raffaello Sanzio, assim como a atriz que atua no prólogo desse espetáculo, que possui habilidade de realizar truques ilusionistas, pessoas serem contratadas por possuírem habilidades específicas. Nem sempre essas pessoas são atores ou atrizes profissionais, mas são selecionadas de acordo com os requisitos do papel, num processo que, como já foi visto, Castellucci denomina de "escolha objetiva", que justifica também a participação de pessoas com corpos singulares. Em *Genesi*, por exemplo, um contorcionista realizava uma performance dentro de uma minúscula caixa de vidro, e em *Inferno*, um homem escalava a parede do Palais des Papes (Avignon-França) sem a ajuda de equipamentos.

De volta ao *hall* do Comandini, o último bilhete é encontrado pela mulher grávida bem no fundo do sapato dourado. O bilhete indica que o sapato deve ser jogado através da porta. Junto com as crianças, a mulher decide obedecer ao bilhete. A porta é aberta e o sapato é jogado para dentro de uma sala. A mulher convida as crianças a entrarem na sala para descobrir o que há lá dentro.

A porta leva à sala de espetáculos do Teatro Comandini. Não é possível ver o palco, pois este está oculto por uma cortina branca. Todos se acomodam em seus lugares. A cortina se abre. A única iluminação da sala é produzida pelos raios de sol que entram pelas frestas das janelas do teatro, o que não permite ver os objetos de cena com muita nitidez. O cenário é composto por alguns objetos espalhados pelo chão: grandes sacos de tecido preto, um pedestal preto, uma mesinha preta, recipientes de metal cheios de areia com velas e espelhos. Em cima da mesinha, há um prato branco com uma colher, um castiçal de metal para seis velas e um espelho retangular. A paisagem sonora do espetáculo é produzida por Ottaviucci num piano de cauda localizado no canto esquerdo da cena. Quando os espectadores entram no espaço, o músico, que veste uma roupa escura, já está ao piano, de costas para a plateia.

Todos os objetos de cena são escuros e é difícil distingui-los em meio à penumbra, o que produz uma atmosfera sombria e misteriosa.

A aparição da menina na cena é inesperada, pois ela sai de debaixo do piano. Seu vestido vermelho contrasta com o cenário. Na primeira cena, bem devagar, ela acende algumas velas que estão no chão. Depois de acendê-las, ela coloca atrás delas um espelho sustentado por um suporte que o mantém na vertical. O espelho reflete a luz das velas e cria um efeito de duplicidade. Tal procedimento é repetido com as velas do castiçal. O espetáculo é iluminado apenas pela luz das velas e pelo seu reflexo nos espelhos. Essa iluminação mantém e reforça a atmosfera sombria do espetáculo.

Apesar de manterem diversos aspectos da fábula, as cenas não seguem uma lógica realista: as diversas situações não estão conectadas por uma narrativa linear. As lacunas entre as cenas geradas pela não linearidade seguem uma lógica própria do sonho.

As cenas giram em torno da condição da menina, que, enfrentando o frio e a fome, é obrigada a vender fósforos. Ela vive um conflito entre obedecer ao pai, que ameaçou lhe bater se ela não vendesse os fósforos, e a busca por apaziguar a sensação de fome e frio. Em meio à sua solidão, uma voz, que, parece estar em sua cabeça, conversa com ela e lhe dá conselhos. A voz em *off*, gravada por Guidi, é reproduzida sem efeitos de distorção. O registro vocal da voz é suave e gera uma sensação de conforto.

Numa das cenas, a menina tem alucinações e imagina estar diante de um banquete. Alegre, ela caminha na direção dele, mas fica muito decepcionada quando descobre que ele só existe na sua imaginação. Em outra cena, ela tenta vender fósforos, "*fiammiferi, fiammiferi*", mas logo desanima, vencida pela fome.

Na parte final do espetáculo, a "voz", diante do cansaço e desânimo da menina, finalmente a chama para outro mundo. A menina vai na direção de uma porta no fundo da cena. A porta é aberta por uma mulher (Guidi), a dona da voz. Atrás da porta, numa sala de mármore, há um asno amarrado por uma corda e um pedestal de mármore com um vaso de flores vermelhas. A mulher recebe a menina com um abraço. Elas fecham a porta. As cortinas se fecham.

A senhora grávida do prólogo volta e nos conta que uma menina foi encontrada morta de frio e de fome perto dali, e que ao seu lado havia somente um sapato dourado.

A Suspensão de Estereótipos Ligados à Infância

A criança vista como um não adulto, como um ser incompleto, frágil, ou seja, a partir de traços de negatividade, são características presentes no modelo de infância de vários e distintos campos, como a literatura, a televisão, o cinema, o teatro e mesmo a pedagogia. Como afirma Taís Ferreira, os discursos veiculados pelos artefatos culturais, que seguem uma visão adultocêntrica do mundo, trazem à tona "regimes de verdade instituídos e construídos pelos adultos de uma determinada época, naturalizando certas representações e suas consequências na materialidade cotidiana e corpórea dos indivíduos, sujeitando-os, isto é, transformando-os em sujeitos de um certo tipo"[25].

A relação da Socìetas Raffaello Sanzio com a infância, como já foi visto anteriormente, está associada a uma pesquisa ligada às origens do teatro, mais precisamente, à "infância do teatro", ou ainda, ao teatro pré-trágico. Essa pesquisa atravessa todo o trabalho realizado pela companhia ao longo dos seus mais de trinta anos de existência. A criança, na cena produzida pela companhia é, ela mesma, a materialização de um certo modo de conceber o teatro. A infância, entendida por Guidi e os irmãos Castellucci a partir do ponto de vista etimológico da palavra infante, como "aquele que está fora da linguagem", traz para cena, como comenta Castellucci sobre o bebê solitário em cena da *Tragedia endogonidia*, um ponto de fuga que coloca em xeque a representação.

A criança, nos espetáculos de Romeo Castellucci, como afirma a pesquisadora canadense Maude B. Lafrance,

será aquela através da qual o teatro entra em colapso e desaparece para dar lugar a uma exploração do material do real. Aquela que encarna a rejeição da ilusão teatral. Castellucci compara a presença de crianças àquela dos animais em cena: "De certa forma, há uma verdade no corpo de uma criança e no corpo de um animal que é como um buraco na representação." Comparação terrível, ele reconhece, mas, no entanto, reflete bem a ideia da presença de um ser sem compromisso nem artificialidade possível. Colocar uma criança em cena seria, portanto, trazer uma autenticidade que engaja o teatro em uma experiência do real[26].

A visão de infância veiculada através dos espetáculos da companhia suspende os estereótipos e as representações da infância comumente vistos na mídia (e mesmo no teatro e na literatura), já que, em geral, trazem à cena a criança não para simbolizar sua idade ou como representação de algo ausente, mas como pura aparição de si mesma, com toda a sua imprevisibilidade.

25 Teatro Para Crianças e Estereótipos da Infância, em M.V. Costa, *A Educação na Cultura da Mídia e do Consumo*, p. 209. Disponível em: <http://www.academia.edu/>.
26 Quand le réel entre en scène, *Jeu Revue du Théâtre*, n.142. Disponível em: <http://www.revuejeu.org/>.

Ao expor dessa forma a criança ao olhar adulto do espectador, Castellucci e Guidi impõem a este a função de dar sentido à presença do infante na cena, abrindo a possibilidade da geração de novos olhares em relação à criança. Quando, por exemplo, um espectador "sobe em sua cadeira para protestar ruidosamente" na apresentação do segundo ato de *Genesi*, no Hebbel Theater em Berlim[27], ele estaria vendo a participação das crianças sob qual perspectiva? A provocação imposta ao espectador que se vê diante de uma cena intitulada "Auschwitz" protagonizada por seis crianças que brincam inocentemente enquanto são "mortas numa câmera de gás", não pediria justamente uma resposta como a do espectador de Berlin? Ou ainda, será que a eventual não aceitação do que é apresentado em cena, a não aceitação desse modo de expor a criança, é resultado de um olhar mantenedor de estereótipos ligados à infância?

Apesar de provocar o espectador a construir novos sentidos em relação à presença da criança na cena, Castellucci traz em seus espetáculos uma visão pessimista do domínio e da influência do adulto sobre a criança. Na maioria das obras da Raffaello Sanzio, a criança aparece como uma espécie de "vítima sacrificial" do adulto, evidenciando a visão negativa do olhar e da ação do adulto em relação à criança, como nas cenas, já citadas no capítulo anterior, dos espetáculos *Genesi*, *Purgatorio* e nos episódios B.#03 e C.#11, da *Tragedia endogonidia*. Esses espetáculos mostram o sofrimento passivo da criança diante das violências, individuais e históricas, perpetradas pelos adultos.

Como aponta Lafrance, é importante perceber as diferenças na qualidade da presença da criança em alguns espetáculos da Raffaello Sanzio: por vezes ela é colocada em cena como ela mesma, como em *Genesi*, em *Inferno* ou no episódio BR#04, citado acima, de Bruxelas, em que um bebê é deixado sozinho em cena por quase dez minutos; em outras ocasiões, assume a função de ator ou de atriz, como em *La bambina* e em *Purgatorio*. Enquanto em *Inferno* as crianças pequenas brincam em um mundo à parte, dentro de uma caixa de vidro, alheias à presença dos espectadores, em *Purgatorio*, o menino Pier Paolo

---

27 M. Strommen, A Esthetics and Ethics in the Work of Socìetas Raffaello Sanzio, TRANS: *Internet Journal for Culture Studies*, n. 9, p. 2. Disponível em: <http://www.inst.at/>.

Crianças em Inferno. *Foto: Luca Del Pia.*

Zimmerman tem plena consciência do seu papel de ator na cena, ou seja, da criança que atua o papel da criança. Ainda assim, para Lafrance, a presença da criança não pode ser comparada à do ator comum, mas se equipara à presença de corpos incomuns dos não atores que sempre ocuparam a cena da Raffaello Sanzio. Para a autora, "a presença das crianças na cena poderia, na verdade, significar a recusa da mimese e da pretensão de seguir uma tradição"[28].

Em *La bambina dei fiammiferi*, é interessante perceber o caráter não mimético dos diversos planos do espetáculo, desde a atuação até a ambientação sonora e cênica. Nesse espetáculo, como no caso de *Purgatorio*, a criança que protagoniza a cena tem plena consciência de seu papel como atriz, mas, ainda assim, o espectador é impactado por sua presença em cena, gerando o efeito que, como já foi visto, Fischer-Lichte chama de *perceptive multistability*. Isso significa que, pelo fato de a *bambina* ser atuada por uma criança, o espectador é deslocado continuamente entre as emanações sensíveis do seu corpo fenomênico e a personagem que ela representa.

---

28 M.B. Lafrance, op. cit., p. 95.

A presença de Lucia Trasforini parece nos colocar diante de um faz-de-conta infantil, no qual a noção de espectador não existe. A partitura vocal e corporal da atriz preserva a naturalidade dos gestos e da voz sem ser realista. As especificidades da sua atuação, como a não impostação da voz, o posicionamento no palco muitas vezes de costas para a plateia e a atitude corporal e vocal orgânicas nos geram a impressão de que ela está imersa em seu próprio mundo ficcional, sem se preocupar com a plateia. Além disso, ela se mostra à vontade em cena, não há indícios de hesitação em relação ao texto e à sequência de suas ações.

A pequena atriz, e a personagem que ela representa, vivenciam os desafios reais e ficcionais impostos pela cena, provocando continuamente no espectador sensações e emoções diversas, ora em relação à personagem, ora em relação à atriz. Por um lado, a ambientação cênica, a iluminação, a dramaturgia e a atuação exploram tão profundamente a solidão da *bambina* que, por alguns momentos, levam à identificação com a personagem. Por outro lado, essa emoção não é gerada apenas pela construção fictícia da solidão na cena, mas pela solidão real de Lucia no palco na condição de atriz.

As primeiras sensações geradas pelo contato com o cenário e a iluminação causam certo estranhamento no espectador, pois, diferentemente do que se está acostumado a ver em espetáculos infantis, geralmente repletos de elementos coloridos, a ambientação cênica de *La Bambina* acentua os aspectos sombrios e obscuros da fábula. Ademais, o cenário não traz pistas sígnicas reconhecíveis ligadas à narrativa, nem é a representação mimética de algum lugar.

As percepções em relação ao espaço vão se transformando ao longo do espetáculo conforme as ações da menina, mas em nenhum momento remetem o espectador a um lugar que possa ser reconhecido dentro de uma lógica realista. No início do espetáculo, tem-se a impressão, assim como na fábula, de que a personagem está na rua, ao ar livre. Porém, em alguns momentos, a rua se transforma no interior da menina, num lugar em que seus sonhos e devaneios são compartilhados com o espectador.

Assim como a ambientação cênica, a paisagem sonora do espetáculo, criada ao vivo por Fabrizio Ottaviucci, não é descritiva em relação à cena. A música atonal produzida ao piano não cria um efeito emotivo, mas aparece como mais um elemento de estranhamento junto ao cenário, aos objetos de cena e à iluminação.

O piano de cauda é colocado em cena sem a tampa e, em vários momentos, Ottaviucci toca o instrumento diretamente nas cordas. O músico utiliza a técnica, criada por John Cage em 1940, denominada "piano preparado", que consiste na inserção de objetos dentro do instrumento, por entre as cordas ou até mesmo nos martelos e abafadores, com o objetivo de produzir efeitos sonoros. Assim como no trabalho de Cage, na ambientação sonora produzida por Ottaviucci o ruído é incorporado à música. Porém, não só alguns dos sons produzidos ao piano nos chegam aos ouvidos como ruídos. Durante todo o espetáculo, outro elemento sonoro incomum compõe a paisagem sonora da cena. O autor do ruído, o asno, só nos é revelado na última cena. O som é provocado pelo seu deslocamento constante em uma superfície de madeira.

A trilha sonora composta por Ottaviucci, o som do asno, assim como os demais sons gerados pela cena, inclusive a voz e a manipulação de objetos, resultam no que Guidi qualifica como "dramaturgia sonora" do espetáculo, noção que será abordada a seguir no subcapítulo sobre a montagem de *Macbeth*. O resultado da sobreposição de efeitos sonoros geradores de estranhamento é uma paisagem sonora que reforça a sensação de não lugar gerada pelos outros elementos da cena.

A presença de animais é recorrente nos trabalhos da Raffaello Sanzio: macacos, gatos, cachorros, bodes, bois, cobras, cavalos, são alguns deles. Em *La bambina*, como foi dito, é possível escutar os ruídos produzidos pelo asno desde o início do espetáculo, apesar de não ser possível identificar a origem do som. A introdução de animais em espetáculos da companhia, assim como a presença de crianças, traz um fator de imprevisibilidade. A presença do animal constitui uma ameaça para a representação "por seus atos serem incontroláveis e pela impossibilidade de sua transformação em outro"[29].

Em diversas ocasiões, Romeo Castellucci afirmou que o animal deve ser o "guia" do ator. O ator deveria, segundo ele,

29 J. Sánchez, *Prácticas de lo Real en la Escena Contemporánea*, p. 142.

desaprender todas as linguagens teatrais e aprender com os animais a corporalidade prévia à palavra, descobrir as linguagens existentes em seu corpo, para expor-se sem reservas ao olhar do espectador.

A aparição do asno na cena final de *La bambina*, ao invés de nos trazer alguma chave de leitura, reforça a sensação de estranhamento produzida pela iluminação, pela atuação e pela paisagem sonora. Quando a porta se abre, nos deparamos com um mundo desconhecido. A visão que se apresenta diante do espectador, um asno numa sala de mármore, não permite uma leitura que se remeta a algo conhecido. O asno complica a produção de associações e sentidos, pois além do estranhamento que sua presença causa na narrativa, o animal não representa uma personagem, ele não é nada além dele mesmo.

Em *La bambina dei fiammiferi*, assim como ocorre em outros espetáculos de Guidi e da Socìetas Raffaello Sanzio, a iluminação, a paisagem sonora e os objetos de cena reforçam os aspectos profundos e obscuros da fábula, ou seja, as questões ligadas ao abandono e à morte. O roteiro e a interpretação da menina deixam lacunas para que o espectador vivencie a fábula de modo a preencher esses vazios e construir os sentidos.

A resolução apresentada no conto original de Andersen para a solidão da menina, que é arrebatadora, é a sua morte. É através da morte que ela se liberta e finalmente deixa de estar só. No espetáculo, porém, a morte não é associada à ideia de paraíso, ou a qualquer outra referência conhecida por nós, pois ao morrer ela é recebida na sala de mármore com o asno. A cena que se apresenta diante do espectador não satisfaz sua curiosidade em relação ao pós-morte, como uma resposta pronta, mas o estimula a imaginar. Essa cena toca a questão da impossibilidade da representação, pois o que existe depois da morte é irrepresentável. Como colocar em cena o irrepresentável?

Castellucci reflete sobre a questão nas montagens de *Genesi* e da trilogia *Inferno*, *Purgatorio* e *Paradiso*: "há algo que valha mais a pena lutar sobre a cena, do que a ideia de moldar o irrepresentável? Existe um problema mais bonito e poderoso do que aquele que se encaixa na paralaxe do irrepresentável? Para mim, não"[30].

30   R. Castellucci apud E. Pitozzi, op. cit., p. 145.

Os Estímulos à Percepção e a Geração de Experiência

Em todos os espetáculos infantis descritos aqui, houve a criação de uma introdução, ou prólogo, em que foi solicitada a participação interativa das crianças na cena. Esses prólogos, além de terem uma estrutura similar, cumprem funções muito semelhantes nos espetáculos, que é a de preparar a criança para a fruição tátil, sensível e perceptiva da obra. Busca-se assim proporcionar às crianças uma relação com a obra não pautada somente na busca de códigos conhecidos, mas na construção de um caminho próprio de elaboração de sentidos de acordo com a experiência individual de cada um. Ao ir por esse caminho, Guidi traz ao processo o fator da indeterminação, já que não há uma mensagem a ser lida ou descoberta, mas um caminho pessoal e desconhecido a ser percorrido e que não se dá exclusivamente por vias racionais e lógicas.

No caso de *Quattro danze coloniali viste da vicino*, os dois aspectos abordados no prólogo, a aposta (o jogo) e as outras formas de "ver" tinham conexão com a obra de referência *A Volta ao Mundo em Oitenta Dias*, e com o espetáculo de dança contemporânea da companhia MK. Os dois elementos foram trazidos no início do espetáculo como dispositivos com o objetivo de abrir novos canais de percepção e criar um percurso em que as crianças eram levadas da lógica da informação à lógica da prática.

Em *Il nome dei gatti*, a cena inicial em que as crianças caminham entre os atores traz pelo menos duas questões importantes. A primeira é o caráter de processualidade e de pesquisa: as explorações vocais realizadas pelos atores desmascaram os procedimentos laboratoriais desenvolvidos no seminário com os atores/professores, e fazem conexão com o espetáculo, já que os resultados dessas pesquisas vocais são apresentados em seguida com a execução da paisagem sonora ao vivo para a contação da história. A segunda questão é a escuta, pois a caminhada das crianças entre os corpos sonoros, no escuro, coloca seus corpos em um estado de atenção necessário para a fruição da performance, que apresenta uma proposta mais musical do que visual.

Já em *La bambina dei fiammiferi*, através da sequência de truques ilusionistas apresentados no prólogo, Guidi aborda uma das questões fundamentais da arte teatral: a ilusão. A ilusão, "o engano dos sentidos que faz tomar a aparência pela realidade", é a chave para se lidar com os conteúdos que se apresentam no espetáculo. Enquanto no prólogo de *Quattro danze* Guidi buscava quebrar a ilusão teatral, em *La bambina* o foco está na distorção da percepção. Da mesma forma que ocorre com o espectador no prólogo, que é enganado pelos próprios sentidos através dos truques ilusionistas apresentados pela personagem "mulher grávida", durante o espetáculo, o frio, a fome e a solidão da menina provocam distorções na sua percepção; ela é enganada por seus sentidos e passa a ouvir e ver coisas que não são reais. Ela cria um mundo à parte que a ajuda a enfrentar a dureza da sua realidade. No caso do banquete, a descoberta da ilusão causa ainda mais angústia e a coloca em confronto direto com a sua condição. Já a voz funciona como apaziguadora dos desejos que a conforta no processo de abandono definitivo da realidade, conduzindo-a a um novo mundo.

Em uma das cenas do espetáculo, a voz que a menina ouve lhe pede que acenda mais um fósforo. Sem nada na mão, a menina reproduz o gesto de acender o fósforo e o som produzido pela fricção do fósforo na caixa: *screeetch, screeetch, screeetch*. A ausência do objeto real abre espaço para questionar e ressignificar a ação que já havia sido realizada antes. A questão da distorção da percepção e da quebra da ilusão é mais uma vez trazida à tona. Na ficção, a ausência do fósforo pode tanto reforçar a condição de delírio da menina quanto a sua total lucidez em relação à sua situação, sendo o gesto um mecanismo que ela inventa para escapar da realidade.

Apesar de ser comemorada pelas crianças, a realização dos truques está inserida na lógica da personagem e não tem, portanto, o objetivo de entretenimento ou de exaltação de habilidades, mas sim de funcionar como um gatilho gerador das tensões necessárias para vivenciar o que será apresentado ao espectador em seguida. Os truques criam uma aura de mistério, abrindo portas para o desconhecido, assim como, literalmente, ocorre na cena final do espetáculo.

Em seus pré-atos, Guidi, de certa forma, atualiza a noção de prólogo da tragédia grega. Guidi cria uma relação direta com o espectador e o prepara para o espetáculo. Assim como ocorre em vários espetáculos da Socìetas Raffaello Sanzio, *La bambina dei fiammiferi* é fechado em si mesmo, ou seja, cria um mundo à parte do espectador, que o põe numa condição de *voyeur*. Os prólogos funcionam, portanto, como uma porta de entrada ao espectador. Porém, enquanto na tragédia o contato direto com os espectadores se dava através de uma narração em verso, ou seja, fornecia informações acerca do que seria visto, Guidi não fornece informações, mas propicia experiências que vinculam a criança ao universo ficcional do espetáculo.

"MACBETH"

O processo de criação de *Macbeth* ocorreu por ocasião da residência artística de um grupo de estudantes/atores[31] da École du Théâtre National de Bretagne (Rennes-França) no Teatro Comandini, sob a orientação de Chiara Guidi, durante o mês de abril de 2012. O curso de formação de atores do Théâtre National de Bretagne tem a duração de três anos, e as residências artísticas fazem parte da proposta curricular do curso que regularmente oferece uma vivência artístico-pedagógica no exterior aos alunos do último ano. Além disso, a residência artística integrou a proposta do Prospero, projeto plurianual (2008-2012) de cooperação cultural entre instituições de seis países europeus[32].

O processo conduzido por Guidi teve como foco o trabalho do ator, mais especificamente o trabalho sobre o ritmo e a voz. O processo de criação do espetáculo teve a duração de um mês. Durante esse período, os atores trabalharam todos os dias, inclusive nos fins de semana, por cerca de seis a oito horas. A montagem teve duas apresentações públicas no Teatro Comandini, nos dias 24 e 25 de abril.

---

31 Sarah Amrous, Nathan Bernart, Romain Brosseau, Duncan Evennou, Ambre Kahan, Marina Keltchewsky, Yann Lefeivre, Ophelie Maxo, Anaïs Muller, Thomas Pasquelin, François-Xavier Phan, Karine Pivetou, Mihwa Pyo, Tristan Rothhut, Marie Thomas.

32 Coordenador do projeto: Théâtre National de Bretagne/Rennes. Coorganizadores: Théâtre de la Place/Liége, Emilia Romagna Teatro Fondazione/Módena, Schaubühne am Lehniner Platz/Berlim, Fundação Centro Cultural de Belém/Lisboa, Tutkivan Teatterityön Keskus/Tampere (Finlândia). Disponível em: < http://www.t-n-b.fr/fr/prospero/projet/index.php>.

O Processo de Criação

Aquecimento

Os ensaios eram iniciados todas as manhãs com a escuta da mesma música, "Honshirabe", do álbum *Shakuhachi* do artista japonês Kohachiro Miyata. A música é produzida com um único instrumento de sopro, o *shakuhachi* (que dá título ao álbum), que é similar a uma flauta. A escuta atenta da música tinha o objetivo de operar como um dispositivo sensorial para os atores e era metaforicamente comparada por Guidi a um "buraco que deveria ser escavado" no início de cada dia de trabalho criativo. Através da escuta, o ator deveria procurar a cada dia "escavar" sempre no mesmo lugar, mas em níveis mais profundos. O som da flauta tinha, portanto, um propósito coletivo, colocar o grupo na mesma sintonia, e um propósito individual, estimular os atores a aprofundarem suas percepções pessoais do trabalho.

Depois de ouvir a flauta, os atores faziam desenhos e anotações das suas percepções relativas ao ensaio do dia anterior. Esses registros funcionavam como um diário pessoal de seus processos criativos.

Os atores, então, escolhiam um lugar na sala (em pé, sentados ou deitados) para iniciar o aquecimento vocal. A partir da própria respiração, cada ator explorava um som melódico, para, em seguida, colocar seu som em contato com os sons criados pelos outros atores. Durante a improvisação vocal coletiva, todos se dirigiam para o centro da sala formando um círculo. A melodia criada em coletivo lentamente se convertia em uma improvisação rítmica produzida não só com a voz, mas também com sons realizados por pés e mãos.

As improvisações vocais duravam de dez a quinze minutos e produziam, ao longo dos dias, resultados sonoros muito diversos no que diz respeito à duração e à intensidade dos aspectos rítmicos e melódicos.

Após o momento de aquecimento da voz, Guidi iniciava o trabalho sobre *Macbeth*, com exercícios experimentais de criação ou ensaio das cenas. No primeiro dia em que acompanhei os ensaios[33],

---

33 Em meu primeiro contato com a companhia, Guidi me convidou para acompanhar o processo que, naquele momento, estava no final da segunda semana ▶

Guidi propôs aos atores um exercício que deveria ser trabalhado individualmente e depois apresentado ao grupo. O exercício consistia em encontrar o próprio ritmo corporal e colocá-lo em relação ao ritmo da personagem. Como veremos adiante, para Guidi, a pesquisa sobre o ritmo não é apenas um exercício, mas uma visão do que é fazer teatro, que implica em entrar em contato com os elementos que compõem a cena através de uma percepção rítmica do mundo.

Ao explicar o exercício, Guidi propôs aos atores uma abordagem de um trecho de *Macbeth* a partir do ritmo. A proposta baseava-se em pesquisar o tipo de ritmo corporal e vocal que surgiria a partir do contato pessoal e singular de cada ator com o texto. A partir da exploração dos ritmos, cada ator deveria tentar encontrar no texto algo mais próximo de si mesmo, mais pessoal, para, então, desenvolver uma dramaturgia sonora, um "espectro rítmico", um "desenho do colorido rítmico da personagem". A composição da personagem, portanto, deveria ser pensada e experimentada pelos atores a partir da estabilização de uma paisagem sonora rítmica, e não de uma interpretação psicológica, a fim de desenvolver uma coerência rítmica para a personagem, e, assim, suspender o problema da interpretação do texto a partir da cultura.

O trecho escolhido por Guidi como estímulo foi um pequeno diálogo entre as personagens Macbeth e Lady Macbeth. Portanto, nesse caso, os atores deveriam criar uma partitura corporal e vocal a partir da pesquisa do seu próprio ritmo pessoal e do ritmo das duas personagens, levando em conta, ainda, a relação entre o masculino e o feminino. Conforme Guidi, a instabilidade e a variação rítmica deveriam ser exploradas pelos atores sempre dentro de uma paisagem sonora precisa.

Os atores tiveram cerca de uma hora para explorar individualmente as questões propostas, para, em seguida, realizar demonstrações individuais. Elas foram comentadas por Guidi e, em alguns casos, restruturadas de acordo com suas sugestões. Para alguns atores, a diretora sugeriu a experimentação de diferentes técnicas vocais ou corporais. A uma atriz que estava com dificuldade de executar a sua partitura, por exemplo,

▷ de trabalho. A partir de então, acompanhei todos os ensaios das duas semanas finais do processo.

Guidi explicou a diferença entre uma ideia e a técnica usada para colocar em prática esta ideia: "Uma técnica pode ser boa para alcançar um certo objetivo que se quer alcançar, mas não é boa em si. No processo de criação de uma cena, em muitos casos não é necessário abandonar a ideia, e sim a técnica, que pode ser substituída por outra mais eficaz."[34]

Ainda no mesmo exercício, outra questão trabalhada com os atores, dentro da lógica do ritmo, foram as passagens entre as ações. Ela orientou os atores a buscar em suas partituras a coerência de uma peça musical, pesquisar o dinamismo da voz e encontrar as variações rítmicas dos gestos. A instabilidade e a variação rítmica, como já foi dito, deveriam ser exploradas pelos atores sempre dentro de uma paisagem sonora precisa. Haveria que se buscar a mobilidade dentro da imobilidade.

Nos ensaios, Guidi insistia na ideia de que as partituras sonoras devem nascer de uma imagem. Como alternativa ao trabalho vocal baseado no significado das palavras ou na psicologia da personagem, a diretora usou algumas imagens como referencial imagético para a criação das partituras vocais dos atores. O trabalho com as imagens foi utilizado como procedimento de criação em várias etapas do processo (nos laboratórios de composição, nos exercícios de preparação e nos ensaios) para incentivar o ator a explorar a materialidade da voz e as formas de atingir o espectador, não só através do significado das palavras, mas perceptivamente, sensorialmente.

Para trabalhar tempos longos, Guidi usou como exemplo a imagem da fabricação da teia pela aranha. O fio que vai sendo tecido sem ruptura, de forma contínua e ritmada, tem relação com a criação de um ritmo específico para a fala.

No processo de criação da partitura vocal de Lady Macbeth, num exercício que Guidi classificou como uma pesquisa individual de atuação, a questão a ser trabalhada era a vibração da voz, e não a interpretação. As imagens propostas por ela foram uma gaveta de ferro abrindo e fechando, e golpes de faca. O desafio pessoal proposto aos atores nesses exercícios tinha relação com a criação de uma paisagem interior e com a pesquisa do ritmo e da vibração dessa paisagem.

---

34 Orientação obtida no ensaio de *Macbeth* no Teatro Comandini, em Cesena, em abril de 2012.

A pesquisa e a criação dos ritmos de cena e das personagens, para Guidi, devem ter relação com a escuta dos sons das coisas naturais, como os animais, a chuva, a voz humana, o vento. Pelo menos duas cenas foram criadas partindo desse princípio, como será visto a seguir.

Inspirada no trecho do texto original em que Lady Macbeth lê a carta enviada por Macbeth, Guidi criou uma cena em que os atores, sentados em cadeiras, de lado para o público, em total *blackout*, teriam numa das mãos um pedaço de papel, e na outra, um isqueiro. Alternadamente, leriam trechos da carta sob a luz gerada pelo fogo de seus isqueiros. Porém, nem bem começavam a ler, deveriam ser interrompidos pelos outros atores com pedidos de silêncio. Como os atores estavam com certa dificuldade ao ensaiar essa cena, Guidi usou como referência o som produzido pelos primeiros pingos de chuva para criar o ritmo de leitura dos textos, ou seja, um ritmo não linear, não previsível. A cena foi repetida várias vezes para que o resultado sonoro desejado fosse alcançado.

Na criação da cena inspirada no trecho em que as bruxas revelam a Macbeth que ele será rei, Guidi usou como referência imagética o som do coaxar de uma rã. Na cena, em meio à paisagem sonora produzida pelos atores, que era composta pela reprodução de sons de pássaros noturnos (ensinada aos atores por um ornitólogo), um ator deveria se levantar e repetir, sem parar, a palavra *roi* (rei, em francês). O som, que imediatamente adquire duplo sentido, só seria interrompido na última cena do espetáculo quando era anunciada a morte do rei. Dessa forma, a tensão provocada pela inesperada revelação profética é mantida através da repetição incessante do *roi*, pois isso aparece como um eco ameaçador do que foi ouvido e já não pode ser apagado da memória e, assim como a profecia, parece conduzir as ações das personagens. Essa percepção, por outro lado, depois de um certo tempo vai se dissolvendo, pois a repetição anula o significado da palavra *roi*, e o som nos chega apenas como um coaxar que, junto com os sons dos pássaros noturnos, compõe a atmosfera sombria do espetáculo.

Elementos do Espetáculo

Guidi busca ampliar a composição dramatúrgica do espetáculo, criando uma outra camada sígnica que vai além do significado das palavras. Através do trabalho sobre a musicalidade da voz, a diretora tem como objetivo converter o significado das palavras em percepção musical: a música da dor, a música da alegria, a música da paixão etc. A relação dos atores com os objetos, os sons e os outros corpos criam uma sinfonia emotiva para o espetáculo. A criação de um plano emotivo através da voz é a prioridade de Guidi no processo de criação de *Macbeth*, como repetiu diversas vezes nos ensaios: "é mais importante que o público esteja imerso nesta sinfonia emotiva do que escute e entenda o significado das palavras"[35].

Por isso, junto com os artistas Giuseppi Ielasi e Fabrizio Ottaviucci, Guidi cria para *Macbeth* uma paisagem sonora composta por vozes simultâneas, sussurros, inserções de sons gravados, textos em *off*, entre outros recursos que dificultam o entendimento do texto, mas que produzem uma atmosfera complexa e repleta de significados e sentidos.

A adaptação de Guidi do primeiro ato de *Macbeth* preserva, de certa forma, a sequência temporal dos acontecimentos da narrativa original, mas desconstrói os diálogos, as cenas e as personagens, retira-os do contexto em que aparecem no texto de Shakespeare e os apresenta de forma não dialógica e fragmentada. Sob essas características, a adaptação se concentra na ambição e perturbação de Macbeth e de Lady Macbeth diante do anúncio profético das três bruxas.

O texto foi adaptado de acordo com a ideia de criar uma obra musical. Criado por Guidi, além de possuir uma estrutura fragmentada e não dialógica, o texto não traz a divisão das personagens nem a sequência da trama, e não propõe entradas e saídas de cena. A fragmentação da trama é reforçada, ainda, por alguns elementos da rubrica incorporados ao texto como, por exemplo, "eles saem" e "enquanto isso, silêncio"; ou comentários irônicos sobre a condição do ator ou sobre a cena, como "pobre ator, as mesmas músicas e as mesmas palavras" e "este é um espetáculo piedoso".

A estrutura dialógica presente no texto é dissolvida em uma estrutura de monólogo e de coro. As múltiplas vozes apresentam-se como polifonia, e não como diálogo. Em alguns

---

35 Orientação obtida no ensaio de *Macbeth* no Teatro Comandini, em Cesena (Itália), em abril de 2012.

momentos, as vozes individuais se somam para construir um coro, em outros, aparece literalmente o aspecto formal do coro, em que todos repetem simultaneamente o mesmo texto.

A estrutura do coro aparece também no que diz respeito ao movimento, ao gesto e às ações. Em grande parte do espetáculo, uma partitura de ações muito precisa é realizada simultaneamente por todos. Somente em certos momentos alguns atores se separam do coro, como na cena em que o ator repete a palavra *roi*, ou no momento em que um ator diz um texto no microfone, ou ainda, na cena em que os atores se dividem em dois grupos. Porém, em nenhum desses casos há um protagonismo. Nos momentos citados, o ator não se sobressai ao grupo, mas continua a compor o coletivo.

A mesma estrutura dramatúrgica utilizada nesse processo já havia sido experimentada por Guidi com um grupo de adolescentes. Desse modo, vários elementos foram trazidos dessa primeira experiência, como a ideia da concepção do espetáculo como uma obra musical. Durante os ensaios, Guidi mostrou o trecho de uma gravação de áudio do *Macbeth* criado com os adolescentes e foi possível identificar também a ideia da palavra "rei" com sonoridade de rã.

O texto, porém, adaptado do original por Guidi, não foi trazido da experiência anterior, mas foi sendo criado durante o processo e sofreu alterações de acordo com as mudanças realizadas nas cenas durante os ensaios. O texto final criado entregue aos atores continha não só as falas, mas diversas rubricas indicativas de ações, gestos, entonações e deslocamentos no espaço, elementos que também compunham a dramaturgia sonora do espetáculo.

Patrice Pavis, ao abordar a questão do texto na cena contemporânea, identifica o surgimento de uma nova figura: o *writer from the stage*, uma identidade híbrida que agrega o papel de diretor e criador do texto/encenação. O *writer from the stage* é aquele que (re)escreve o texto à luz das projeções do palco[36].

No processo de *Macbeth*, Guidi assumiu o papel de *writer from the stage*. Ao ser transformado em partitura musical, o texto de Shakespeare foi despedaçado, para, então, agregar

---

36 Posdramatic Theatre. Material didático fornecido no Colóquio Internacional Pensar a Cena Contemporânea.

cada som e cada gesto, como parte da composição musical/ rítmica de Guidi. Já que a partitura é criada minuciosamente pela diretora, o ator é nesse processo um executor/intérprete dessa partitura. As falas do texto, por exemplo, foram distribuídas aos atores não a partir da lógica das personagens, ou da trama da história, mas conforme o resultado musical que se pretendia atingir. Um texto era destinado a um ator de acordo com o timbre de sua voz, que deveria ser o mais adequado para a criação da atmosfera daquele momento específico da cena.

Espaço

O espaço cênico de *Macbeth* é composto inicialmente por um círculo de quinze cadeiras (uma para cada ator), papéis brancos espalhados pelo chão do lado de dentro do círculo, um pedestal com microfone no canto direito da cena (posicionado de frente para a lateral do palco, ficando de lado para o público) e, ainda, um círculo branco de metal com quinze centímetros de diâmetro (pendurado do alto no meio da cena a cerca de um metro e oitenta centímetros do chão). Os limites do espaço cênico são definidos por um quadrado desenhado no chão com fita adesiva branca.

A configuração do espaço é transformada, durante o espetáculo, de acordo com as mudanças na disposição das cadeiras. Em alguns momentos, estas são quase extensões dos corpos dos atores.

Para Guidi, a relação com os objetos de cena é extremamente importante já que, em seus espetáculos, estes ganham o *status* de personagens ou instrumentos musicais. Em diversos espetáculos da Socìetas Raffaello Sanzio, objetos e máquinas possuem o mesmo *status* dos outros elementos de cena, inclusive dos atores, como é caso de *Giulio Cesare*, *Orestea* e alguns episódios da *Tragedia endogonidia*. Nas cenas de *Macbeth*, os objetos da cena (cadeiras, papéis e o círculo de metal) assumem a função de instrumentos musicais.

Os objetos de cena, junto à voz, são recursos essenciais na produção da paisagem sonora de *Macbeth*. Todos os sons e ruídos produzidos pelo ator a partir da manipulação ou ação sobre os objetos, como, por exemplo, o som produzido

Espaço de ensaio de Macbeth. *Foto: Melissa Ferreira.*

pelo ato de levantar a cadeira ou de colocá-la no chão, eram trabalhados em sua intensidade, volume e duração, de forma a compor com precisão a partitura sonora do espetáculo. Os ruídos, as vozes, os sons produzidos pelos objetos e com os objetos, assim como as vozes amplificadas, vozes em *off*, sons gravados e a trilha sonora devem, conforme Guidi, gerar uma harmonia musical no interior de uma mesma paisagem sonora, que é criada a partir da composição precisa de todos esses elementos.

O trabalho do ator com o texto é também considerado um problema de natureza musical. Não há preocupação com a interpretação ou com a dicção, e sim com a musicalidade da voz. Consequentemente, não há a necessidade de que o público entenda o sentido de todas as palavras ditas pelos atores, mas que seja tocado pela atmosfera criada pela musicalidade da sua voz. Quando os atores usavam o recurso da impostação da voz nos ensaios, por exemplo, eram criticados por Guidi por estarem desconectados da musicalidade do espetáculo. Os textos voltavam a ser trabalhados do ponto de vista dos aspectos rítmicos e musicais, e também com o objetivo de evitar uma voz aguda, baseada nos ressonadores altos. Esses trabalhos tinham como objetivo explorar a "profundidade da voz", em busca de uma voz "baixa", "obscura". Os corpos e os objetos devem ser penetrados pela voz, portanto, o trabalho vocal deve agir no sentido de conscientizar o ator a não projetar sua voz para o exterior, mas criar vetores ao interior dos objetos e do seu próprio corpo, ou seja, os sons criados pelo ator precisam afetar e transformar a ele mesmo.

Treinamento Vocal e Rítmico

O processo de criação de *Macbeth* contou com a colaboração de outros artistas que interferiram direta e indiretamente no processo de criação do espetáculo. Pelo caráter do contexto no qual o projeto de montagem estava inserido (a residência artística dos atores em formação da École du Théâtre National de Bretagne), o encontro com outros artistas italianos possuía também um caráter pedagógico que integrava o programa formativo em curso. Além da conversa com o ator Sergio Scarlatella e com o diretor Romeo Castellucci, que tinha como foco o trabalho do ator, e da preparação corporal realizada por Claudia Castellucci, todos artistas diretamente ligados a Socìetas Raffaello Sanzio, houve encontros com os músicos Fabrizio Ottaviucci e Giuseppe Ielasi e com o ornitólogo Fabrizio Borghesi.

A proposta de Guidi para a montagem de *Macbeth*, como obra musical, demandava dos atores algumas habilidades que foram sendo trabalhadas e desenvolvidas com a ajuda dos colaboradores. O *workshop* com o ornitólogo Fabrizio Borghesi foi realizado com o objetivo de ensinar os atores a reproduzir cantos de pássaros noturnos. O som dos pássaros, que era executado ao vivo pelos atores, tornou-se o principal elemento na composição da paisagem sonora do espetáculo.

Fabrizio Ottaviucci, pianista que colabora com Guidi, trabalhou com os atores elementos propriamente musicais relativos à voz e ao canto através de exercícios vocais de escala, exercícios de exploração de ritmos, melodias e exercícios de exploração das possibilidades da voz. As práticas propostas por Ottaviucci, mais do que promover o desenvolvimento de habilidades vocais, contribuíram para a conscientização da capacidade vocal dos atores.

Já a participação de Giuseppe Ielasi, compositor que trabalha com música eletro-acústica, se deu na criação da trilha sonora do espetáculo, que foi executada por ele ao vivo nas apresentações a partir de sons da natureza e de vozes que foram gravados no processo de criação.

No trabalho realizado com os atores de *Macbeth*, Claudia Castellucci trouxe elementos que são parte de sua pesquisa prática sobre o movimento rítmico desenvolvida em suas escolas desde 2006. Foram realizados três encontros, nos quais ela propôs os mesmos exercícios. No último, esses exercícios foram realizados consecutivamente, sem pausa, com o objetivo de produzir uma "obra de arte". Segundo Claudia Castellucci, "todo encontro escolástico deve ser concluído com uma obra de arte".

Todos os exercícios propostos por Claudia Castellucci são acompanhados de músicas que foram compostas especialmente para sua execução. Os movimentos que constituem os exercícios exigem engajamento corporal e mental, pois as ações, gestos ou movimentos devem ser executados por todos, em sincronia com os outros e com a música, com forte atenção ao ritmo. A primeira prática, denominada por Claudia Castellucci como "meditação rítmica", por causa do seu caráter de repetição[37], é realizado em círculo. Seguindo o ritmo da música, os participantes devem se deslocar no espaço, sempre dando um passo de cada vez nas quatro direções possíveis (lado direito, esquerdo, frente e trás) e mantendo sempre o corpo voltado na direção do centro do círculo. Quando há contato físico com outro participante, os dois devem realizar um giro (no próprio eixo) e imediatamente continuar o deslocamento. Depois, cada participante, no seu tempo, deve sair do círculo e caminhar ao redor dele, mantendo relação com o centro por meio do olhar. Conforme Claudia Castellucci, esse exercício não deve ter "adesão psicológica". Trata-se de uma prática simples que permite que cada um dos participantes coloque a sua "substância" pessoal. Ao executar o exercício, o ator não deve se colocar em atitude de representação nem de interpretação psicológica de

---

[37] Quando fala de repetição, Claudia Castellucci usa como exemplo os mantras entoados nas meditações, ou uma reza, em que orações são repetidas exaustivamente.

uma personagem, mas é sugerido que traga sua própria psicologia, a psicologia da ação que realiza. O ator precisa trabalhar sobre a inexorabilidade do tempo, sobre o acaso, não há espaço para a reflexão durante o fazer.

Quando menciona a interpretação psicológica de uma personagem, assim como Guidi, Claudia Castellucci parece referir-se à criação de intenções ficcionais para as ações. Claudia Castellucci e Guidi orientam os atores a abandonar qualquer tipo de psicologização e de construção artificial de emoções em seus processos de criação e de formação, para, desse modo, partir das ações na direção do sentido e da emoção.

O segundo exercício proposto por Castellucci é baseado na repetição de cinco posturas inspiradas em atitudes corporais da Grécia Clássica, que chegam aos dias atuais através de estátuas, desenhos e pinturas. A primeira posição propõe uma atitude de equilíbrio, a segunda uma atitude de contemplação, a terceira de fechamento em si mesmo, a quarta de prontidão e a quinta, a visão de algo distante. Cada posição tem uma gestualidade que deve ser executada com precisão. A transição entre as cinco posturas deve ter a mesma velocidade. Claudia Castellucci reafirma que também nesse exercício a atitude do ator não deve fazer referência a uma personagem, mas sim ao que é vivido em cada etapa do exercício, em vários momentos da ação. Não é um exercício de interpretação, mas de concentração, focado na precisão dos movimentos, na exploração do movimento rítmico, na pesquisa da relação entre o tempo e o espaço.

Após a realização dos exercícios, Claudia Castellucci propôs a leitura de um trecho do livro *O Pensamento e o Movente*, de Bergson. O texto já havia sido entregue aos atores e a dinâmica de leitura se deu de modo que cada ator leu um trecho do texto, intercalando com comentários e perguntas. O autor é uma referência importante para Claudia Castellucci, e a leitura comentada do texto permitiu que pudéssemos entender as noções de tempo, ritmo, memória, repetição e fluxo, que permeiam o seu trabalho nas escolas e na Raffaello Sanzio.

Os trechos de Bergson selecionados por Claudia Castellucci traziam a ideia do tempo como fluxo. Segundo a atriz e diretora, essa questão é importante para pensar a atitude do ator nos exercícios que ela realiza em suas escolas. Os exercícios rítmicos demandam um grau alto de atenção e geram a necessidade de dar respostas corporais imediatas aos desafios impostos pelos mesmos. Porém, não se trata em momento algum de improvisação. Como já mencionamos, esses exercícios são classificados por ela como uma "meditação rítmica", tanto pela concentração exigida na execução, quanto pelo caráter de repetição (de gestos, ações e movimentos) que se remete aos mantras entoados repetidamente durante a meditação.

Claudia Castellucci busca não seguir nenhum modelo em seu trabalho criativo, mas criar exercícios a partir de problemas e de questões que emergem da própria prática com os alunos. Tanto os movimentos quanto as músicas que acompanham os exercícios são criações originais realizadas em parceria com os próprios alunos ou com outros artistas.

Os exercícios propostos por Claudia Castellucci seguem um padrão coreográfico de movimentos que devem ser executados com um alto nível de precisão gestual e rítmica. Quando afirma que o ator deve preencher os movimentos com sua substância, ela se aproxima da noção de partitura disseminada por Jerzy Grotowski, que percebia a partitura como uma contentora de um fluxo energético interior. Apesar de Grotowski propor que o ator seja o criador de sua partitura, diferentemente dos exercícios de Castellucci em que os movimentos já estão dados, a questão sobre a relação entre a precisão e a espontaneidade se aplica nos dois casos. Nos exercícios propostos por Castellucci, existe um processo de apropriação dos movimentos por parte do ator. No caso de Grotowski, após ter criado e fixado uma partitura, o ator deve trabalhar no sentido de manter vivo o movimento interior. Em ambos, é necessária uma apropriação, ou reapropriação, dos códigos para a manutenção de um fluxo energético interior denominado "chama interior" ou "energia espiritual", por Grotowski, e "substância", por Castellucci. A prática de Grotowski com a partitura tinha como objetivo o trabalho do ator sobre si mesmo; já o uso da partitura por Claudia Castellucci busca resgatar certos valores ritualísticos ligados à noção de comunidade.

Os movimentos corais buscam a experimentação da vivência coletiva da duração, do fluxo do tempo. Não se trata de encontrar o mesmo ritmo, mas de viver a duração e o fluxo. Para Claudia Castellucci, é importante ter claro de que no teatro existe uma consciência única entre atores e espectadores, que estão separados apenas espacialmente. Seus exercícios, portanto, não têm como objetivo ensinar uma técnica de interpretação, mas estimular a abertura e a conscientização do fluxo do tempo.

Partitura Musical

O trabalho realizado por Claudia Castellucci com os atores veio ao encontro dos objetivos do processo de criação de *Macbeth*, já que a questão do ritmo é um dos aspectos centrais das pesquisas de Guidi.

Como é possível perceber na descrição do processo criativo, a noção de espetáculo como obra musical, praticada por Guidi, não se refere somente à partitura sonora do espetáculo, mas também à "organização rítmica dos gestos". Para a diretora, os corpos, os objetos e as vozes são "notas musicais" que compõem uma partitura musical que deve ser extremamente precisa em seus detalhes. Por isso, a organização rítmica dos gestos e da voz é trabalhada com minuciosidade nos ensaios em todos os seus aspectos: volume, intensidade, duração, velocidade, tonicidade etc.

Guidi defende que a partitura composta de todos os elementos gestuais e vocais tem de ser interpretada pelo ator, assim como uma partitura musical é interpretada pelo músico. Após explorar as diferentes possibilidades com o objetivo de encontrar os gestos e os sons justos para cada momento do espetáculo, só então chega o momento de o ator fazer um trabalho de interpretação. Não a partir de uma perspectiva psicológica, histórica ou cultural da personagem, mas a partir ainda do ponto de vista musical. A partitura só pode ser "preenchida" de sentido a partir de um trabalho de pesquisa atorial. Ou seja, uma vez definidos os gestos, os movimentos, as ações, os sons e as vozes, cada ator deve explorar esses elementos a partir de sua perspectiva única e singular.

Na avaliação dos últimos ensaios, Guidi mencionou certa dificuldade dos atores de tornar a partitura orgânica. Apesar de executá-la com precisão, não houve tempo para os atores criarem um sentido pessoal para a partitura. Alguns atores mencionaram a sensação de que tinham pouco espaço como criadores no processo, já que as cenas, as partituras, as ações, a movimentação e as entonações foram em grande parte sugeridas ou criadas por Guidi.

Os gestos, as ações, os deslocamentos no espaço, a entonação do texto, o volume e a intensidade da voz eram dirigidos minuciosamente por Guidi e, em muitos casos, eram também demonstrados por ela quando o ator não chegava a um resultado satisfatório.

O ator Sergio Scarlatella relata que nos espetáculos da Socìetas Raffaello Sanzio há um núcleo criativo, formado geralmente por Guidi e Romeo Castellucci, que trabalha exaustivamente no projeto cênico antes do início dos ensaios. Romeo Castellucci também menciona em suas entrevistas o trabalho com seus cadernos de direção que antecede a prática. Nesse período, o espetáculo é projetado nos mínimos detalhes. Os ensaios, por sua vez, ocorrem num curto período, semanas às vezes, em que as ideias concebidas são colocadas em prática. Obviamente, no processo de materialização das ideias tudo pode ser questionado e transformado, porém, esse tipo de proposta difere muito de processos em que o ator tem o papel de criador, de compositor, de dramaturgo. Ao contrário dos longos processos baseados em laboratórios criativos focados totalmente no ator, nos processos da Raffaello Sanzio o diretor é quem escreve e cria o texto cênico.

Uma diferença importante entre os trabalhos de Guidi e de Romeo Castellucci, porém, é que o diretor, apesar do desenho cênico definido, dá liberdade aos atores em cena para ser o que são, já que estes foram escolhidos por sua singularidade específica. Já Guidi, principalmente em *Macbeth*, em que trabalhou com atores profissionais, se detém na minuciosidade dos aspectos técnicos da atuação, com o objetivo de criar com precisão a partitura sonora do espetáculo.

"SUL CONCETTO DI VOLTO NEL FIGLIO DI DIO"

O espetáculo *Sul concetto di volto nel filgio di Dio* (Sobre o Conceito de Rosto no Filho de Deus) foi concebido por Romeo Castellucci quando, ao folhear um livro de arte, se deparou com a pintura *Salvator Mundi*, do pintor renascentista Antonello da Messina, com a qual já havia tido contato em sua formação em artes visuais. Ao ver a pintura, uma imagem de Jesus Cristo datada de 1465, Castellucci se sentiu profundamente tocado: "Percebi que o homem retratado por Antonello da Messina estava olhando para mim no sentido de que não era eu quem o estava olhando, era ele quem me olhava e me desnudava."[38] Essa sensação levou-o à ideia de reproduzir a imagem em proporções gigantescas para expor o espectador ao mesmo olhar que o tinha "atravessado".

Desde 2010 o espetáculo tem percorrido diversos países, completando 150 apresentações em Buenos Aires, em outubro de 2013. Em 2011, o espetáculo gerou protestos religiosos em Paris e Milão, organizados por um grupo de extremistas católicos que nem mesmo haviam visto o espetáculo. Em Paris, a apresentação foi interrompida logo no início por um grupo que pedia o fim da cristianofobia, e só pôde ser retomada com a intervenção da polícia. Em Milão, centenas de pessoas se reuniram em frente ao teatro para realizar uma missa católica durante a apresentação.

O Espetáculo

Sul concetto di volto nel figlio di Dio é composto por três partes, que vão do hiper-realismo à metáfora. A primeira parte gira em torno da situação de um filho, atuado por Sergio Scarlatella, que cuida do pai doente, incapaz de reter suas próprias fezes, atuado por Gianni Plazzi. O filho se vê obrigado a não ir trabalhar para trocar as fraldas do pai sucessivas vezes. Essa cena se desenvolve num plano sequência, sem montagem, não poupando o espectador de nenhum detalhe dos cuidados do filho com o pai, como a contagem das gotas do remédio, a limpeza das fezes no corpo do pai, as sucessivas trocas de fraldas, a limpeza do chão etc. Tais ações tomam o tempo justo, o tempo do real, para serem executadas.

O cenário é realista na primeira parte do espetáculo: sofá, televisão, mesa, cadeiras e cama, tudo é absolutamente branco.

---

38 F. Prikladnicki, Entrevista Romeo Castellucci, *Zero Hora*. Disponível em: <http://zerohora.clicrbs.com.br/>.

A televisão ligada emite luzes e ruídos estranhos. No fundo da cena, a imagem gigante do rosto de Cristo, impassível, olha diretamente para o espectador. Por um lado, é impossível não ficar intrigado com esse olhar que nos desloca da posição confortável de observador para a posição de quem é observado. Por outro lado, o plano sequência hiper-realista, que apresenta como características a atuação cinematográfica, a não impostação da voz, a passagem do tempo muito próxima do real, o cuidado com os detalhes, coloca o espectador no papel de *voyeur*, resultando, portanto, numa contínua inversão de papéis. O espectador, ao mesmo tempo que observa desconfortável a intimidade entre pai e filho, é observado insistentemente pelo olhar do Cristo, do qual parece não ser possível fugir.

Na segunda parte do espetáculo, as ações giram em torno da imagem de Jesus. O espectador se vê frente a frente com esta imagem que o observa. Com o palco esvaziado do cenário realista, crianças entram em cena com mochilas cheias de granadas de brinquedo para jogá-las na imagem de Cristo. Um som de explosão acompanha a chegada de cada granada na imagem. Depois de esvaziar as mochilas, as crianças sentam-se no chão e observam a imagem.

Já na terceira parte do espetáculo, após a saída das crianças e do pai, a imagem começa a se movimentar e um líquido negro surge dos olhos de Cristo. A imagem é rasgada, despedaçada. Embaixo da imagem aparece a frase "*you are my shepherd*" (você é o meu pastor). Num lampejo de luz, escrito com uma outra grafia, se lê a palavra "*not*", formando por um segundo a frase "*you are not my shepherd*" (você não é o meu pastor).

A Participação de Crianças

A polêmica cena em que as crianças atiram granadas na imagem de Jesus, segundo Romeo Castellucci, foi inspirada na famosa fotografia da artista norte-americana Diana Arbus: *Child With Toy Hand Grenade in Central Park* (Criança Com Granada de Brinquedo na Mão no Central Park, 1962).

As crianças que entram em cena na segunda parte de *Sul concetto di volto nel figlio di Dio*, não fazem parte do elenco fixo do espetáculo. Elas são selecionadas pela produção local nas cidades em que o espetáculo é apresentado. Devido a problemas de produção, o espetáculo chegou a ser apresentado algumas vezes sem a presença das crianças. Porém, depois dos protestos em Paris e dos pedidos de censura por parte dos católicos radicais, Romeo Castellucci decidiu que o espetáculo só seria apresentado integralmente, sem cortes, sempre com as crianças em cena.

A participação das crianças é sempre um desafio para a produção, já que em algumas cidades, por motivos diversos, a dificuldade de selecionar crianças impossibilita a realização do espetáculo.

A preparação das crianças e os ensaios são realizados pelo ator Silvano Voltolina, que trabalha com a Socìetas Raffaello Sanzio há quase vinte anos. Até o ano de 2013, Voltolina atuou em treze espetáculos da companhia. O trabalho com as crianças em cada cidade é realizado nos três dias que antecedem as apresentações.

Na cidade de Porto Alegre, a produção local do festival POA em Cena, de setembro de 2013, selecionou oito crianças entre oito e treze anos que possuíam experiência anterior em teatro. A preparação das crianças aconteceu diretamente no Theatro São Pedro, onde seria apresentado o espetáculo.

O primeiro dia de preparação foi iniciado com uma conversa, na qual tudo que seria realizado foi explicado para as crianças. As ações foram sendo apresentadas às crianças e ensaiadas por etapas: as entradas e saídas, as ações de jogar as granadas, o olhar para a imagem. De modo geral, no primeiro e segundo dias, as crianças aprenderam as marcações, e no terceiro e último dia, Voltolina trabalhou sobre os detalhes: as intenções, os gestos e o tempo.

Nos ensaios a qualidade da relação que se criou com as crianças foi de total abertura para resolver seus questionamentos em relação ao que era pedido a elas em termos de participação no palco. Todas as solicitações para as crianças foram feitas com delicadeza e paciência, e suas necessidades foram atendidas da mesma forma. Os pais estiveram presentes durante todo o processo de ensaio e nas conversas com as crianças.

Para explicar os sentidos e significados da cena em que as crianças participariam, Voltolina contou a elas detalhadamente tudo que aconteceria no espetáculo antes e depois de entrarem em cena. Os ensaios, nos três dias, começaram e terminaram com conversas a respeito do conceito do espetáculo, sobre as ações que seriam realizadas, a importância dos detalhes, a construção de sentidos e sobre as dúvidas das crianças, tanto no que diz respeito a questões técnicas de atuação, quanto ao conteúdo simbólico e temático do espetáculo.

Numa das conversas, duas questões levantadas pelas crianças chamaram a atenção: um dos meninos mais velhos perguntou qual era a intenção que eles deveriam ter como atores ao realizar a ação de jogar as granadas na imagem de Cristo; outra criança mais nova perguntou se seria pecado jogar granadas no rosto de Jesus. Voltolina explicou, respondendo as duas questões, que não deveria haver uma intenção de raiva no ato de jogar as granadas: "Se vocês jogarem com raiva, vamos dar a impressão para o público de que é uma agressão contra Jesus. Mas não é o caso. Os sons das explosões são uma forma de chamar a atenção de Jesus, de acordá-lo. As granadas devem ser jogadas com energia, mas não com raiva, não para fazer mal."[39]

Além de trabalhar as intenções das ações, as principais questões de atuação trabalhadas com as crianças foram a limpeza das ações e dos gestos e os tempos de cada ação e das pausas. Voltolina orientou-as a fazer uma ação de cada vez, a se concentrar somente na ação que estava sendo realizada em cada momento e não se preocupar com o que viria a seguir.

Ao acompanhar os ensaios em Porto Alegre, foi interessante constatar que, apesar do pouco tempo, o processo buscou respeitar o tempo das crianças e proporcionar a elas a consciência do seu papel e das suas ações no espetáculo. Embora Voltolina tenha passado com a maior clareza os objetivos a serem alcançados, a preparação não foi conduzida com pressa; o tempo foi justo para que as crianças pudessem sentir-se seguras para expressar suas dúvidas e questões. Diferentemente do processo com o ator-criança de *Purgatorio*, mencionado no capítulo anterior, que foi parcialmente poupado do tema pesado abordado na cena, em *Sul concetto*, as crianças, através de muitas horas de conversa, cada uma a seu modo, já que elas eram

[39] Informação obtida no ensaio de *Sul concetto di volto nel figlio di Dio* no Festival POA em Cena, em Porto Alegre, em setembro de 2013.

de idades diversas, tinham consciência do conteúdo da cena em que participariam e do espetáculo. Voltolina manteve na conversa com elas o mesmo discurso sobre o espetáculo apresentado na conversa com a plateia depois de umas das apresentações em Porto Alegre. As crianças, portanto, nesse caso, não foram poupadas, o que gerou um espaço de reflexão e deu a elas liberdade para trazer ao processo certas questões, como a pergunta sobre o pecado.

Graças à metodologia precisa de Voltolina, a preparação aconteceu de forma gradual e sem pressa. As crianças desempenharam competentemente seu papel nas três apresentações em Porto Alegre, o que parecia impossível no primeiro dia, já que em alguns momentos havia bastante dispersão e desatenção por parte delas.

A seleção de crianças em cada cidade em que o espetáculo é apresentado, além de criar conexões entre a companhia e as pessoas da cidade, já que pais e filhos fazem parte do processo, gera também uma expectativa na plateia que aprecia ver "suas" crianças na cena de uma companhia de renome internacional.

Na forma como o processo foi conduzido nos três dias de ensaios, foi possível perceber como duas questões muito presentes no discurso de Castellucci são trabalhadas na prática: a escolha objetiva e a ideia da criança como guia. Apesar de haver uma sequência de ações muito precisas que Voltolina ensinou às crianças, o caráter espontâneo, próprio da criança, que faz com que sua presença seja uma ameaça à representação, foi respeitado durante todo o processo, pois este é justamente um dos principais motivos para elas estarem em cena: a fim de impactar e desestabilizar a percepção do espectador.

O Impacto no Corpo

O espetáculo *Sul concetto di volto nel figlio di Dio*, antes de qualquer impacto intelectual, busca impactar o espectador no corpo. O discurso dos membros da Socìetas Raffaello Sanzio sobre sua prática artística, apresentado várias vezes ao longo deste trebalho, em torno da ideia de realizar um teatro anterior à palavra com o objetivo de atingir todos os sentidos da percepção, é claramente reconhecível neste espetáculo. Diversos mecanismos são utilizados para atingir o corpo do espectador, gerando uma intensa experiência física e sensorial. No depoimento de uma jovem atriz, recolhido imediatamente após sua saída do teatro em Buenos Aires, em outubro de 2013, essa sensação aparece explicitamente:

> Nunca tinha visto nada parecido, um antes e depois para mim no teatro. Não consigo parar de pensar no que vi. De uma intensidade surreal. Eu posso dizer que aquilo que via me impactava no corpo. Eu devo admitir minha ignorância em relação às peças do Castellucci. Nunca tinha visto nada e lido muito pouco. Vim com os rumores do que se diz do Castellucci e alguns comentários de pessoas que tinham visto. Mas só vendo para ter uma ideia do que acontece. De verdade, eu nunca tinha saído tão comovida do teatro, tão outra pessoa, tão pensando na incrível potência que tem o teatro. Além de que é tão simples, mas tão contundente.[40]

O "ataque" ao espectador provém não somente do potente olhar de Cristo associado à sensação desconfortável de observar a intimidade das personagens, mas dos outros mecanismos utilizados com o objetivo de impactar sensorialmente o espectador, como a trilha sonora, o cheiro e a materialidade dos corpos. A associação desses elementos, que leva à produção de sinestesias, gera no espectador uma torrente de percepções e associações que, como afirma Castellucci, envolve e atrai o espectador para dentro do espetáculo:

> Na primeira parte tem um ataque, um início que é hiper-realista. Então a sensação de observar como um *voyeur* a vida dos outros. É também desagradável para o espectador ser *voyeur* dessa intimidade que parece roubada, parece uma intimidade plena de vergonha, uma coisa que não se quer ver. Mas o fato é que o voyeurismo, que faz parte da matéria desse trabalho, é voltado contra o espectador por meio do olhar de Jesus. Você olha, mas ao mesmo tempo é olhado enquanto está olhando. Então aquele olhar de Jesus, daquele grande rosto, é um olhar que complica, que torna ainda mais difícil olhar. É uma espécie de economia do olhar, de triangulação: eu o olho, mas ao mesmo tempo sou olhado por ele. E esse é um dispositivo que, em certo sentido, pega o espectador e o leva para o palco. É uma espécie de atração, então não é um *show*, não é somente um espetáculo, é alguma coisa que te envolve, que te olha.[41]

---

40 Camila Carreira, atriz.
41 Entrevista concedida à autora por Romeo Castellucci, em Buenos Aires, em outubro de 2013.

A trilha sonora original composta por Scott Gibbons, parceiro de longa data da Raffaello Sanzio, assim como em outros trabalhos realizados com a companhia, tem como característica a produção de estímulos não somente auditivos, mas também táteis, já que os sons reverberam por todo o corpo. Na transição da primeira para a segunda parte do espetáculo, na cena em que a personagem "filho" beija a boca de Jesus, ouve-se, associada a uma música sacra, uma voz feminina que sussurra "*Gesù*". Essa voz, conforme Castellucci, de certa forma representa o retorno do feminino para a cena, já que, até esse momento, há propositalmente a ausência total da presença feminina no espetáculo:

Se tivesse uma mulher não teria funcionado. Porque remeteria imediatamente a um elemento materno, que seria equivocado. Este homem que vive com seu pai está comprimido nesta situação, então, em certo sentido, se sacrifica por este homem. Por exemplo, não vai trabalhar. Deve expedir uma carta e não o faz, deve responder a um telefonema e não pode responder. Corta a porta com o mundo. Tira o relógio... começa a ficar sempre mais claustrofóbico. Mas foi assim que quis. Apesar de tudo, é uma história de amor. Então se existissem mulheres não funcionaria. Pois acredito que se tem um homem jovem e um homem velho, existe também um efeito de espelho. É como se ele tomasse conta de si mesmo no tempo. Porque aquilo que acontece com o pai certamente acontecerá também ao filho, como destino. Certamente acontecerá a todos. A decadência física é uma realidade. A perda de dignidade, de beleza, de inteligência, de tudo aquilo que é grande e nobre no homem. Tudo isto cai. Cai. Por isso que é importante que sejam dois homens, porque um é espelho do outro. E também porque é mais forte ver um homem ter que dar conta de tarefas que normalmente e culturalmente não lhe pertencem. Porém deveriam lhe pertencer. Uma outra razão é que, naturalmente, de um ponto de vista ideológico, é uma metáfora muito simples, mas absolutamente muito potente. O pai é "o Pai", com o "p" maiúsculo. E o filho é "o Filho". E quem se encontra nesta condição de ter necessidade é o pai. Então é o criador que tem necessidade da criatura. Então se inverte... é uma possível leitura...Eu não forcei neste sentido, porém existe.[42]

Justamente por causa da ausência total do feminino, a voz feminina que sussurra "*Gesù*", por contraste a tudo o que é materialmente e simbolicamente masculino, inclusive as granadas e os sons de explosão que virão imediatamente a seguir, adquire uma enorme potência no espetáculo.

42 Ibidem.

Na entrada das crianças em cena, a ambientação sonora anuncia, de certa forma, a quebra com a representação hiper-realista, sinalizada também pelo esvaziamento do palco quando traz o som de uma pessoa jogando basquete (sons do atrito do tênis com a quadra, dos quiques da bola no chão, dos arremessos) e quando, ao mesmo tempo, um menino entra com uma bola de basquete embaixo do braço e uma mochila nas costas. O som conta ao espectador algo que a cena não mostra, o que possibilita a produção não de um, mas de vários sentidos para a cena. Em seguida, com a entrada das outras crianças, tem início a cena das granadas. A cada granada lançada contra a imagem de Jesus corresponde um som de explosão. Essa cena tem uma duração longa e a ambientação sonora vai do som das granadas a uma sonoplastia composta de vários elementos. O som das explosões é associado a uma música sacra que, em um crescente de intensidade e volume, impacta o espectador e estimula diversos sentidos da percepção. É possível sentir a vibração do som por todo o corpo. Essas percepções alteram os modos de ver a cena, produzindo incessantes associações e imagens.

No final do espetáculo, há ainda dois elementos sonoros que merecem ser citados. O primeiro é um som breve, alto e impactante associado a um *flash* direcionado à plateia, que literalmente faz o espectador pular na cadeira. Com o espetáculo claramente se direcionando ao fim, depois de todos os sentidos terem sido aguçados, esse momento funciona como um golpe final à percepção, aos sentidos, como um choque. O segundo elemento sonoro, que aparece um pouco antes de as luzes da plateia se acenderem indicando o fim do espetáculo, é um som de canto de pássaros no alvorecer. Este som traz ao espectador sensações contraditórias, revelando um misto de alívio (como se fosse permitido respirar novamente), desorientação e confusão.

O estímulo ao olfato do espectador é um recurso bastante explorado nos espetáculos da Raffaello Sanzio. Em *Sul concetto di volto*, o espectador é estimulado a sentir o cheiro da matéria com a qual pai e filho devem lidar em toda a primeira parte do espetáculo: as fezes. Já na primeira vez que o filho troca as fraldas do pai, um cheiro de amônia invade o teatro, fazendo com que os espectadores, nos primeiros segundos, se perguntem se o cheiro é real ou se estão sugestionados por aquilo que vêm. O cheiro é produzido nos bastidores através de um dispositivo de brinquedo utilizado para pregar peças, comumente chamado de "bomba de fedor". Esse mecanismo simples, até infantil, associado ao realismo com que as fezes são apresentadas, geram um efeito desconcertante no espectador que, mais uma vez, se sente sugado para dentro da situação, para dentro da intimidade daquela relação.

Outro elemento sensorialmente impactante é a materialidade dos elementos da cena. Conforme Scarlatella, o processo de criação do espetáculo girou em torno da gestão das fezes, ou seja, como produzir, como fazer parecer real, como fazer com que ela transbordasse da fralda etc. A partir da resolução desses problemas técnicos é que foi sendo criada a relação entre as personagens (tendo como base o diálogo simples escrito anteriormente por Romeo Castellucci). O resultado alcançado é de um realismo impactante e desconfortável. O aspecto visual realista do material no qual o pai e o filho se veem imersos, associado ao cheiro de amônia que invade o teatro, confunde o espectador. O impacto gerado pela veracidade do material decorre não só da aparência realista das fezes, ou do cheiro, mas do fato de estar associado à nudez do corpo marcado pela velhice real do ator Gianni Plazzi. O corpo do ator é desvelado e apresentado com todas as marcas produzidas pelo tempo. É desse corpo realmente envelhecido que os excrementos surgem, expondo o espectador à potência da literalidade que Castellucci busca ao realizar o que ele chama, como já foi visto, de "escolha objetiva" dos atores. Nesse caso, é impossível ao espectador não se deixar afetar pela nudez desse senhor que, por um lado, como personagem, já não tem autonomia e se deixa higienizar como uma criança, e, por outro, como ator, expõe seu corpo e sua intimidade a serviço da ficção, do teatro, da arte.

A Experiência da Passagem do Tempo

A experiência da passagem do tempo é um dos elementos mais impactantes de *Sul concetto di volto nel figlio di Dio*. Segundo Castellucci, na primeira parte do espetáculo, em que os cuidados do filho com o pai tomam o tempo justo, "tudo se passa como em um plano sequência no cinema. Não há cortes, não há montagem. O que quero oferecer ao espectador é a experiência de vivenciar a passagem do tempo"[43].

Esse recurso foi usado também no espetáculo *Purgatorio*, que possui uma estrutura semelhante a *Sul concetto di volto nel figlio di Dio*. Os dois espetáculos possuem uma primeira parte hiper-realista, em que se apresenta ao espectador a intimidade das relações familiares. As atuações são minimalistas, sem impostação da voz. Por causa disso, em *Sul concetto*, em alguns momentos o espectador não consegue ouvir o diálogo entre os atores. Apesar de causar um certo desconforto no público, os diálogos, absolutamente banais, não são imprescindíveis para o entendimento da trama. Já em *Purgatorio*, a voz é amplificada. Nos dois casos, porém, a sensação do espectador é muito semelhante, a de ser um *voyeur* da intimidade das personagens. O tempo real das ações se confundem com o tempo da ficção já que o espectador não é poupado de ações e diálogos banais realizados pelas personagens. Nos dois espetáculos o público é levado a ter uma experiência da passagem do tempo. Essa experiência desloca o espectador no espaço-tempo, já que o tempo proporcionado pela cena abre espaço para a irrupção de suas próprias associações e conexões que transcendem as ações banais que estão sendo apresentadas.

Tanto *Sul concetto* quanto *Purgatorio* propõem a passagem do hiper-realismo cinematográfico da primeira parte para a metáfora e a abstração na segunda parte do espetáculo. Nos dois casos, a relação com o tempo aparece também na segunda parte, o tempo não mais como experiência para o espectador, mas como destino, como herança, como transmissão. Enquanto em *Sul concetto* há a entrada das crianças que dividem a cena com o homem velho, culminando na cena especular entre Plazzi e o último menino a entrar em cena, em *Purgatorio* há a volta das personagens do pai e do filho, interpretados por outros atores. Em ambos os espetáculos, a relação com o tempo é uma questão central: a impotência diante do efeito implacável do tempo no corpo, a inevitabilidade do destino, a inversão de papéis entre pai e filho, o filho que cuida, o filho que limpa, o filho que perdoa, o filho que se torna pai do pai.

---

43 R. Castellucci apud M.E. Menezes, A Fantástica Heresia de Castellucci, *Teatrojornal Leitura de Cena*. Disponível em: <http://teatrojornal.com.br/>.

Os Mecanismos Que Desvelam a Ficção

Em *Sul concetto*, Castellucci utiliza muitos mecanismos para confundir o espectador, para mantê-lo sempre em dúvida sobre as fronteiras entre o real e a ficção. O primeiro deles, já no início do espetáculo, é a entrada do ator Gianni Plazzi em cena. Plazzi é amparado por dois homens vestidos de preto (que parecem não representar personagens, e ficamos sem saber se são técnicos do teatro ou se são atores) e, com muita dificuldade de se locomover, é levado até o sofá no canto esquerdo da cena. Não fica claro ao espectador se a cena integra o espetáculo, ou seja, se Plazzi já está atuando ou se tem realmente dificuldade de andar.

A veracidade da aparição das fezes é outro mecanismo que confunde o espectador. Como foi dito acima, o impacto do realismo visual associado ao cheiro, por alguns momentos, leva o espectador a considerar a possibilidade do real.

Um dos aspectos mais interessantes de *Sul concetto*, assim como de outros espetáculos de Romeo Castellucci, porém, é que o espectador não fica sem a resposta para a confusão proposital armada pelo diretor. Nas duas situações citadas acima, a resposta de Castellucci não fica em aberto: é ficção. Na cena em que Plazzi sai de cena sozinho, após as granadas, e depois, quando volta para os aplausos, fica claro que, apesar de ser um senhor com idade avançada, se locomove perfeitamente. Já o excremento, num primeiro momento realista, vai se tornando de tal forma exagerado, que denuncia a si mesmo como ficção. Como se não bastasse isso, a personagem pai, no fim da primeira parte do espetáculo, pega um galão cheio de fezes cênica, que esteve à vista do público durante todo o espetáculo, e derrama na cama e em si mesmo, quebrando qualquer vestígio da possibilidade do real que possa restar na imaginação do espectador.

O galão de fezes equivale à garrafa de sangue que aparece em mais de um episódio da *Tragedia endogonidia*. Ao apresentar esses mecanismos, Castellucci assume a ficção diante do espectador. A característica peculiar de *Sul concetto*, porém, é que impecavelmente, em um primeiro momento, Castellucci se utiliza de diversos dispositivos a fim de falsificar o real, para então declarar ao espectador que o teatro é o lugar da ficção:

A realidade no teatro não existe. Pelo menos eu não a conheço. Por isso, para mim, existem alguns tabus, é correto chamá-los assim, tabus. No teatro, o tabu é a própria realidade. Isto é, a realidade não deve entrar no teatro. É uma outra coisa. Se existe a realidade, não existe o teatro. Por exemplo, uma coisa que eu não posso aceitar é a violência real, o sangue verdadeiro. São coisas que não têm nada que ver com o teatro. Porque aquele sangue, se é verdadeiro, pertence àquele indivíduo, não é meu. Eu, por outro lado, quero, como espectador, que o sangue na cena seja o meu. Então, sangue falso. Sangue falso vai muito bem. Desse modo, é ainda mais forte. Mais do que tudo, tais questionamentos são na verdade *naif*, são ingênuos porque são muito simples no final das contas. Porque querem dizer uma coisa. Querem dizer somente uma coisa. Uma imagem não diz uma coisa, diz muitíssimas, diz tantas... É por isso que a imagem é problemática, porque não se sabe jamais o que pode dizer. Pode dizer muitas coisas.[44]

Apresentadas dessa forma ao espectador, portanto, as fezes deixam de ser somente as fezes do pai para se transformarem em outra coisa. A questão que arrebata o espectador inicialmente, ou seja, a possibilidade do excremento humano real, dá lugar à questão: "o que essas fezes significam?" Essa resposta não é revelada por Castellucci. As possibilidades são infinitas e as respostas só podem ser desvendadas individualmente pelo espectador, em seu íntimo.

---

44 Entrevista concedida à autora por Romeo Castellucci, em Cesena (Itália), em abril de 2012. Vide Entrevistas.

4. Teatro Contemporâneo, Pedagogia do Ator e do Teatro

Os espetáculos, os laboratórios, as escolas e os processos criativos aqui abordados revelam a multiplicidade e a diversidade de procedimentos criativos da Socìetas Raffaello Sanzio. Essas práticas são pautadas na criação de experiências estéticas significativas e na criação de novas formas de comunicação entre os participantes do ato teatral. É importante reconhecer que muitas pessoas, dentre elas crianças, jovens, indivíduos com corpos singulares, atores e não atores, foram influenciadas e adquiriram saberes através dessas práticas e que, ao mesmo tempo, o teatro da Socìetas Raffaello Sanzio foi sendo transformado pelo encontro com essas pessoas. Os conhecimentos e o *know-how* adquiridos por Guidi e pelos irmãos Castellucci nos laboratórios e nas escolas são tão determinantes e marcantes nos modos de fazer teatro da companhia quanto o domínio de procedimentos do teatro contemporâneo em tais percursos formativos.

No processo de observação, descrição e análise das práticas da Raffaello Sanzio emergiram conteúdos que se tornaram fundamentais para se entender os entrelaçamentos da produção de experiência com a produção de saberes, bem como as relações entre os percursos formativos e a criação artística no trabalho da companhia. Com o objetivo de abrir espaço para o pensamento de possíveis novas articulações entre o ensino do teatro e a formação do ator do teatro contemporâneo, neste último capítulo pretende-se retomar alguns desses conteúdos, dentre eles: a noção de corporeidade; a influência das visões de infância nos processos artísticos e percursos formativos da companhia; a atualização da noção de ator e o reconhecimento da prática como produtora de conhecimento.

Algumas questões orientaram e estimularam as reflexões presentes neste capítulo: que tipos de experiências são produzidas no interior das práticas da companhia? Quais habilidades são adquiridas por aqueles que as vivenciam? Quais tipos de saberes são produzidos a partir delas?

CORPO, PERCEPÇÃO E EXPERIÊNCIA

A relação com a materialidade dos elementos da cena e, principalmente, com a materialidade do corpo, como foi visto nos capítulos anteriores, é essencial no teatro da Socìetas Raffaello Sanzio. Romeo Castellucci define os membros da companhia como peregrinos da matéria, e sua arte como um "teatro dos elementos". Os elementos são entendidos por ele como o "puro comunicável", "é isso que me interessa: comunicar o menos possível. E o menor grau de comunicação possível consiste na superfície da matéria. Nesse sentido, e por paradoxo, é um teatro superficial, feito de superfície, porque é um teatro que busca a comoção"[1].

Nos últimos trinta anos, conforme o pesquisador alemão Hans Ulrich Gumbrecht afirma em sua obra *Produção de Presença*, tem havido uma insatisfação em relação ao predomínio da metafísica na cultura hermenêutica, que vem há séculos dominando o campo dos estudos sobre o homem. Um dos motivos dessa insatisfação seria a sensação de que já não estamos mais em contato com as coisas do mundo. Em resposta a essa insatisfação, o autor, que tem como âmbito de pesquisa a literatura, propõe a investigação da emergência do sentido a partir dos efeitos da presença. Dessa forma, o foco de análise, não só de obras literárias, mas dos estudos sobre o homem em

---

1 C. Castellucci; R. Castellucci; C. Guidi, *L'epopea della polvere*, p. 271.

geral, não estaria exclusivamente na identificação e interpretação dos sentidos, mas na materialidade da comunicação, ou seja, naquilo que o sentido não consegue transmitir. Sendo a presença entendida por Gumbrecht como algo tangível, algo que está presente, algo que está ao alcance do corpo, investigar os efeitos da presença, ao contrário das investigações que geram experiências fundamentadas na compreensão-interpretação, resultaria em experiências em que o corpo é implicado, pois é através do corpo e no corpo que se dá a relação com o mundo.

Superando o que o teórico Marco De Marinis define como "um atraso ou uma dificuldade", o corpo ganha espaço como protagonista no discurso teórico das ciências humanas e sociais na contemporaneidade, aparecendo em vários termos como *body-mind, embodiment, corporate knowledge, embodied knowledge, somatic societies* etc. Quem ganha espaço e se destaca, porém, não é o corpo como objeto de estudo, mas o corpo como *sujet agent-pacient*, o "corpo como dimensão constitutiva de qualquer fenômeno cultural e social e, em particular, de qualquer experiência estética"[2].

No âmbito do teatro, De Marinis ressalta que, na contemporaneidade, o corpo, que por um lado havia sido subtraído pela esfera do simbólico e, por outro, pela esfera do formal, agora é devolvido à sua materialidade. Isso se aplica tanto ao corpo do ator quanto ao do espectador:

é somente durante o século XX que a teoria teatral começou a assumir plenamente e explicitamente no seu interior a dimensão corporal da experiência teatral, de ambos os lados da cerca, ultrapassando assim os paradigmas desencarnados, logocêntricos e culturalistas em que ela esteve aprisionada a partir de Aristóteles[3].

Para o teórico, a principal novidade é a tomada de consciência de que não apenas o ator como também o espectador têm um corpo, "e que é com o seu corpo e no seu corpo que ele vivencia a experiência do espetáculo, ou seja, percebe, vive, compreende e reage ao espetáculo"[4].

2   M. De Marinis, Corpo e Corporeidade no Teatro, *Revista Brasileira de Estudos da Presença*, v. 2, n. 1, p. 44.
3   Ibidem.
4   Ibidem, p. 45.

Gumbrecht, para abordar os efeitos da presença, recorre ao conceito de aparência do filósofo alemão Martin Seel, que discute as condições em que o mundo nos é dado:

Como é óbvio, uma estética da aparência é uma tentativa de nos devolver, à consciência e ao corpo, a coisidade do mundo. A aparência também está em tensão inevitável com a abordagem interpretativa predominante que inunda a relação cotidiana com o mundo, a ponto de nos fazer esquecer que implica necessariamente uma camada diferente do sentido. Não por acaso, portanto, Seel repetidamente associa a aparência à presença – o que quer que "apareça" está "presente" porque se oferece aos sentidos do ser humano.[5]

O "teatro de superfície" da Socìetas Raffaello Sanzio, que toca o espectador através da materialidade dos elementos da cena, gera também camadas de produção de sentidos diferentes daquelas geradas pela abordagem interpretativa. A oscilação presente nas práticas da Raffaello Sanzio entre o plano material e o plano simbólico, manifestando continuamente a intenção de comunicar o mínimo possível através da superfície da matéria, está em consonância com a tensão, descrita por Gumbrecht, entre a abordagem interpretativa na relação com o mundo e a abordagem que leva em conta os efeitos da presença e da ausência. No teatro da companhia não existe a intenção de encaixar, acomodar, ajustar os aspectos materializados na cena. Muitas vezes, os elementos são perceptíveis, mas não inteligíveis. Não há, portanto, a busca ou a necessidade de que o espectador entenda racionalmente, a partir de uma interpretação hermenêutica, o que está posto no palco. O espetáculo não oferece ao espectador "uma" leitura possível, mas uma experiência física dos elementos presentes na cena. O corpo do espectador, como afirma Romeo Castellucci, é o palco cênico definitivo, é onde ocorre verdadeiramente o espetáculo, pois enfim, é em seu cérebro e em seu corpo que tudo se realiza.

A complexidade dos fenômenos cênicos produzidos pela companhia muitas vezes impede uma tradução intersemiótica, ou seja, gera fenômenos expressivos não reduzíveis a signos, abrindo, assim, espaço para exploração da ambiguidade e da

5   H.U. Gumbrecht, *Produção de Presença*, p. 88.

autorreferencialidade do sentido em detrimento da referencialidade do significado.

Como propõe Matteo Bonfitto a partir do pensamento de Deleuze, a produção de sentido, diferente da atribuição de significado, abre "espaço para manifestações expressivas que provocam uma fissura no já sabido"[6]. É através da produção dessas "fissuras" que Castellucci propõe ao espectador um exercício de imaginação, mais do que a simples recepção de referências já conhecidas:

> Busco a imagem que está suspensa entre outras duas, a que não vemos. Esses espaços entre as imagens são a música da forma, são os harmônicos que não foram tocados para que ressoem. Meu teatro quer encontrar esses harmônicos e assim penetrar no coração, no corpo e no cérebro do espectador.[7]

Os sentidos são construídos individualmente pelo espectador, formando o que Castellucci denomina de "comunidade instantânea". Essa comunhão de indivíduos, cada um em sua solidão, se estabelece durante a apresentação do espetáculo e se desfaz assim que este termina. A experimentação sobre a linguagem e a necessidade de criar um "alfabeto" próprio (e a produção de fissuras no já sabido), passa por uma percepção da impossibilidade na contemporaneidade, como já mencionado, da construção de uma linguagem comum a todos.

A comunicação que se estabelece entre a cena e o espectador se dá não no sentido de troca de informações, mas como produção de experiência e vínculo. Nas diversas práticas pedagógicas e artísticas da Raffaello Sanzio (espetáculos, *workshops*, escolas, performances, laboratórios), o corpo em sua totalidade é concebido como um ambiente de cognição. Essas práticas possuem a característica de conduzir os participantes da lógica da informação – tão comum em espetáculos baseados na emissão de significados e em pedagogias focadas na transferência de conhecimento – à lógica da experiência.

O conceito de experiência[8] elaborado pelo filósofo espanhol da educação Jorge Larrosa Bondía, que defende a experiência

---

6 *Entre o Ator e o Performer*, p. 116.
7 R. Castellucci apud P. Caruana, Entrevista a Romeo Castellucci: "El Teatro no Es Mi Casa, Soy y Me Siento un Extranjero", *Teatron*, p. 2. Disponível em: <http://www.tea-tron.com/>.
8 O conceito de experiência tem sido retomado em diversas pesquisas acadêmicas das Humanidades, sobretudo no âmbito da arte e da pedagogia.▸

como algo que afeta, que modifica e que transforma o indivíduo, é importante para se entender os conteúdos emergentes do trabalho da Socìetas Raffaello Sanzio, pois estimula a pensar o corpo como um ambiente de cognição e comunicação. Tanto Larrosa quanto o ensaísta, filósofo e sociólogo alemão Walter Benjamin denunciam e discutem o empobrecimento da experiência em suas sociedades.

A experiência é, para Benjamin, forjada e tecida artesanalmente com os materiais fornecidos pela vida, e é transmitida através da narrativa, "ela própria, num certo sentido, uma forma artesanal de comunicação. Ela não está interessada em transmitir o 'puro em-si' da coisa narrada como uma informação ou um relatório"[9]. O narrador é aquele que está imbuído de suas próprias experiências e também das experiências alheias, é aquele que, através de uma relação artesanal, trabalha a sua matéria, a vida humana, transformando-a num produto "sólido, útil e único"[10].

Para Benjamin, o empobrecimento da experiência em função da relação do homem com a máquina[11], do aceleramento do ritmo cotidiano que não permite ao indivíduo um tempo de assimilação, da perda do caráter comunitário nas cidades, e a escassez da prática da narrativa oral e tradicional, se reflete não só em seu cotidiano, mas também em seu modo de expressão cultural e em sua percepção estética[12].

> ▷ Essa retomada se deve não só às reflexões sobre a sociedade contemporânea, mas também à busca de novos paradigmas epistemológicos e metodológicos que deem conta de responder às novas exigências éticas dessa sociedade. Conforme a pesquisadora Solange Jobim e Souza (*Infância e Linguagem*), a inquietação e a insatisfação em torno do conhecimento atual sobre o homem contemporâneo e suas atividades deve-se sobretudo ao processo em que as disciplinas que se ocupam dessas questões, ao reivindicarem o *status* de ciência (e agruparem-se nas ciências humanas), acabaram importando modelos de cientificidade das ciências naturais. Tal processo acarretou na exclusão de especificidades humanas como a subjetividade, a imaginação e a sensibilidade, e no distanciamento dos fenômenos em busca de objetividade.

9 *Obras Escolhidas I*, p. 205.
10 Ibidem, p. 221.
11 Para Benjamin, o adestramento do operário para o trabalho com a máquina na modernidade, diferente da prática artesanal da manufatura tradicional, é um dos responsáveis pela crise da experiência. Enquanto o adestramento requer a adaptação do trabalhador ao ritmo da máquina e a gestos repetitivos de caráter fragmentário, a prática artesanal proporciona ao trabalhador a apreensão da totalidade do que é produzido e o seu aperfeiçoamento através da experiência adquirida.
12 Cf. S. Jobim e Souza, op. cit.

Em consonância com Benjamin, a experiência é entendida por Larrosa como aquilo que se passa com o indivíduo, que acontece com o indivíduo, que o toca. O sujeito da experiência "seria algo como um território de passagem, algo como uma superfície sensível que aquilo que acontece afeta de algum modo, produz alguns afetos, inscreve algumas marcas, deixa alguns vestígios, alguns efeitos"[13].

A noção de experiência e de sujeito da experiência de Larrosa é interessante para pensar sobre as experiências produzidas no interior das práticas da Raffaello Sanzio devido aos diversos dispositivos e estratégias utilizados pela companhia a fim de afetar os espectadores e os participantes. Dentre os dispositivos utilizados pela companhia, o principal é o próprio corpo do ator. Ao ator é solicitado um corpo "já pronto" que, através de suas marcas, da sua natureza, do seu modo de ser e agir, produza afetos no espectador. O corpo que se busca nas práticas artísticas da companhia é o corpo vivido, afetado, sofrido, padecido, ou que se deixe afetar, padecer.

Conforme De Marinis, quando falamos do corpo vivido, singular, estamos nos referindo à noção de corporeidade, que se diferencia da noção de corpo como categoria universal. Teóricos da fenomenologia se debruçaram sobre essas questões, como Maurice Merleau-Ponty, que trabalhou sobre a diferença entre corpo e carne. A carne para Merleau-Ponty é a linha de contato com o mundo exterior, é o entrecruzamento entre corpo e mundo, é o elemento comum do sujeito e do mundo, que elimina a separação entre sujeito e objeto, sujeito e mundo[14].

O corpo apresentado na cena da Socìetas Raffaello Sanzio, como afirma Enrico Pitozzi, é a "expressão singular e não universal de um corpo fenomênico"[15], ou seja, é o corpo vivido. Ocorre, nas práticas da companhia, uma apropriação das corporeidades, das histórias dos corpos vividos pela ficção. Trata-se, portanto, não de preparar, de treinar o ator, mas de identificar nos corpos já prontos as marcas, as vivências para, fora do modelo de autobiografia, afetar o espectador.

---

13 J. Larrosa, Notas Sobre a Experiência e o Saber da Experiência, *Revista Nacional de Edução*, n. 19, p. 24.
14 Cf. *O Visível e o Invisível*.
15 Apud M. De Marinis, op. cit., p. 47.

O pesquisador italiano Gabriele Sofia, que aproxima neurociência e teatro, defende a existência de um "espaço de ação compartilhado" entre atores e espectadores. A experiência do espectador é proposta por Sofia como "experiência performativa", já que seu corpo está assumidamente em jogo na relação teatral:

> O ator constrói um espaço de ação compartilhado com o espectador capaz de abrir os canais relacionais de estimulação e intercâmbio que são geralmente inutilizados na dimensão cotidiana. Como um neurocientista, o ator inicia uma viagem em busca dos mecanismos íntimos dos quais ele mesmo é constituído, estimulando de modo preciso e organizado o ser humano que tem à sua frente. O ator *faz agir* quem está à sua frente para descobrir a si mesmo, embarca em uma viagem bidimensional fora e dentro de si.[16]

Se no teatro da Socìetas Raffaello Sanzio isso é explícito, dada a quantidade de dispositivos utilizados para fazer agir o espectador, o contrário também acontece. Para Romeo Castellucci, não só o ator *faz agir* o espectador como também o ator é movido, é "agido" pelo espectador, é um corpo disponível que é habitado por forças exógenas: "a sua técnica consiste em uma fundamental passividade" (Castellucci, material de divulgação do espetáculo *Attore il tuo nome non è esatto*). Nos dois casos, a experiência performativa, tanto do ator quanto do espectador, implica uma atitude ativa mas não necessariamente propositiva, ou seja, depende de um alto grau de disponibilidade, mas também de passividade. Como afirma Larrosa, a passividade e a disponibilidade são condições para a irrupção de uma experiência: "trata-se, porém, de uma passividade anterior à oposição entre ativo e passivo, de uma passividade feita de paixão, de padecimento, de paciência, de atenção, como uma receptividade primeira, como uma disponibilidade fundamental, como uma abertura essencial"[17]. Sob esse ponto de vista, o sujeito da experiência é o lugar ao qual chegam as coisas, é o ponto de chegada e o ponto final, é o espaço onde têm lugar os acontecimentos.

---

16 G. Sofia, Dai Neuroni Specchio al Piacere dello Spettatore, em G. Sofia (org.), *Dialoghi tra teatro e neuroscienze*, p. 138. Disponível em: <http://www.academia.edu/>. (Grifos do autor.)
17 J. Larrosa, op. cit., p. 24.

Romeo Castellucci menciona a atitude de receptividade, de escuta, de abertura em que ele próprio se coloca diante das ideias e das imagens nos processos de criação de seus espetáculos.

> Na primeira fase do trabalho, fico parecendo um objeto transparente que se deixa atravessar por materiais heterogêneos e sensações. Eu sou uma máquina que não escreve, mas *transcreve*. Não basta a gente se colocar no modo de invenção: é preciso se colocar no modo de escuta, estar o mais aberto possível. É preciso observar a natureza dos eventos que ocorrem nesse atravessamento: refiro-me à qualidade da partícula (ou à particularidade) de uma luz, às reverberações de um som ou de um movimento, ao mundo material e, em geral, às superfícies por onde as coisas nos atingem. É um trabalho que se desenvolve, predominantemente, na superfície.[18]

Este estado descrito por Castellucci como necessário à criação é muito similar ao do espectador em seus espetáculos. Apesar de seu teatro requerer do espectador uma atitude ativa no que diz respeito à construção dos sentidos, a principal condição para a produção de uma experiência significativa em seus espetáculos é a disponibilidade para deixar-se tocar, para deixar-se atingir pelos elementos da cena. Ao ator não é solicitado que se transforme em outro, mas que se deixe atravessar e transfigurar pelo olhar do espectador. Esses dois lugares requerem, portanto, não somente atitudes ativas, mas atitudes de padecimento, de atenção, de abertura e de escuta.

A EXPERIÊNCIA COMO PEDAGOGIA

É interessante perceber na fala de vários pesquisadores, como Lehmann, De Marinis, Josette Féral e Béatrice Picon-Vallin, a constatação da inexistência de uma formação específica para o ator do teatro contemporâneo. Apesar de a formação do ator envolver diversas técnicas e metodologias que conviveram contemporaneamente ao longo das épocas, sempre foi possível identificar aquelas dominantes, geralmente ligadas a renovações estéticas. No teatro contemporâneo, que tem como uma das principais características a diluição das fronteiras com outras artes, como a performance, as artes visuais, a música e a dança, a identificação

---

18 R. Castellucci apud E. Pitozzi, À Beira das Imagens, *Revista Cena*, v. 8, p. 132.

de uma formação específica para o ator que atua neste teatro performativo ou pós-dramático, é uma tarefa complicada.

Para Lehmann, a formação do ator do teatro pós-dramático deve incluir, principalmente, um saber artístico híbrido:

> O que importa é a presença, o saber artístico. É importante conhecer outras artes, ter uma formação ampla que possibilite a ele participar de diferentes linguagens, pois o ator treinado num único tipo de teatro acaba engessado nele e depois não se encaixa em outras formas de teatro. Além da técnica, que ele tenha uma formação em outras artes, com tudo o que ele tenha lido, aprendido, vivido, sua curiosidade em relação ao mundo que o rodeia, sua capacidade de esquecer-se de si mesmo para estar no aqui, no momento presente. Deve perguntar-se: para que tipo de teatro?[19]

Lehmann acredita que o ator, como muitas vezes assume o papel de coautor do espetáculo junto ao diretor, deve desenvolver um saber estético e artístico. Para o autor, o aprendizado de técnicas específicas de interpretação de uma personagem já não está no centro do treinamento do ator.

Féral, em seu artigo "Teatro Performativo e Pedagogia", também acredita não haver uma formação específica para o ator que atua no teatro performativo, apesar de identificar nos atores ainda a necessidade da composição de personagens, independentemente da necessidade de alguns encenadores de eliminar de seus trabalhos o conceito de personagem.

De Marinis identifica na contemporaneidade uma crise de identidade, ou melhor, uma explosão da identidade do ator decorrente de múltiplos fatores históricos. O primeiro dos fatores identificados pelo autor é a proliferação contemporânea das estéticas e poéticas teatrais. O segundo é a queda progressiva dos gêneros e das divisões tradicionais entre os vários setores da arte, já que as experiências mais interessantes produzidas desde o século XX se desenvolvem nos confins entre os vários gêneros e formas espetaculares, devido a processos de contaminação, hibridação e osmose. Para De Marinis, é nessa transdisciplinaridade que se funda o ator contemporâneo. Porém, a razão fundamental da crise de identidade do ator contemporâneo,

---

19 Informação verbal obtida em seminário apresentado por Hans-Thies Lehmann no Centro de Artes da Udesc (Florianópolis), em 10 de agosto de 2010.

para o autor, é a progressiva queda da distinção entre profissionalismo e não profissionalismo. O teatro contemporâneo abarca novas formas de participação nos espetáculos que são geradoras de novas identidades artísticas:

[a formação do ator contemporâneo] se desenvolve fora e também contra as escolas tradicionais, em um mercado selvagem e fértil em que existe um pouco de tudo e que nos coloca diante de alguns paradoxos produzidos pelos frutos maduros da antipedagogia teatral novecentista. Esse processo, na verdade, parte de premissas de uma contestação radical da formação tradicional e da própria ideia de escola de teatro. Parte, portanto, com o objetivo de "des-escolarizar" o teatro, depois passa pela decisiva teorização da autopedagogia, e, por fim, desemboca hoje em êxitos contraditórios e, precisamente, um tanto paradoxais: como aquele de uma espécie de "escolarização permanente"; uma situação – escreveu muito bem Massimo Marino em uma pesquisa que aparece em "Hystrio" – "na qual tudo é escola, é expectativa de realidade longe de qualquer contato real"[20].

Os fenômenos identificados por De Marinis como "os frutos maduros da antipedagogia novescentista", conforme o teórico, são sintomas de uma hereditariedade negada, ou seja, de uma impossibilidade de transmissão daqueles que são considerados os pais da encenação e da atuação do século XX. Apesar de o âmbito teatral do século XX ser marcado pela pedagogia, pela técnica, pelo laboratório, pelo treinamento, essas experiências ficaram encerradas em sua própria lógica, e os grandes mestres, segundo Ferdinando Taviani, "passaram as suas receitas incomíveis ou o inefável peso da hereditariedade não transmitida. Aos 'filhos' que pediam um ovo, passaram escorpiões, como na antiga parábola"[21].

A impossibilidade de transmissão, conforme Taviani, tem relação com a própria noção de direção no século XX, caracterizada pela heresia, pela transgressão, pela loucura e pelo excesso. Assim, os grandes diretores "terminam por golpear no coração a ideologia da pedagogia e da transmissão e, em consequência, a própria figura do mestre-pai"[22].

20 De Marinis, Dopo l'età d'oro: l'attore post-novecentesco tra crisi e trasmutazione, *Cultureteatrali*, p. 9. Disponível em: <http://www.cultureteatrali.org/>.
21 F. Taviani apud M. De Marinis, Dopo l'età d'oro: l'attore post-novecentesco tra crisi e trasmutazione, p. 13.
22 Ibidem, p. 12.

Picon-Vallin, em seu artigo "Teatro Híbrido, Estilhaçado e Múltiplo", ressalta que a pedagogia era uma forma de renovar a cena teatral do século xx. Na primeira metade do século, os encenadores tornaram-se pedagogos porque era preciso formar as pessoas para que entendessem seus métodos de trabalho, suas novas intenções, seus novos objetivos, já que a profissão de encenador era recente (surge somente no final do século xix). Essas experiências contribuíram para o desenvolvimento de novas qualidades do ator da cena e não se limitaram à transmissão de um saber sistematizado, mas estavam focadas na pesquisa, na experimentação.

As práticas pedagógicas contemporâneas de formação do ator, portanto, trazem como herança do século passado, de acordo com esses teóricos do teatro, não sistemas de atuação e métodos de preparação do ator, mas novas possibilidades de desenvolver processos que nascem de uma lógica da prática e que envolvem a produção de procedimentos a partir da relação pragmática do ator com os materiais de atuação.

O ator contemporâneo não se limita a ser um reprodutor de códigos e convenções teatrais nem um ilustrador de histórias. Sua atuação na cena, portanto, requer novas competências. Conforme Matteo Bonfitto,

em muitos casos o ator pós-dramático deverá compor ou incorporar seres ficcionais que não podem ser remetidos a indivíduos ou tipos humanos; eles serão muitas vezes canais transmissores de qualidades, de sensações, de processos abstratos, de fenômenos naturais, de combinações de fragmentos de experiências vividas, de restos de memórias... Dessa forma, as matrizes geradoras dos materiais de atuação, utilizados pelo ator pós-dramático, estão relacionadas mais diretamente com a exploração de processos perceptivos, constitutivos do que podemos chamar de experiência em diferentes níveis, do que com a ilustração de histórias ou teses de qualquer gênero[23].

As novas competências solicitadas ao ator contemporâneo abarcam processos formativos que resgatam a própria vivência do ator, suas memórias e marcas corporais, como "matriz geradora dos materiais de atuação"; e ainda, lidam com o treinamento como parte do processo criativo, com objetivos que

23 *A Cinética do Invisível*, p. 98.

não são estabelecidos *a priori*, mas surgem da própria prática do ator na sua relação com os materiais de atuação. Na formação do ator contemporâneo, portanto, a questão do deslocamento da lógica da informação para a lógica da experiência é um problema central.

Esse problema atravessa atualmente a pedagogia do teatro não só com o foco na formação do ator, mas também no ensino do teatro. As práticas de ensino do teatro alinhadas ao teatro contemporâneo buscam pôr o foco na experiência gerada pela própria experimentação do fazer teatral. Beatriz Ângela Cabral aponta que

o foco na presença e simultaneidade entre processo-produto e forma--conteúdo apontam para uma perspectiva pedagógica que não está centrada em ensinar como fazer teatro a partir de técnicas, estratégias e conteúdos específicos. Estes decorrem e se diferenciam de acordo com o contexto e circunstâncias em que são propostos. O conhecimento que se espera é que a imersão do aluno no contexto e na situação proposta o leve a perceber a complexidade da arte e das relações humanas[24].

As práticas pedagógicas desenvolvidas pela Socìetas Raffaello Sanzio têm como marca a eliminação de algumas dicotomias, como forma e conteúdo, processo e produto, bem como a diluição das fronteiras entre o fazer e o apreciar. Mas, principalmente, essas práticas são significativas no âmbito do teatro por eliminar as fronteiras entre a pedagogia do ator e o ensino do teatro, a criação artística e a pedagogia, os espetáculos infantis e os espetáculos adultos. Todas as práticas da companhia, pedagógicas e artísticas, possuem um caráter experimental.

De Marinis aponta as escolas da Raffaello Sanzio como uma exceção à tendência (identificada por ele na contemporaneidade) de "desescolarizar" o teatro. Por outro lado, Massimo Marino classifica as escolas criadas no âmbito da companhia como experiências pautadas na autopedagogia pertencentes ao contexto da *non-scuola*[25].

As escolas e as outras experiências pedagógicas da companhia eliminam de tal forma as fronteiras entre arte e pedagogia,

---

24 *Teatro em Trânsito*, p. 3.
25 Cf. M.Marino, L'altra Scuola del Nuovo Teatro. *Fillide Revista*, n. 3. Disponível em: <http://www.fillide.it/>.

que se torna complicado determinar a que âmbito pertencem. A produção de conhecimento artístico se dá através da imersão direta e total em experimentos cênicos, como no caso da Scuola Sperimentale ou nos espetáculos de Romeo Castellucci, ou em exercícios realizados com o rigor de uma obra cênica, como nas escolas de Claudia Castellucci. Ao falar do seu trabalho como artista numa entrevista recente, Claudia Castellucci admite: "a minha obra é criar escolas"[26]. Suas escolas, assim como as escolas e laboratórios de Guidi, são vistas como obras de arte geradoras de renovações estéticas tão importantes quanto os espetáculos da companhia, e como ambiente de experimentação de procedimentos cênicos, mecanismos e dispositivos próprios do teatro contemporâneo.

Uma das questões fundamentais de tais práticas, que articulam arte e pedagogia, diz respeito à proposição de novas formas de participar e de experimentar a cena. Nos espetáculos de Romeo Castellucci, o corpo do espectador é considerado como o ambiente onde ocorre a experiência cênica. Dos atores não é necessariamente exigida experiência profissional, nem técnica, mas a disponibilidade de pôr seu corpo a serviço da ficção, não para representar um outro, mas para "apenas" ser em cena. A transfiguração dessa pessoa em figura, em personagem, depende da participação ativa do espectador. Há a busca por uma comunicação que ocorra num nível perceptivo sensório, ou seja, a comunicação antes da compreensão. Essa comunicação ocorre não somente entre atores e espectadores, mas também nas relações dos atores com os outros corpos em cena, com os objetos, com as sonoridades, com os animais. Todas essas relações, como foi visto anteriormente, compõem o que Guidi denomina de "dramaturgia da percepção", ou seja, uma dramaturgia que envolve, de modo perceptivo, todos os participantes do ato teatral.

A noção de pedagogia que emerge das práticas da Socìetas Raffaello Sanzio, ou seja, uma pedagogia que se dá na experiência, se aproxima do pensamento do filósofo norte-americano John Dewey sobre a educação. Em suas pesquisas, a arte tem um papel fundamental na educação, não como ferramenta a

26 Cf. M. Pascarelli, Claudia Castellucci: La mia opera è creare scuole, *Artribune*, dez. 2013. Disponível em: < http://www.artribune.com/>.

serviço do conteúdo de outras disciplinas, como foi interpretado de forma reducionista por alguns representantes do Movimento da Escola Nova, nos anos 1920, no Brasil, mas como um instrumental fundamentado no estético. Conforme Dewey, as artes têm um papel específico na educação: "existem para uso especializado, sendo este uso um treino de diferentes modos de percepção"[27]. Dewey reconhece o caráter intrinsicamente educacional da arte por ser produtora de experiência.

A experiência estética, para Dewey, é uma experiência intensificada que provoca uma ruptura e ressignifica o cotidiano. Dewey atribui um papel ativo ao espectador na constituição da obra. O espectador, ou fruidor de arte, para o autor, tem uma função criativa na experiência em geral e, particularmente, na experiência da arte, já que a recepção estética seria uma ação de recriação do processo de produção da obra[28].

A experiência, para ele, guardando uma imensa semelhança com a fenomenologia, é o que acontece entre o mundo e o corpo, entre o mundo e a "criatura viva" através dos sentidos. A noção de experiência em Dewey compreende "o conjunto das trocas – das transações – que operam no contexto integral das relações com os objetos, ou mais fundamentalmente entre o vivente e seu meio ambiente"[29]. É importante ressaltar, porém, que, como aponta o pesquisador francês Jean-Pierre Cometti,

A noção de experiência aqui não recebe somente um conteúdo relacional que pressupõe levar em conta os elementos contextuais; ela se inscreve à contracorrente de uma concepção das relações sujeito/objeto que se traduz, o mais frequente, em uma reificação do objeto e/ou em uma visão do sujeito que, em um jogo de pêndulo absolutamente típico e insensato, põe o peso das análises ora sobre o sujeito ora sobre o objeto compreendidos na relação, porquanto esta seja afirmada como tal, como a vemos nas análises dos fenomenólogos. À primeira vista, podemos nos perguntar como fazê-lo de outra forma, porque, como sugere o modelo da "Revolução Copérnica" que Kant tem insistentemente imposto para todas essas questões, aparentemente teríamos sempre que escolher uma ou outra instância. Parece-me, no entanto, que

---

27 J. Dewey apud A.M. Barbosa, *John Dewey e o Ensino da Arte no Brasil*, p. 147.
28 Cf. *A Arte Como Experiência*.
29 J.-P. Cometti, Arte e Experiência Estética na Tradição Pragmatista, Poiésis, *Revista de Pós-Graduação dos Estudos Contemporâneos das Artes*, n. 12, ano 10, p. 169.

a originalidade e o interesse do pragmatismo de Dewey consistem em nos subtrair desse tipo de impasse.[30]

Para Cometti, a noção de experiência de Dewey contribui para a substituição do modelo estático (dualista) por um modelo dinâmico. Através do seu conceito seria possível compreender que "o que parece se concentrar sobre uma experiência específica, geralmente tida por autônoma, de ordem emocional e independente do tipo de interesse, participa de fato da compreensão do mundo e de sua construção, comunicando com fatores e condições de ordem cognitiva, fazendo apelo às aprendizagens, e mesmo às convenções"[31].

Como aponta Ana Mae Barbosa, Dewey considera a arte como um modo de atividade saturada de significados, porém, a importância do significado em sua filosofia vai além da concepção linguística de significado e além do conceito de conhecimento. Na concepção de Dewey, os significados são vividos pelo organismo humano, são possuídos antes de serem conhecidos. Para Dewey, "tanto na produção quanto na apreciação de trabalhos de arte, o conhecimento é transformado; ele se torna mais do que conhecimento porque se funde com elementos não intelectuais para tornar válida uma experiência – enquanto experiência"[32].

No teatro contemporâneo, a busca pela produção de experiências significativas abre espaço para a ambiguidade e a pluralidade dos sentidos, pois parte de uma lógica que não envolve a transmissão de mensagens e abandona a necessidade da explicação. Muitos processos e trabalhos artísticos buscam eliminar as dicotomias entre o pensar e o agir, entre corpo e mente, entre o fazer e o fruir, já que colocam os participantes do ato teatral numa atitude ativa e receptiva ao mesmo tempo, sejam eles atores ou espectadores (ou estejam numa posição que alterna os dois papéis). O trabalho de Guidi, por exemplo, como foi visto no capítulo anterior, articula voz e infância no sentido de buscar espaço para novas formas de comunicação centradas na sensorialidade e na multiplicidade da produção de sentidos.

30 Ibidem, p. 169.
31 Ibidem, p. 170.
32 J. Dewey apud A.M. Barbosa, op. cit., p. 149.

Nos espetáculos de Castellucci e nas situações ficcionais propostas para as crianças nas escolas e nos espetáculos infantis de Guidi, é interessante perceber que diferentes tipos de jogos são propostos ao espectador/participante. Em cada uma das obras e práticas descritas nos capítulos anteriores, um tipo específico de jogo é instaurado, no qual o espectador é um elemento fundamental. Os prólogos criados por Guidi, por exemplo, demandam a participação interativa da criança em jogos que a inserem na lógica de cada obra. Nos espetáculos de Castellucci, apesar de suas obras não demandarem a participação interativa do público, ainda assim o espectador é o elemento central dos jogos que são instaurados em seus trabalhos, pois é a ele que se pretende atingir através dos diversos dispositivos e estímulos sensoriais produzidos na cena, e cabe a ele dar sentido ao que vê. Como foi mencionado no capítulo anterior em relação aos espetáculos *Inferno*, *Purgatorio* e *Sul concetto di volto nel figlio di Dio*, Castellucci traça em suas obras um caminho que vai do eu (artista) na direção do tu (espectador). Em *Sul concetto*, por exemplo, o olhar insistente de Cristo na direção do espectador cria um vetor do palco na direção da plateia que desloca o espectador de sua posição confortável e passiva.

A existência de experiências artísticas e pedagógicas que proponham novas formas de interação com a arte teatral ampliam as possibilidades de surgimento de espectadores que se sintam confortáveis ao transitar pela pluralidade das propostas teatrais contemporâneas, e não somente por aquelas formas estéticas ligadas à tradição dramática. Isso não significa que esse espectador é melhor do que o anterior, pois não se trata de atribuir um valor cultural elevado ao teatro performativo, mas, como afirma Desgranges, de "uma ampliação de campo, de investigar outras maneiras de enunciação, de elaborar modos distintos de conceber o ato artístico e (por que não?) de gerir a vida social"[33].

É comum observar nos processos de ensino do teatro, mesmo quando propostos por artistas, em contextos formais e não formais, o recurso a antigas metodologias de ensino que se resumem na instrução de conteúdos como as convenções

---

33   F. Desgranges, O Efeito Estético, *Urdimento*, n. 17, p. 69.

do teatro, certos sistemas de atuação, ou montagem de peças a partir de textos dramáticos ou improvisação. Apesar de realizarem trabalhos pessoais alinhados com a cena contemporânea, muitos professores-artistas desconhecem formas de realizar atividades com os alunos que se aproximem de suas práticas sem que se enfrente o caos, o espontaneísmo e a sensação de que não se está indo para lugar nenhum. A lógica da prática, que muitas vezes já é aplicada pelos artistas em seus trabalhos, não funciona em suas propostas pedagógicas.

No âmbito do ensino do teatro, a investigação de práticas que busquem aproximações ao teatro contemporâneo é importante no sentido de abrir espaço para novas formas de participação para os alunos, e de proporcionar espaços de atuação para o professor como artista nos processos. A atriz e pesquisadora Heloise Baurich Vidor, com base nas propostas da pedagogia pós-crítica de Henri Giroux, define a estratégia do professor-personagem no *drama* como um modo de propor desafios e provocações aos alunos, "com uma forma de interação totalmente diferente da usual, de maneira consciente e interacional, tendo claros os objetivos pedagógicos e as estratégias para alcançar estes objetivos, porém entregando-se ao inesperado gerado pela própria experiência"[34].

Nas práticas da Raffaello Sanzio, o trabalho centrado nos aspectos materiais da experiência e na produção de sinestesias, a exploração de novas formas de composição de seres ficcionais e modos de ser/estar em cena e o resgate de uma dimensão ritual do teatro são características específicas que contribuem para pensar a atual pedagogia do teatro focada tanto na formação do ator, quanto no ensino do teatro.

Maria Lúcia Pupo, ao abordar as relações entre o ensino do teatro e o teatro contemporâneo, afirma que mais importante do que estabelecer subdivisões dentro da pedagogia do teatro que deem conta da aplicação dos procedimentos performativos ou pós-dramáticos, ainda em consolidação, é vislumbrar o rastro de uma transformação na percepção, e a "instauração de uma desordem naquilo que até há pouco se admitia ser a função

---

34 *Drama e Teatralidade*, p. 13.

do teatro"[35]. Nesse sentido, as práticas realizadas pela Socìetas Raffaello Sanzio podem contribuir na investigação de novos modos de percepção da cena e na instauração de um caos criativo nos modos de ensinar o teatro, ou os teatros, atualmente.

É ISTO UM ATOR?

Com o objetivo de iniciar as considerações finais deste trabalho, sem necessariamente encerrar as reflexões sobre as articulações entre a formação e a criação artística nas práticas da Socìetas Raffaello Sanzio, já que tais reflexões podem, a partir deste estudo, gerar inúmeros desdobramentos, a negação apresentada como título deste trabalho retorna agora como pergunta: é isto um ator? Pode-se ainda falar de ator? As pessoas que participam dos espetáculos da companhia podem ser consideradas atores e atrizes?

Tais questionamentos, pertinentes não só ao trabalho da Raffaello Sanzio, mas ao teatro contemporâneo, são retomados aqui devido ao reconhecimento de que a visão particular daquele que atua na cena é fundamental para entender todos os aspectos do teatro da companhia.

Para discutir o papel da figura do ator no teatro da Socìetas Raffaello Sanzio, em primeiro lugar, é importante reconhecer, mais uma vez, que a pesquisa da "infância do teatro" gera desdobramentos nas práticas da companhia. A noção de "infância do teatro", como foi visto até aqui, aparece tanto nos espetáculos e laboratórios de Guidi, experiências nas quais a criança, em parceria com o adulto, é estimulada continuamente a dar respostas aos materiais que lhe são apresentados, quanto nos espetáculos de Romeo Castellucci, em que a criança é uma espécie de guia para o ator, já que através da potência de sua presença literal tem o poder de atacar a representação de dentro da representação.

No caminho próprio de pesquisa que Guidi e Romeo Castellucci vêm trilhando, desde 2004, é possível perceber semelhanças

---

[35] *O Pós-Dramático e a Pedagogia Teatral*, em J. Guinsburg; S. Fernandes (orgs.), *O Pós-Dramático: Um Conceito Operativo?*, p. 232.

e diferenças nas formas com que os desdobramentos de uma visão específica de teatro, que compreende a importante relação com a infância, se materializam em suas práticas, sobretudo no que diz respeito à questão da atuação.

Romeo Castellucci parte do princípio de que o ator deve trazer em si, na sua natureza, os componentes psicofísicos para atuar certa personagem. Assim como a criança, que traz para a cena um elemento do real, devido à sua condição de infante, cada ator é escolhido pelo diretor por suas características singulares. É importante observar, portanto, que o que Romeo Castellucci denomina de "escolha objetiva" não só afeta a recepção da imagem dos atores, que veicula a potência da literalidade em relação ao papel que exercem no espetáculo, mas também interfere nas práticas de preparação do ator em seus espetáculos.

Tomando como exemplo o espetáculo *Sul concetto di volto nel figlio di Dio*, é possível afirmar que não houve uma preparação específica para a criação das personagens pai e filho. As personagens foram concebidas por Castellucci pensando especificamente nos atores Sergio Scarlatella e Gianni Plazzi. Não foi necessário, portanto, um treinamento psicofísico para que Gianni Plazzi atuasse o idoso, já que o papel foi destinado a ele justamente por ser quem é. Suas limitações físicas e emocionais, suas fragilidades e marcas corporais compõem a personagem de forma direta e objetiva. A nudez, que expõe seu corpo envelhecido em cena, revela aos espectadores as marcas reais de um homem septuagenário. Essa é uma questão central no teatro de Castellucci. A nudez envelhecida de Plazzi é essencial nesse espetáculo porque impacta e afeta o modo como o espectador encara os outros elementos da cena. O real, veiculado por esse corpo, irrompe a cena (e a ficção) de modo tão potente, que faz com que os outros elementos da cena, inclusive as fezes, se tornem reais aos olhos (e aos outros órgãos da percepção) do espectador.

O testemunho e a confissão, conforme Óscar Cornago, aparecem como estratégias cênicas no teatro contemporâneo. Num ato de confissão ou testemunho não são necessariamente as palavras que causam impacto nos espectadores, "mas sim a presença desse corpo que esteve ali e agora está aqui, uma ponte entre o que foi e o que é, o mito de uma recuperação "real" do passado em tempo presente"[36]. O foco não está necessariamente na palavra, ou seja, numa realidade textual prévia, mas na presença e nas mais diversas formas de manifestações e irrupções do real na cena.

Na contemporaneidade, a "ação real", que havia sido o foco dos mais importantes nomes do teatro no início do século XX, como Stanislávski e Copeau, volta a ser o foco de investigação do ator, agora não somente com fins expressivos ou estéticos, mas como ato político: "político, em seu sentido mais amplo, deixa de ser uma ideologia determinada para ser, em primeiro lugar, uma maneira de estar – na cena da história – que parte de uma forte consciência do presente"[37]. Cria-se na cena um contexto de comunicação imediato e concreto, a partir do corpo físico e real, que sente e pensa de uma maneira determinada, singular, e que vai ser confrontado com o outro, seu público: "política é a comunicação com o outro". Como no teatro contemporâneo não há retóricas que definam previamente as regras da arte, cada criador define seu modo de entender o corpo, sua relação com a palavra, a ação e o público, ou seja, com o social, assumindo, assim, uma postura ética: "voltar a dar visibilidade ao espaço social, [...] obriga a falar de uma política em primeira pessoa, uma política do eu-atuo que se manifesta a partir de um espaço menor, de proximidade"[38].

Essa tendência para o pessoal implica "numa poética de proximidade, de encontros e fragilidades"[39]. Ao contrário das vanguardas, que dialogavam com as narrativas históricas, na contemporaneidade ganham destaque as micro-histórias, "sendo vistas como instrumento de autodefesa diante da experiência cotidiana de fragmentação e dispersão e como estratégia de resistência através das quais grupos colocados à margem pela 'grande história' afirmam sua memória e identidade"[40].

No teatro de Romeo Castellucci, porém, o tipo de "testemunho" dos atores não ocorre, como nas performances dos anos 1960, ou no cabaré pós-moderno do final dos 80 e início dos

---

36 Atuar "de Verdade", *Urdimento*, n. 13, p. 102.
37 Ibidem, p. 4.
38 Ibidem, p. 2.
39 Ibidem, p. 22.
40 V.L.F. de Figueiredo, Encenação da Realidade, *Matrizes*, ano 3, v. 1, p. 134.

90, no formato do solo autobiográfico. Os atores dos espetáculos de Castellucci colocam seus corpos singulares a serviço da ficção. Para o diretor: "a negação da representação (na representação) não só supera a si mesma, duplicando-se no espelho em chamas do teatro, mas também espanta a primazia da experiência da realidade, que é sempre decepcionante"[41]. O corpo não constitui um meio de encontro no teatro de Castellucci, mas sim "o anúncio terrível da alteridade, um umbral difícil de ultrapassar"[42]. O real não está acessível ao espectador por meio da identificação com a história, com a biografia do ator, mas se anuncia por meio da apresentação impactante do corpo vivido.

Na contemporaneidade, o corpo assume nas artes cênicas, conforme Rossella Mazzaglia, um poder anárquico, já que parece quase "ilegítimo" experimentar em primeira pessoa sem seguir as orientações publicitárias que vendem imagens e sensações pré-fabricadas. O corpo cênico contemporâneo não é mais especializado em técnicas, mas adquire seus próprios instrumentos: "é um corpo que substitui a verticalidade da memória pela horizontalidade da imanência"[43]. Ocorre, assim, uma ruptura com os sistemas de codificação, tanto na dança como no teatro, resultando em um corpo múltiplo ou rizomático, que supera as dicotomias, que está ancorado no real, que está aberto ao mundo e que transita nos "fluxos desterritorializados"[44].

O corpo nas artes cênicas, diante da multiplicação dos corpos sem memória na atual cultura da imagem, se apresenta como "garantia de um reduto último para se voltar a pensar o essencial do eu, sua condição humana, mas também sua dimensão política; o corpo como garantia do mais concreto, de uma verdade"[45].

Pensar os efeitos da presença do corpo vivido no teatro, que na contemporaneidade é definido por Lehmann como um "fenômeno cultural de produção de presença", fornece valiosas pistas de análise da prática teatral diferentes daquelas propostas pela semiótica e pela hermenêutica, pois toca no ponto que

41 C. Castellucci; R. Castellucci; C. Guidi, *L'epopea della polvere*, p. 221.
42 J. Sánchez, *Prácticas de lo Real en la Escene Contemporánea*, p. 152.
43 R. Mazzaglia, A Instabilidade do Sonho, *Urdimento*, n. 12, p. 77.
44 Para saber mais sobre a Teoria do Rizoma, ver de Félix Guattari e Gilles Deleuze em *Mil Platôs: Capitalismo e Esquizofrenia*, v. 1.
45 O. Cornago, op. cit., p. 1.

difere o teatro do cinema, da música e das artes visuais, ou seja, a presença viva do corpo.

O teatro de Castellucci apresenta uma noção específica de teatro do real que está diretamente ligada à presença do ator na cena. Os estímulos sensoriais empregados em suas obras, assim como os mecanismos que revelam a ficção ao espectador, fazem parte de um conjunto de dispositivos que tocam a noção de real, validados pela presença viva do corpo do ator.

O real não é apresentado como autobiografia ou como sangue e fezes verdadeiros, mas como um diálogo entre o impacto da materialidade do corpo do ator e os dispositivos altamente hiper-realistas, também geradores de impacto, que são desmascarados diante do espectador, como ocorre na cena final da primeira parte de *Sul concetto di volto nel figlio di Dio*, em que a personagem pai pega um galão cheio de "fezes" e derrama em si mesmo (ou o sangue falso derramado antes do espancamento na *Tragedia endogonidia*). O impacto dessa cena se deve ao que foi construído anteriormente através da apresentação hiper-realista dos elementos de cena: o caráter realista da atuação, o aspecto e o cheiro das fezes, o corpo nu envelhecido e real do ator.

Castellucci muitas vezes busca criar em suas obras uma realidade ficcional mais real que a realidade cotidiana, no sentido de oferecer uma experiência intensa, que coloca o espectador em contato com a materialidade das coisas do mundo. Em *Sul concetto*, a imersão na realidade ficcional gerada pelo realismo da cena e pelos estímulos sensoriais é intercalada por choques do real, provocando rupturas na expectativa e deslocando o espectador de uma posição confortável, passiva e acomodada. Se em alguns momentos, ou para alguns espectadores, os estímulos sensoriais funcionam como um elemento que colabora na imersão do espectador na ficção, em outros momentos, ou para outros espectadores, eles promovem um instante de ruptura, como descreve a pesquisadora Alessandra Montagner sobre sua experiência como espectadora desse espetáculo:

A eficácia do drama era inegável até o instante no qual, repentinamente, algo me despertou. O que é esse cheiro? – eu pensei. Um cheiro forte começou a invadir o teatro, um fedor de fezes. Esta *merda* compareceu com um sobressalto que inevitavelmente me trouxe à consciência de mim mesma como espectadora. Aquele, querido leitor, foi o despertar do meu estado de sonho no auditório. Foi um lembrete de que eu estava em realidade no teatro. Como resultado, o meu mundo catártico de identificação com a trama encenada foi, consequentemente, substituído por uma relação *outra* que comecei a estabelecer com aquele evento teatral. Eu já não estava mais perdida em assimilação emocional. Eu havia sido denunciada como sendo parte daquela representação, responsável por estar lá. O teatro havia me mostrado a sua natureza mais cruel e ardilosa e, como consequência, me condenado como mais um de seus elementos composicionais. Naquele instante, houve para mim uma mudança na natureza daquela experiência; esta já não se referia à minha absorção e identificação com o universo dramático. O meu principal ponto de atenção, a partir daquele momento, foi a observância dos diferentes mecanismos e elementos que compuseram aquele trabalho teatral, e como eles foram utilizados de modo a afetar a minha relação com aquela encenação.[46]

O papel do ator no teatro produzido por Castellucci está estreitamente ligado à noção de teatro do real que ele veicula. Há sempre uma ambiguidade nos elementos apresentados na cena, principalmente na presença do ator. O impacto causado pela materialidade das presenças em cena gera, por um lado, uma multiplicidade de leituras possíveis, e, por outro, muitas vezes dificulta e até impede que o espectador faça a leitura de tais presenças na cena.

Todas as pessoas que atuam nos espetáculos do diretor, profissionais ou não, são consideradas atores, porque o conceito de ator de Castellucci é diverso daquele em que se considera o ator como aquele que possui as habilidades necessárias para interpretar uma personagem, para se transformar em outro. A questão para Castellucci, portanto, não é "ser ou não ser ator", mas "o que é o ator".

Na visão do diretor, o ator é "agido pelo espectador" porque é através do olhar externo que ele se transfigura. Apesar de não haver lugar para improvisação e espontaneísmo, a natureza do ator, seu modo de ser e de agir não só é mantido como torna-se essencial na obra de Castellucci. Como observa Scarlatella,

o trabalho de Romeo não é aquele no qual se pede para escolher um tema e, como se poderia dizer, jogar com aquele tema, improvisar. Não é um trabalho de improvisação, ele te dá uma jaula, isto é, ele diz: "isto

[46] Sobre o Conceito do Rosto no Filho de Deus, *Revistas Aspas*, v. 3, n. 1, p. 43.

é aquilo que te proponho e tu deves ficar dentro". Porém, não te diz isso sempre com exatidão. Aqui temos duas coisas a comentar: uma, que ele te dá muita liberdade, te deixa com o teu modo de dizer, de agir; esta é a coisa bela de Romeo, de procurar manter, de todo modo, intacta a natureza do ator, da atriz, da criança, do animal, naquilo que é. E também há, como se poderia dizer, entre aspas, as manias, mas não são verdadeiras manias... ele gosta do gesto, do mistério que se oculta por detrás de um gesto. Portanto, por exemplo, voltando ao *Purgatório*, de vez em quando, ele dava indicações do tipo... são duas que me lembro neste momento: eu estava com a perna cruzada, a meia branca e ele gostava que eu balançasse o pé. Num outro momento, no qual eu estava sentado no *puff* da sala, permaneço só, espero, Irena sai (a atriz que interpreta a minha mulher) e vai pegar a criança; naquele momento há uma série de gestos... estes foram todos indicados por Romeo. E eu fico arrepiado, mas não sei por quê... isto é, não têm um "isto quer dizer"... Não sei o que quer dizer... porém têm uma força naquele momento... incrível. Assim como, por exemplo, no espetáculo *Sul concetto*, no qual existe a pausa, estou lavando meu pai em cena e eu paro[47].

Examinar o lugar e o papel do ator no teatro de Castellucci implica em buscar uma concepção de ator que leve em conta as tensões existentes entre a performance e o teatro. Nos últimos anos, diversos teóricos como Fischer-Lichte, Lehman, Carlson e Féral, vêm dedicando-se a pesquisar o território de fronteira e as contaminações entre o teatro e a performance. As pesquisas de Bonfitto nesse âmbito, em seu livro *Entre o Ator e o Performer*, colocam o foco no trabalho do ator e do *performer*, e busca revelar as especificidades nos trabalhos de ambos, não para reforçar as diferenças, mas para revelar tensões e pontos de contato. Através da identificação de algumas ambivalências que dizem respeito a estes dois papéis, do ator e do *performer*, Bonfitto os propõe não como opostos, mas como polos de um *continuum*.

A proposição das ambivalências (representação/presentação, intenção/intensão e significado/sentido) são apresentadas pelo pesquisador como um desdobramento das pesquisas de Michael Kirby, que elabora o *continuum acting/not-acting*, como foi referido no capítulo anterior. Diferente da pesquisa de Kirby, porém, que propõe um *continuum* composto de categorias que

---

[47] Entrevista concedida à autora por Sergio Scarlatella, em Porto Alegre (Brasil), em setembro de 2013.

vão da *nonmatrixed performing* até a *complex acting*, os *continuums* propostos por Bonfitto como ambivalências "podem permear diferentes tipos de atuação, simultaneamente"[48].

Para Bonfitto, portanto, mais importante que identificar os vários tipos de atuação, é reconhecer a existência de um "espaço entre". Tal espaço está associado às dinâmicas que envolvem as ambivalências e "emerge quando ocorrências expressivas são associadas a um dos polos que definem cada ambivalência e sobretudo entre tais polos, ou seja, quando ocorrem entre a representação e a presentação absolutas, entre a intenção e a intensão absolutas e entre o significado e o sentido absolutos"[49].

Nos laboratórios que conduz em festivais, Castellucci trabalha sobre essa visão específica do ator. Sobre tais laboratórios, o diretor declara:

Devo dizer que comecei a fazer um pouco contra a minha vontade. Não estava mesmo convicto... porque é um trabalho muito diferente. Na verdade, depois trabalhando, fazendo algumas experiências, no final, eu estava contente. Não fiz tantas vezes, mas foi uma experiência interessante na medida em que, mais uma vez, eu renuncio à posição do mestre. Isto é, proponho temas naturalmente, palavras, temas, sons, mas são eles que devem trabalhar. E, então, na verdade tudo é voltado a atores, mas talvez também a diretores. Porque aquilo que devem elaborar, muito frequentemente, são soluções cênicas, com alguns elementos que são dados, alguns temas, algumas problemáticas, em certos casos em pouco tempo, na verdade em pouquíssimo tempo, ou que seja em mais tempo, afinal, são tantas as dinâmicas, eles devem encontrar algumas soluções formais. Então é um trabalho sobre a forma. Não existe um trabalho sobre a formação dos atores, isto é, não faço um trabalho formativo... talvez sim... mas a ideia de ator, não é aquela de alguém que leva uma mensagem de outrem, que repete palavras de um outro, não é alguém que leva uma imagem. O ator é já uma imagem em si mesmo. E este talvez seja um trabalho que se pode fazer nesses laboratórios, ou seja, abrir uma visão sobre este conceito: o ator é já por si uma imagem, mesmo que não fale e nem faça nada. A criança é já potente, o ator está "em potência". Então o laboratório faz um trabalho sobre a forma desta possível potência. Mas é muito frio e formal. Não se faz jamais um trabalho com psicologia, jamais. Nunca fiz. Eu acredito que a psicologia seja importante, mas não me pertence, ou seja, acredito que sejam esferas privadas dos atores. Estou seguro de que Gianni e Sergio estão fazendo um trabalho psicológico, mas não me

---

48 M. Bonfitto, *Entre o Ator e o Performer*, p. 98.
49 Ibidem, p. 119.

pertence. Eu não entro na sua vida. Não é permitido. Existem diretores que, com grande desenvoltura, entram na experiência de vida dos atores; para mim isto é inaceitável. Existe um limite, quero dizer. Pois não acredito, não acredito que artisticamente leve a coisas interessantes. A experiência de vida, a biografia deve permanecer oculta, deve permanecer uma fonte secreta de cada ator.[50]

Da mesma forma que nos laboratórios, no processo de criação de suas obras, o trabalho de Castellucci com os atores compreende uma série de experimentações com materiais propostos pelo diretor para a construção da cena. Mantendo seu modo de ser, os atores são estimulados a interagir e criar relações entre si e os elementos de cena (texto, cenário, objetos). Nessas experimentações, e nas cenas que resultam delas, os atores parecem se localizar no "espaço entre" que propõe Bonfitto: ao mesmo tempo que o modo de ser do ator é essencial para Castellucci, já que este é escolhido por ser exatamente quem é, a biografia é absolutamente rejeitada; ao mesmo tempo que os espetáculos estão carregados de simbolismos fortemente difundidos na cultura, como a imagem de Cristo, tais símbolos e imagens são totalmente subvertidos, causando um nó na produção de sentidos.

No trabalho de Chiara Guidi, diferente de Castellucci, há um processo de preparação do ator que não está só ligado à experimentação dos elementos dados pelo diretor, mas aos procedimentos técnicos próprios da atuação. Scarlatella, que trabalha com a Socìetas Raffaello Sanzio desde o ano de 2001, reconhece algumas diferenças na forma com que Castellucci e Guidi lidam com os atores nos processos criativos:

sobre o trabalho de Romeo, me lembro de um laboratório que Chiara organizou no ano passado no Màntica, no qual, em uma tarde, tinha a participação dele. Ele deu aos atores uma situação: "este é o espaço, dou a vocês um som, uma música", que era um canto de passarinhos, "peço a vocês que andem até uma janela e olhem, e da janela ir e escolher um ponto no espaço e chorar". Este, por exemplo, é o tipo situação que Romeo pode dar aos atores. Chiara, por outro lado, dá elementos ligados a uma técnica, a uma pesquisa atorial ligada à voz. Portanto, pode dar uma frase a ser dita num determinado modo, um som...

50 Entrevista concedida à autora por Romeo Castellucci, em Buenos Aires, em outubro de 2013.

descrevendo-o, e um monte de coisas ligadas àquele som, àquela frase, àquele modo de dizer, isto é, dá uma série de elementos que ajudam a chegar a um resultado, a dizer uma frase, uma palavra, um som num determinado modo. Este é tipicamente o trabalho de Chiara, é focado numa pesquisa específica sobre a voz[51].

Enquanto Castellucci propõe aos atores situações e a resolução de alguns problemas ligados à forma, Guidi preocupa-se com as questões técnicas da atuação, que, como apontou Scarlatella, e como foi visto no capítulo anterior na descrição do processo de criação de *Macbeth*, partem sempre de questões que emergem da pesquisa sobre a voz, com o propósito de criar uma dramaturgia sonora. O trabalho de Guidi com os atores pela via da voz está conectado com a sua própria pesquisa como atriz que parte de uma visão de mundo muito peculiar no que diz respeito à sua relação com os sons:

na minha vida, eu procuro sons a fim de entender sua forma; vê-los, desenhá-los e imitá-los para inventar outra forma. Todo dia eu alimento a mim mesma com a escuta, para ver contornos e cores, para ouvir enredos que não podem ser colocados em palavras, para sentir perfumes que não existem. Primeiro chegam as sensações espontâneas e, em seguida, as formas que eu construo, traduzindo em ação o que eu percebo[52].

Tanto no papel de diretora quanto no de atriz, Guidi empreende uma busca incansável para encontrar a forma de cada som. Essa busca exaustiva no processo criativo resulta em espetáculos impecáveis do ponto de vista técnico da atuação, da paisagem sonora, da técnica vocal. Já do ponto de vista da encenação, os espetáculos dirigidos por Guidi se diferenciam daqueles dirigidos por Castellucci. Em alguns dos seus espetáculos, tem-se a sensação de que o tema, a concepção estética do espetáculo, a encenação e sua visão como diretora da obra como um todo, estão em segundo plano em relação à impecabilidade da técnica corporal e vocal do ator. Nos espetáculos de Castellucci, ao contrário,

---

51 Entrevista concedida à autora por Sergio Scarlatella, em Porto Alegre, em setembro de 2013.
52 C. Guidi; S. Bottiroli, To See Versus to Believe, *Performance Research*, v. 15, n. 3, p. 110.

todos os elementos da cena trabalham para construir a visão, o desenho da cena que foi previamente concebido pelo diretor.

Apesar dessas diferenças, nos dois casos o ator não é o centro da cena. Da mesma forma que nos espetáculos de Guidi, o ator participa da composição da partitura sonora formada por todos os elementos presentes na cena; nos espetáculos de Castellucci, não há hierarquia entre os elementos de cena. Tanto nos espetáculos de Guidi quanto nos de Castellucci, aquele que atua transita por diversos registros, ora como *performer*, ora como ator, ora como personagem, ora como figura, ou ainda como dispositivo, capaz de desestabilizar a percepção do espectador.

O "espaço entre" ocupado pelo ator se irradia para os demais aspectos dos trabalhos realizados pela Raffaello Sanzio, o que gera dificuldade em categorizar e encontrar as fronteiras entre as diversas dimensões de suas práticas. A incessante investigação e a experimentação de novas formas de participação na cena e de modos de atingir sensorialmente os espectadores/participantes nos espetáculos, festivais, escolas, laboratórios, performances de Guidi, Romeo Castellucci e Claudia Castellucci se localizam sempre num espaço contaminado pelos demais aspectos de suas práticas e produzem, contemporaneamente, saberes relativos à criação cênica, ao trabalho do ator, e a processos formativos e pedagógicos.

A Prática Como Produtora de Conhecimento

Como o teatro é uma arte efêmera, que produz obras que não duram no tempo, o ator, como afirma Raimondo Guarino, é aquele que detém os conhecimentos que pertencem à tradição teatral:

Na sua experiência do passado e do presente, o ator não é um artista de uma arte que atravessa os séculos, o criador de um produto que conflui nas divisões de tempo e nas formas de transmissão do fazer artístico, mas o indivíduo que detém, manifesta e transmite um conhecimento tácito sobre a criação e conservação de práticas simbólicas expressas na ação física.[53]

---

53 *Il teatro nella storia*, p. 62.

A formação do ator pertence ao campo dos conhecimentos tácitos[54]. Na cultura teatral, a dimensão do conhecimento tácito e a do *personal knowledge*, que diz respeito a uma dimensão prática do conhecimento, é determinante já que conserva a tradição e a vida do teatro, pois concerne ao aprender a agir através do agir e a fazer através da experiência direta. A aprendizagem do agir através do agir, conforme Guarino, implica uma relação pessoal com o mestre, ou seja, a transmissão direta, mas, principalmente, uma relação que envolve um fazer aprendido e experimentado diretamente.

Nas três primeiras décadas do século XX, quando aconteceu a Grande Reforma Teatral, a partir das pesquisas de Stanislávski, Meyerhold e Vakthângov, entre outros, difundiu-se a realização de uma prática teatral que não está diretamente ligada à cena. Se por um lado, conforme Eugenio Barba, essas pesquisas resultaram numa dimensão "amadora" do teatro, difundindo a prática de seminários e cursos, em que é possível viver um cotidiano teatral, sem pensar necessariamente num resultado artístico, por outro, a prática do que hoje é conhecido como *treinamento* teatral tornava-se a "expressão de uma identidade profissional diversa". A realização de um trabalho teatral sistemático e cotidiano gerou intensas experiências grupais no âmbito artístico. Essas experiências geraram a necessidade da construção de valores, de uma ética grupal e pessoal no trabalho teatral. Para a construção de valores e de uma "identidade profissional diversa", se fez necessária a recriação de vínculos entre aqueles que faziam teatro, ou seja, uma nova lógica nas relações humanas: "a construção de um mundo dentro do outro". Experiências de afastamento e isolamento como as de Jacques Copeau, Rudolf Laban, Jerzy Grotowski e Eugenio Barba, entre outros, são exemplos da busca de valores, da busca de uma ética no trabalho do ator através da criação de um espaço coletivo "laboratorial", no qual se voltava o olhar para si mesmo.

Essas práticas do século passado trouxeram várias implicações para o teatro contemporâneo, mas a que será ressaltada

---

54 O conhecimento tácito, em oposição ao conhecimento explícito que é sistematizado, formal e facilmente articulável, é o conhecimento intuitivo, espontâneo, experimental. É o tipo de conhecimento que o indivíduo possui mas é difícil de articular, pois está subentendido ou implícito. Para saber mais, ver *Tácit Dimension*, de Michael Polanyi.

aqui é o reconhecimento dos processos teatrais como espaços laboratoriais de pesquisa em que são produzidos conhecimentos que emergem da prática. Tanto nos processos de preparação do ator quanto nos produtos culturais compartilhados com os espectadores, é possível identificar uma tendência de substituição da transmissão de conhecimentos sistematizados, ou de mensagens explícitas, pela produção de experiências em processos que envolvem a ampliação da percepção, a sensibilização, a sensorialização e o não dito, o implícito, ou seja, a dimensão tácita.

O reconhecimento da prática teatral e artística como produtora de conhecimento tem gerado inúmeros estudos, reflexões e debates nos últimos anos na tentativa de definir as especificidades da pesquisa em artes. Busca-se questionar a utilização de metodologias de pesquisa e formas de escrita que não levam em consideração as especificidades da produção do conhecimento nas artes, que envolvem necessariamente as dimensões da prática, do corpo, dos conhecimentos tácitos, subjetivos e intuitivos.

O reconhecimento da prática artística como produtora de conhecimento leva a desdobramentos em relação aos papéis dos sujeitos envolvidos, pois tanto o pesquisador da área de artes pode incorporar o *status* de artista, quanto o artista fora da academia pode agregar o *status* de pesquisador. Assim, como na área da pedagogia, também o professor tem encontrado espaço para agregar *status* de artista em suas práticas, e vice-versa.

A busca por produzir uma *teoria da prática* vem orientando as pesquisas de diversos artistas-pesquisadores, como as de Bonfitto, que na introdução de seu último livro afirma:

trata-se de uma busca em que a análise de experiências não é simplesmente "filtrada" ou determinada pela aplicação de teorias já existentes, mas emerge de elaborações de experiências diretas, feitas sem a necessária mediação de uma teoria já criada. Uma das hipóteses envolvidas aqui é que a produção de uma teoria da prática feita em tais termos pode gerar resultados específicos: as experiências, por exemplo, passariam a ser realmente fonte de estímulo e de elaboração, ao invés de funcionarem como ilustrações de conceitos e teorias. Além disso, abre-se espaço nesse caso para a invenção de conceitos que capturem as especificidades das experiências vividas[55]

55 *Entre o Ator e o Performar*, p. xx.

A produção de uma teoria da prática, portanto, acarreta em várias implicações, dentre elas, o reconhecimento da prática como produtora de conhecimento, a inversão de foco da teoria para a experiência e a diluição da dicotomia entre teoria e prática. Algumas outras consequências podem ainda ser mencionadas como a mudança de postura distanciada, fria, neutra do pesquisador para uma postura carregada de intencionalidade[56]; o reconhecimento de diferentes tipos de experiência e de compreensão do teatro (a do espectador, a do ator/diretor, e a do teatrólogo/pesquisador) para evidenciar que é necessário ao pesquisador, ao seu modo, ter a *experiência da arte*[57]; a legitimação de um tipo de pesquisa que, por suas características próprias, não produzem resultados quantificáveis, mas sim "a construção de processos intersubjetivos para a criação de novos objetos de cultura, novas falas sobre o mundo, e a geração de territórios estéticos"[58].

No decorrer desta pesquisa, as questões levantadas acima orientaram as escolhas metodológicas deste estudo no sentido de produzir aqui uma teoria que emergisse da prática artística da companhia Socìetas Raffaello Sanzio, e não tratar de conceitos e teorias externas definidas *a priori*.

No âmbito das práticas de Claudia e Romeo Castellucci e de Guidi, foi sendo formada uma complexa rede de ações que articula a teoria, a prática e a formação. As criações artísticas da Raffaello Sanzio, profundamente significativas do ponto de vista estético, são geradoras de conhecimentos articulados pelos membros da companhia na forma de discursos teóricos sobre a prática, resultantes da posterior elaboração das experiências. Esses discursos não significam o estabelecimento estanque e definitivo de preceitos teóricos norteadores das práticas, mas aparecem no percurso da companhia como mais uma dimensão criativa, que está em constante transformação.

As elaborações abrem canais de produção de conhecimento diversos (mas complementares) daqueles gerados pela

---

56 Cf. M. de Andrade, A Pesquisa em Artes do Corpo, em N. Telles (org.), *Pesquisa em Artes Cênicas*.
57 Cf. De Marinis, Ter Experiência da Arte, em N. Telles (org.), op. cit.
58 A. Carreira, Pesquisa Como Construção do Teatro, em N. Telles (org.), op. cit., p. 25.

prática, trazendo aos membros da companhia uma destacável consciência sobre o próprio trabalho, evidente em suas falas nas entrevistas, diálogos, conferências, laboratórios e textos.

As questões que surgiram logo no início desta pesquisa (a partir de que lógica operavam aqueles que estavam em cena nos espetáculos da Socìetas Raffaello Sanzio? Como atores, como *performers*? Eles interpretavam um papel? Seus diferentes corpos eram exibidos ao espectador? Qual é o espaço dado ao ator para ser criador nos processos de criação dos espetáculos da companhia?) se desdobraram em muitas outras. Uma questão, porém, que se manteve durante todo o percurso, diz respeito ao grau de apropriação pelos atores dos saberes produzidos nas práticas da companhia. A consciência sobre o próprio fazer apresentada pelos membros fundadores da companhia está presente também naqueles que trabalham com ela, crianças, jovens, atores e não atores?

Antes de tudo é necessário admitir que não existe uma única solução ou resposta possível, mas múltiplas, que dependem de muitos fatores, dentre eles, a especificidade de cada prática e de cada processo criativo, o ponto de vista de cada ator, e as formas diversas de trabalhar de Romeo Castellucci, Chiara Guidi e Claudia Castellucci.

A descrição de Romeo Castellucci do processo de criação com os cadernos de direção e sua total descrença no ensaio, bem como a descrição de Scarlatella (na primeira entrevista realizada em Cesena) sobre os processos de criação da Raffaello Sanzio, em que afirma que o diretor, antes de iniciar os ensaios, apresenta um projeto muito preciso do que pretende colocar em cena, passam a impressão de que o ator tem pouco espaço para criar. A observação das práticas de Guidi e de Claudia Castellucci em Cesena, descritas no capítulo anterior, de certa forma reforçam essa impressão, já que, nos dois casos, são apresentadas aos atores partituras a serem executadas.

Acompanhar a montagem do espetáculo *Sul concetto di volto nel figlio di Dio*, no Theatro São Pedro, em Porto Alegre[59], possibilitou a formação de outros pontos de vista sobre o mesmo tema. Devido à ausência de Romeo Castellucci no festival, foi

---

59 20º POA em Cena, em setembro de 2013.

possível observar a atuação direta dos atores na montagem do espetáculo, na preparação das crianças, na conversa sobre o espetáculo com o público depois da apresentação. Nas atuações ficou claro o nível de apropriação dos atores sobre os procedimentos, conceitos, mecanismos, saberes, conhecimentos que vêm sendo produzidos através da prática da companhia. Ficou claro que os atores não são somente executores, mas contribuem com saberes específicos para a construção desses conhecimentos. Nas falas dos atores Sergio Scarlatella, Gianni Plazzi, Silvano Voltolina é possível perceber um profundo nível de elaboração e consciência da prática.

O trabalho de preparação das crianças para a cena, realizado por Voltolina em Porto Alegre, foi especialmente revelador porque, no reduzido tempo de três dias de ensaios, horas e horas foram dedicadas a dar às crianças todas as informações necessárias para que elas tivessem consciência daquilo que realizariam em cena. Todas as questões colocadas pelas crianças, tanto em relação à cena ("qual a atitude, como ator, eu devo ter no momento de jogar as granadas?"), ou em relação a questões éticas e religiosas ("é pecado jogar granada na imagem de Cristo?") foram pacientemente discutidas por Voltolina com as crianças.

O trabalho realizado em Porto Alegre foi esclarecedor não só em relação às questões ligadas ao papel dos atores nos processos de criação, mas para, mais uma vez, abrir espaço à verificação das formas com que a criação artística e a formação estão articuladas no trabalho da Raffaello Sanzio. Ao analisar o conjunto de atividades artísticas da companhia, fica claro que as práticas formativas, criativas e espetaculares são igualmente importantes do ponto de vista da produção de experiências estéticas significativas nas quais a criança, o jovem e o ator se formam. Nesse sentido, pode-se afirmar que não há um momento específico no qual ocorre um processo de preparação do ator/participante, pois tudo se dá ao mesmo tempo na própria experiência. O aprendizado sobre o fazer acontece diretamente na experiência do fazer. Tais experiências são geradoras de teorias da prática que, por sua vez, voltam a alimentar os processos artísticos/pedagógicos da Sòcietas Raffaello Sanzio, num movimento cíclico de retroalimentação.

PEDAGOGIA *ROVESCIATA*

> *No descomeço era o verbo. Só depois é que veio o delírio do verbo. O delírio do verbo estava no começo, lá onde a criança diz: Eu escuto a cor dos passarinhos. A criança não sabe que o verbo escutar não funciona para cor, mas para som. Então se a criança muda a função de um verbo, ele delira. E pois. Em poesia que é voz de poeta, que é a voz de fazer nascimentos – O verbo tem que pegar delírio.*
>
> MANOEL DE BARROS

Como foi visto ao longo deste estudo, a infância é revista no trabalho da Socìetas Raffaello Sanzio por diversos ângulos. A criança é investigada por sua forma de se relacionar com a realidade e com a vida, inspirando, assim, modos de estar em cena nos espetáculos da companhia. A própria presença da criança na cena afronta a questão da representação pelo caráter de jogo, de *play* infantil, da sua atuação. As atividades voltadas para as crianças, por sua vez, ao mesmo tempo que possuem um aspecto formativo, são iluminadas por um modo infantil de lidar com a arte, e não com um olhar ordenador típico do adulto. Como observa Guidi, as crianças "ensinam a nós adultos a esperança de estar em uma realidade que pode ser transfigurada, mudada ou vista através dos olhos de um imaginar, de uma imaginação que se torna imediatamente ação/pensamento"[60].

A noção de infância da Socìetas Raffaello Sanzio, porém, não se refere somente a uma geração, a uma fase da vida, mas a todos aqueles que renunciam a um conhecimento puramente racional na relação com a arte e confiam na sensação daquilo que escapa a uma compreensão total: "quer dizer, fazer experiências não circunscritas em objetivos definidos. A arte é o lugar do imprevisto, da crise, da maravilha, da suspensão, da pesquisa"[61].

A forma de lidar com as imagens, a matéria, a palavra, o som e o movimento nas propostas da companhia (nas quais o

---

60 F. Leone, *Intervista a Chiara Guidi*. Disponível em: <http://www.youtube.com/watch?>.
61 M. Marino, Il metodo errante di Chiara Guidi, *Doppiozero*. Disponível em: <http://www.doppiozero.com/>.

corpo se constitui como o lugar da experiência e do saber da experiência) está diretamente relacionada à relação com esse modo de ver a infância. A pesquisa sobre a "infância do teatro" implica em aprender com a criança formas de se relacionar com o mundo, formas de se deixar atingir, de perceber, de sentir, de padecer, de "ver através dos sentidos", com o intuito de produzir um teatro que atinja o espectador em todos os sentidos da percepção, um teatro "anterior à palavra". Essa busca se materializa em suas práticas artísticas na forma de estímulos perceptivos e sensoriais que, simultaneamente, agem sobre o espectador (e o participante), gerando sensações de submersão, envolvimento, e a produção de sinestesias.

O profundo envolvimento da Socìetas Raffaello Sanzio com o mundo da infância leva ao reconhecimento de alguns aspectos fundamentais em relação à criança. O principal é a visão da criança não como um ser inacabado (que está numa atitude sempre passiva e receptiva, de aprendiz, papel que lhe é culturalmente imposto), mas como um ser já perceptivamente desenvolvido, como um ser social ativo, protagonista de seu próprio aprendizado, detentor de uma sabedoria própria e que, portanto, pode também estar no lugar de guia, de mestre. Esse ponto de vista em relação à criança resulta, tanto nas práticas pedagógicas quanto nos processos criativos da companhia, no que Guidi e Romeo Castellucci denominam de "pedagogia *rovesciata*", ou pedagogia ao revés, na qual são as crianças que ensinam aos adultos.

A pesquisadora Marina Marcondes Machado[62], que se propõe a pensar sobre a relação da criança com a cena contemporânea, afirma que a criança, especialmente na faixa etária dos seis anos, tem potencialmente, em seus modos de ser e estar no mundo, uma capacidade imensa de se permitir envolver integral e sensivelmente com o mundo. Machado, em interlocução com a fenomenologia da infância, de Merleau-Ponty, e com a sociologia da infância, de Manuel Jacinto Sarmento, propõe o conceito de *criança performer*, que, além de ser uma visão de infância, ou um modo adulto de pensar a vida infantil, procura contribuir para um pensamento da educação estética da criança em consonância com a arte contemporânea.

---

62 Cf. M.M. Machado, A Criança É Performer, *Educação & Realidade*, n. 35, v. 2.

As três características sublinhadas por Merleau-Ponty como aquelas que definem os modos de ser e de estar da criança (de zero a seis anos) – a maneira não representacional de viver o mundo, as transições contínuas entre realidade e ficção na vida cotidiana, e o pensamento polimorfo, pré-lógico –, assim como os quatro campos proposto por Sarmento para se pensar as maneiras de ser e estar da criança – o faz de conta, o gosto pela repetição (e a capacidade de repetir como se fosse a primeira vez) e pelas interações e as culturas do brincar – são os pontos de partida de Machado para pensar a relação entre a infância e a cena contemporânea.

No percurso da Socìetas Raffaello Sanzio, a recorrente participação de crianças em suas práticas demonstra o reconhecimento da importância de aprender novas formas de percepção com elas, que, por sua forma de ser e estar no mundo, por seu engajamento corporal/mental nas situações, por transitar naturalmente em diferentes seres ficcionais e por interagir com outros parceiros de jogo, alternando entre a realidade e a ficção, agem elas mesmas no mundo como *performers*.

A encenação contemporânea, conforme Machado, busca anular algo que é naturalmente ausente no mundo da criança pequena, como ensina Merleau-Ponty: a necessidade de representação do mundo. A criança se mostra plástica, maleável, imaginativa e transita por entre outras formas de pensar, sentir e agir diferentes daquelas dos adultos, pois se sente integrada no mundo. Não existe separação entre "o corpo-outro e o corpo-mundo", ela está no mundo assim como o mundo está nela[63]. Essa visão de infância vai ao encontro de procedimentos utilizados no teatro contemporâneo em que o "ato de se fazer presente é assumido radicalmente", em que "o real faz sua irrupção no jogo, a tal ponto que o espectador é questionado sobre a estabilidade na qual ele vive seu estado de espectador", e ainda, em que há uma "recusa de síntese" e a abundância simultânea de signos acaba conduzindo a novas formas de percepção[64].

A associação da noção de pedagogia às práticas artísticas produzidas no âmbito da companhia é refutada por Romeo Castellucci, como também por Guidi e Claudia Castellucci, mesmo

[63] Ibidem, p. 125.
[64] Cf. M.L.S.B. Pupo, op. cit.

na esfera das práticas que estamos denominando neste estudo como formativas, porque, segundo eles, não há a preocupação com os aspectos educativos, não há objetivos ligados ao ensino do teatro, ao treinamento ou ao pensamento sobre metodologias de ensino do teatro. Suas práticas estão centradas em oferecer às crianças (mas também aos adolescentes, aos jovens, aos atores, enfim, aos participantes) uma genuína experiência do teatro, tanto para aquelas que estão em cena, quanto para as que estão na plateia. O caráter pedagógico de suas práticas artísticas, como reconhece Romeo Castellucci, se dá na e pela experiência:

acredito que a pedagogia não existe. É completamente ausente ou talvez, melhor dizendo, é uma pedagogia invertida, no sentido de que é a criança que orienta, que forma. Isso é verdade, não é somente um modo de dizer, uma frase. Uma criança tem o poder real, como uma espécie de monarquia sobre o palco, e o diretor deve seguir essa força, interpretar essa força, saber geri-la, o que é uma oportunidade incrível. No nível de uma potência de fogo. Então se trata de se colocar a serviço da força da criança na cena, colocar a serviço todo um dispositivo de tal modo que esteja a serviço da criança. Como experiência pessoal, por outro lado, já que as crianças vivem em sentido pessoal, isso é naturalmente diferente para cada criança. [...] em certos casos, se trata de trabalhar com crianças que têm já vontade, têm já um desejo, um sonho, já sonharam com o teatro. Estas são as maiores de oito, nove, dez anos. Por outro lado, com as menores, é você que deve chamá-las, propor-lhes alguma coisa. Normalmente funciona sempre. Nenhuma delas jamais disse: não, não. Não quero fazer. Nenhuma, nunca aconteceu. E mesmo qualquer uma delas dizer durante os ensaios "não, eu não quero fazer", nunca aconteceu. Porque elas têm naturalmente algumas regras, o que é interessante. Justamente porque se sentem responsáveis, creio que seja para elas um momento de afirmação muito forte, como indivíduos. Eu acredito que naquele momento se sentem indivíduos, que têm um papel. Mesmo que seja limitado no tempo, mas elas entendem perfeitamente que o teatro é um lugar mais denso que outros lugares. Então conceder a elas tal responsabilidade as torna indivíduos. Eu acredito que, do ponto de vista formativo, é uma experiência extraordinária. Naturalmente, do outro lado, não se pode sobrecarregá-las com essa responsabilidade, de modo que se torne uma espécie de peso psicológico, porque isso poderia não funcionar. E, então, existe um equilíbrio muito delicado, mas não há de fato essa pedagogia... não existe alguma coisa a ser mostrada, isto é, em uma palavra, não existe uma pedagogia.[65]

[65] Entrevista concedida à autora por Romeo Castellucci, em Buenos Aires, em outubro de 2013.

As práticas da Raffaello Sanzio são tratadas, portanto, como espaços de produção de experiência e de investigação artística, em que todos os participantes, seja criança, ator ou não ator, contribuem com as competências que lhes são próprias. Em muitos casos, as experiências cênicas produzidas nas escolas, *workshops* e laboratórios realizados com crianças, adolescentes e jovens atores, servem de material para a criação posterior de espetáculos que integram o repertório oficial da companhia. Um exemplo disso é o espetáculo *Macbeth*, de Guidi, com estreia em agosto de 2014. O texto de Shakespeare foi investigado por Guidi em diversos âmbitos, sendo um deles aquele descrito no capítulo anterior com os atores da École du Théâtre National de Bretagne. Antes dessa experiência, porém, o texto de Shakespeare já havia sido investigado por Guidi com adolescentes da cidade num percurso formativo anual. O texto serviu de base também para a Accademia d'arte drammatica – L'arte dell'imitazione, curso de formação de atores conduzido por Guidi junto a outras artistas no festival Màntica, em 2012. Após as experimentações cênicas do texto com diferentes participantes, nas quais estiveram imbricados o âmbito pedagógico e a criação artística, Guidi anuncia a estreia da sua montagem de *Macbeth*, não mais como processo formativo, mas como espetáculo.

Assim como no processo de Guidi com *Macbeth*, em que o campo pedagógico serviu como investigação para a construção posterior de um espetáculo, a performance *Celebrazione dei gesti istoriali*[66], de Claudia Castellucci, surgiu de um laboratório homônimo direcionado a crianças. Esse laboratório, como já foi mencionado no segundo capítulo, foi realizado por Claudia Castellucci em diversas ocasiões na Itália durante o ano de 2012.

Não só nos laboratórios de Romeo Castellucci para atores (como é o caso de *Attore, il tuo nome non è esatto*, que, de *workshop*, passou a ser um espetáculo), portanto, a formação e a criação artística estão imbricadas. Os laboratórios voltados a crianças e adolescentes são também espaços de experimentação artística, de pesquisa de procedimentos, estratégias cênicas e materiais próprios do teatro contemporâneo.

---

[66] Apresentada no dia 13 de dezembro de 2013 no museu Marino Marini, de Florença.

Algumas propostas que Guidi vem realizando nos últimos anos tornam ainda mais explícitas as conexões entre os âmbitos da criação artística, da formação e da experiência cênica, como também colocam em destaque a relevância da relação do ator com a criança em seu trabalho. Nas edições do festival Puerilia de 2013 e 2014, Guidi conduziu laboratórios denominados *Il lavoro dell'attore agli occhi di un bambino*, nos quais trabalharam atores e crianças na criação de um espetáculo: "o mesmo grupo de atores realiza, com grupos de crianças, espetáculos que foram concebidos dramaturgicamente no laboratório cênico pelos atores, mas que se realizam cenicamente somente com a presença ativa das crianças"[67].

Um processo semelhante foi conduzido por Guidi em 2010, em Sydney (Austrália). Num *workshop* realizado ao longo de duas semanas, Guidi reuniu crianças e artistas de Sydney para a criação de um experimento cênico no Campbelltown Arts Centre. Da mesma forma que seria proposto posteriormente no Puerilia, os artistas trabalharam com Guidi antes de se encontrarem com as crianças. A pesquisadora Bryoni Trezise, que acompanhou o *workshop* de Guidi na Austrália, aponta que "Guidi ensinou aos artistas em Sydney como ensinar às crianças a re-ensinar aos próprios adultos sobre o mundo do teatro."[68]. Como afirmou Guidi a respeito do laboratório: "nós precisamos das crianças. Eu preciso dos jogos das crianças para explorar a sua habilidade de ver através dos sentidos"[69].

Quando fala dos laboratórios oferecidos às crianças no Puerilia, Guidi retoma a ideia de que seu trabalho funciona como um ritual de iniciação na arte teatral:

Puerilia aproxima as curas da puericultura à *infância do teatro*, como quando nas origens o silêncio marcava uma separação entre aqueles que eram chamados a ver (os adeptos) e aqueles que eram excluídos. Sempre cultivei a ideia de que para uma criança o teatro deve ser o lugar no qual se entra e se sai para fazer sempre a mesma ação... e do qual, quando se sai, não é necessário dizer o que foi feito, escutado e visto. Porque no

---

67 Socìetas Raffaello Sanzio, 2014. Informação obtida no *site* oficial da companhia: <http://www.raffaellosanzio.org/>.
68 B. Trezise, A Childhood of Theatre, *Realtime Magazine*, n.100. Disponível em: <http://www.realtimearts.net/article/100/10085>.
69 Ibidem.

teatro tudo que se conhece muda, e a experiência, mesmo que seja sempre igual a si mesma, torna-se cada vez uma outra experiência, mesmo que se coloque em cena sempre a mesma cena. Por isso, quando as crianças entram, me vem à cabeça o antigo teatro dos mistérios, do qual se conhece somente notícias vagas que a antiguidade mantém ocultas. E Puerilia poderia tornar-se um rito de iniciação na arte que se concentra sobre o fazer. Que palco e plateia se tocam! E o olhar da criança, e daqueles que a acompanham, fisicamente se desloque para perto do ator e o sinta respirar, o veja suar. Sobre esse pensamento nasce o laboratório do Puerilia intitulado *Il lavoro dell'attore agli occhi di un bambino*.[70]

Os laboratórios para professores de escola também envolvem a participação de atores e crianças. Como afirma Guidi, nesses laboratórios são conduzidas reflexões "entre artistas e professores sobre as regras da arte como abertura de um novo modo de ordenar e descobrir aquilo que se conhece"[71]. Ao juntar atores e professores na primeira etapa do processo, para encontrar posteriormente as crianças em espetáculos, Guidi procura oferecer aos professores uma vivência que envolve todas as dimensões de um experimento cênico.

Recentemente, essas atividades que envolvem a participação de crianças, atores e professores num mesmo percurso artístico, iniciadas na Scuola Sperimentale di Teatro Infantile e desenvolvidas ao longo dos anos nos laboratórios, espetáculos e principalmente no festival Puerilia, foram reconhecidas como um método de trabalho, o *metodo errante*[72].

Se, por um lado, o reconhecimento como método do trabalho desenvolvido ao longo dos anos com as crianças revela a sistematização de seus procedimentos cênicos e pedagógicos, por outro reforça a ideia de uma noção de pedagogia como fluxo, que nasce da prática artística, e está em constante transformação. Guidi assume nessas práticas uma característica presente no teatro contemporâneo que é a relativização da categoria tradicional de obra teatral. Como afirma Lehmann, a obra, o texto e o drama não são mais os soberanos absolutos, e

---

[70] C. Guidi apud A. Tolve, Elogio dell'educazione creativa (1), *Artribune*. Disponível em: <http://www.artribune.com/>.
[71] Sòcietas Raffaello Sanzio, 2014. Informação obtida no *site* oficial da companhia: <http://www.raffaellosanzio.org/>.
[72] Este termo aparece pela primeira vez num texto publicado no *site* da Sòcietas Raffaello Sanzio, em março de 2014.

sim "participantes numa tessitura teatral tomada de um modo amplo, levando em consideração a totalidade dos eventos teatrais e não apenas o *exibido*"[73] Com a dimensão do processo, conforme o autor, entra em cena tudo o que não é mensurável de acordo com categorias da perfeição formal, estética ou artística. Nos laboratórios e escolas, Guidi assume essa característica, já que o processo como um todo é tomado como parte de um grande evento cênico, no qual *não* se ensina as crianças a fazer teatro:

O método é definido "errante" porque alarga o horizonte ou desvia o percurso sem abandonar a meta. O procedimento é proposto como "método" graças à sua essencial e sistemática possibilidade de aplicação.

Conceitualmente, adere à função inventiva e pragmática do conhecimento praticada pelas crianças, recusando-se a representar o estereótipo da fantasia infantil, mas assumindo seriamente o procedimento criativo do olhar tátil das crianças.

O procedimento oferece também a plasticidade necessária para responder às variáveis introduzidas pelas crianças, mantendo uma ordem narrativa precisa e sem cair num mero jogo de improvisação.

O "método" envolve professores, atores e crianças no processo de criação e é constituído de uma primeira dupla fase laboratorial, destinada aos professores e aos atores, e de uma fase cênica sucessiva em que são chamadas as crianças.[74]

No âmbito escolar[75], conforme Guidi, o método errante é um questionamento sobre "como a arte pode provocar a consciência da necessidade de um conhecimento não racional".

Contrasta com o consumismo da arte. Se questiona: por que a arte e a experiência artística foram expulsas da escola? Por que na escola não

[73] H.-T. Lehmann, Das Crianças, do Teatro, do Não-Compreender, *Revista Brasileira de Estudos da Presença*, v. 1, n. 2, p. 270.
[74] Informação obtida no *site* oficial da companhia: <http://www.raffaellosanzio.org/>.
[75] O estudo da arte foi introduzido nas escolas italianas na Reforma Gentile, realizada em 1923 no governo de Benito Mussolini. Em 2008, outra reforma do ensino escolar empreendida pela ministra da educação Mariastella Gelmini, deu início à gradual eliminação e redução das matérias de arte nas escolas italianas. Em 2014, um movimento de professores e artistas, com o apoio do ministro da cultura, solicitou oficialmente ao Ministério da Educação a reintegração das disciplinas de arte ao currículo, que respondeu negativamente com a justificativa de que não seria possível ao governo arcar com as despesas. Ver P. Gallinaro, L'Italia cancella l'arte dalle scuole, è definitivo. *Ilmediano.it*. Disponível em: <http://www.ilmediano.it/>.

são consentidas visões pessoais? Começamos, nesta edição do Puerilia, dirigindo-nos aos professores, perguntando-lhes sobre como conduzem as crianças à arte? A arte é um lugar imprevisível. Nos perguntamos: como fazer com que este lugar não institucional seja a oportunidade para abrir o pensamento a um descarrilamento, a uma suspensão.[76]

O papel dos adultos (professores, atores e artistas) nessas práticas, seja no teatro ou na escola, não é o de oferecer à criança um conhecimento pronto, mas um ambiente propício à criação artística, um ambiente que promova suspensões nos modos cotidianos de ver e conhecer o mundo. Ao invés de instrução, o adulto pode oferecer à criança, como afirma Romeo Castellucci, uma experiência significativa, ou, como afirma Guidi, uma experiência iniciática.

Nas práticas descritas nos capítulos anteriores estão evidentes as diversas formas de proporcionar às crianças experiências estéticas significativas. As fronteiras entre a criação artística, a pedagogia, o ensino do teatro e a formação do ator são completamente permeáveis. Tudo ocorre simultânea e contemporaneamente, não sendo possível, muitas vezes, no caso de alguns trabalhos de Guidi, determinar o teatro produzido nessas experiências como teatro infantil, ou como teatro para crianças, mas como uma investigação profunda sobre a infância do teatro, dada a complexidade das estratégias cênicas, dispositivos e materiais utilizados no processo.

O tipo de experiência produzida no âmbito da companhia se aproxima da ideia proposta pela pesquisadora Beatriz Cabral do "teatro como pedagogia". Cabral aponta para a necessidade de se estar atento às intencionalidades que envolvem a ação educativa em relação às práticas pedagógicas do ensino do teatro. Se, por um lado, a noção de "pedagogia do teatro" sugere uma reflexão sobre os métodos, as condições e procedimentos do ensino/aprendizagem do teatro, o "teatro como pedagogia" enfatiza que o fazer teatral propriamente ensina sobre "relacionamentos, expectativas, conflitos e emoções humanas" e "é a atmosfera do trabalho e a vivência em grupo que tornam significante a experiência"[77].

---

76 C. Guidi apud M. Marino, Il metodo errante di Chiara Guidi, *Doppiozero*. Disponível em: <http://www.doppiozero.com/>.
77 B.A.V. Cabral O Professor Dramaturgo e o drama na Pós-Modernidade, *Ouvirouver*, n. 3, p. 1.

Nesse sentido, a pesquisadora vem propondo o uso do termo "teatro como pedagogia" com o objetivo de

indicar uma possível ruptura com delimitações e limitações impostas *a priori* no campo da pedagogia do teatro. Entre estas, a identificação de estilos e formas de fazeres como excludentes entre si, a dissociação do teatro na educação da arte teatral, a exacerbação do social e do educativo em detrimento do cultural (o que implica a exclusão de complexidades), a indistinção entre acesso à cultura e acesso aos bens culturais[78].

O caráter formativo da participação de crianças em seus espetáculos, para Romeo Castellucci, como não há intenções didáticas ou objetivos pedagógicos definidos *a priori*, nasceria da experiência em si e se daria através da produção de saberes processados pelas crianças, acarretando, assim, uma outra noção de pedagogia do teatro:

uma outra noção, exatamente, que eu acredito que nasça da própria experiência, isto é, propõe às crianças uma experiência. A experiência é um momento da vida dos homens em geral na época em que se está reduzindo sempre mais; isto é, as experiências são cada vez menores em termos qualitativos, todos fazem mais ou menos a mesma coisa. A experiência é pobríssima nos dias de hoje. Dar a uma criança essa oportunidade, com todas as proteções necessárias, é muito belo. E de outro lado, ainda no meu ponto de vista, é muito belo compartilhar com as crianças o teatro. Não porque são somente jovens e um dia crescerão, não. Mas porque estão mais prontos que eu, em certo sentido. Esta é a pedagogia invertida: são guias, de alguma forma, são já potentes. Os atores são em potência e as crianças são já potentes. Têm já uma potência à disposição de alguma maneira.[79]

Quando refuta o caráter pedagógico de suas práticas, e propõe uma outra visão de pedagogia ligada à experiência, Romeo Castellucci busca eliminar a possibilidade de associação do seu trabalho a qualquer caráter didático instrumental. No seu trabalho, e também no trabalho de Guidi, o teatro está somente a serviço de si mesmo. A experiência artística que é

---

78 Idem, Ação Cultural e Teatro Como Pedagogia, *Sala Preta*, v. 12, n.1, p. 6
79 Entrevista concedida à autora por Romeo Castellucci, em Buenos Aires, em outubro de 2013.

proporcionada em suas práticas ensina, sem ensinar, sobre a própria linguagem teatral:

> A arte pode modificar a aprendizagem e se tornar uma forma de conhecimento sem objetivo, sem utilidade. E este é um discurso difícil de fazer um professor ou um pedagogo aceitar. Mas a arte é válida independentemente de toda a instrução de utilização. É necessário reivindicar a independência, a autonomia, precisamente no momento em que é mais necessária para a sociedade, para a pedagogia, para a política.[80]

Dentre os muitos fatores envolvidos na prática dessa outra visão de pedagogia (*non-pedagogia* ou *pedagogia rovesciata*) fundamentada na produção de experiência, o fator que pode ser considerado central é a parceria entre a criança e o adulto.

No âmbito da educação, a relação entre o adulto e a criança é amplamente explorada e, conforme a linha pedagógica, ganha diferentes nuances. Especificamente na área da pedagogia do teatro, apesar de diversas práticas indicarem caminhos em que a parceria adulto/criança ganha cada vez mais relevância, até nos dias de hoje convivem diversas visões e práticas de ensino do teatro (que atribuem diferentes papéis ao professor), que vão desde a montagem de textos de forma tradicional, com a separação das personagens (os mais talentosos são os protagonistas), a marcação da movimentação em cena e memorização mecânica do texto, até a livre expressão, que geralmente consiste na improvisação livre sobre um tema escolhido pelos participantes.

Entre esses dois extremos, localizam-se metodologias como os jogos teatrais de Viola Spolin, os jogos dramáticos (que têm como principal representante, no âmbito da educação, Jean-Pierre Ryngaert), as práticas do Teatro do Oprimido, de Augusto Boal e o "drama".

Essas metodologias diferem entre si e ganham diversas nuances nos vários contextos em que são realizadas, mas uma afinidade entre elas é o papel do professor/condutor, que se coloca no processo como parceiro de jogo, e não como alguém que tem um conhecimento pronto a ser transmitido. As práticas não estão baseadas na livre expressão, mas propõem jogos que

---

[80] M. Marino, Il metodo errante di Chiara Guidi, *Doppiozero*. Disponível em: <http://www.doppiozero.com/>.

partem de regras muito precisas e indispensáveis para a sua realização, tendo o professor um papel fundamental no processo.

Na prática do "drama", a relação entre o adulto e a criança é uma questão central. No processo de drama é essencial que o professor se coloque como parceiro dos participantes. O conceito de Lev Semenovic Vygotsky de zona de desenvolvimento proximal é considerado importante pelos teóricos do drama para pensar a parceria que se estabelece entre os adultos e as crianças nos processos de ensino-aprendizagem do teatro. A zona de desenvolvimento proximal, conforme Vygotsky, em *A Formação Social da Mente*, é uma área de dissonância cognitiva que corresponde ao potencial da criança/aprendiz, que decorre da assintonia entre o processo de desenvolvimento e o processo de aprendizagem. A zona de desenvolvimento proximal seria, portanto, a diferença entre o que a criança pode fazer individualmente e aquilo que ela seria capaz de fazer com a ajuda de pessoas mais experientes. Desse ponto de vista, as relações de parceria que se estabelecem entre os adultos e as crianças nos processos de ensino do teatro, como no drama, seriam extremamente positivas para o desenvolvimento das crianças, pois estas atingiriam níveis de desenvolvimento cognitivo e social mais elevados do que seu nível individual, a partir da interação com seus professores mais experientes.

Nos processos de drama, através das estratégias utilizadas no processo, como o estabelecimento de um contexto ficcional, o pacote de estímulos, a ambientação cênica e, principalmente, o professor no papel ou o professor-personagem, busca-se estimular as crianças a trabalhar de forma que a parceria que se estabelece entre estas e o professor, bem como a relação com os materiais, levem à investigação de temas, conceitos e linguagens que ultrapassam os limites comumente estabelecidos para as faixas etárias nas situações de ensino-aprendizagem. Conforme os pesquisadores ingleses Gavin Bolton e Dorothy Heathcote,

na presença de um adulto encorajador, uma criança pode ir além de sua própria capacidade na realização de uma tarefa. O professor-no-papel intensifica esta função do adulto. O professor, através do seu papel, fornece um modelo de expectativas para as empreitadas que, no início, pareciam fora de alcance. No momento ele não tem escolha a não ser apontar além de suas habilidades normais – e quebrar os confins de conceitos mantidos rigidamente[81].

Sob esse ponto de vista, a parceria que se estabelece entre o adulto e a criança, ou seja, as formas do adulto de agir, de interagir e de resolver problemas em parceria, seriam mais importantes para o desenvolvimento da criança do que propriamente os conteúdos a serem transmitidos. Como afirma Carlos Nogueira Fino,

> na perspectiva de Vygotsky, exercer a função de professor (considerando uma ZPD-Zona de Desenvolvimento Proximal) implica assistir o aluno proporcionando-lhe apoio e recursos, de modo que ele seja capaz de aplicar um nível de conhecimento mais elevado do que lhe seria possível sem ajuda. Nas palavras de Bruner, atuar como professor considerando um ZPD tem que ver com a maneira como se organiza o contexto, de modo que a criança possa atingir um patamar mais elevado ou mais abstrato do qual reflete. Patamar onde é capaz de ser mais consciente. Não é, portanto, a instrução propriamente dita, mas a assistência, tendo presente o conceito de interação social de Vygotsky, o que permite ao aprendiz atuar no limite do seu potencial[82].

A função do professor, portanto, não seria somente a de instruir e de transmitir conhecimento, mas a de criar um contexto favorável para que as crianças interajam com seus pares e, fundamentalmente, com o próprio professor, a fim de que elas atuem no limite de seu potencial.

Nos últimos anos, diversos pesquisadores e docentes da área do teatro, da dança e das artes visuais têm discutido o papel do professor de artes no âmbito escolar e investigado o quanto a presença do artista tem a contribuir para a escola. Isabel Marques, docente da área da dança, afirma que "o artista-docente passa a ser a fonte do conhecimento em/através da arte e não somente uma ponte entre o aluno e o mundo da arte. Em cena, ele tem a possibilidade de criar e recriar e, principalmente, de propor – desta vez não somente como um trabalho artístico eventualmente educacional, mas um trabalho artístico-educativo"[83].

---

81 *Drama for Learning*, p. 35.
82 Vygotsky e a Zona de Desenvolvimento Proximal, *Revista Portuguesa de Educação*, p. 279.
83 *Ensino de Dança Hoje*, p. 113.

Na área da pedagogia do teatro, nos últimos anos, o papel do professor-artista tem sido discutido por Beatriz Cabral e por Heloise Baurich Vidor[84] dentro do contexto do drama, já que este possui como uma de suas principais estratégias pedagógicas o *teacher in role*, ou professor no papel. Como explica Vidor em seu artigo "O Professor Assume um Papel...", devido ao contexto teatral em que o drama vem sendo investigado no Brasil, a partir das pesquisas de Cabral, que importou a metodologia inglesa para o Brasil nos anos 1990, houve uma potencialização dos elementos teatrais, dando espaço para a investigação também do professor-personagem. O professor no papel, apesar de ter que manter a coerência lógica do papel escolhido, daria ênfase no papel social, focando principalmente em *o que é dito*, enquanto o professor personagem daria ênfase ao *como*, ou seja, à caracterização física, sonora e visual, trazendo a ideia da composição de uma personagem.

Num processo de drama, portanto, o professor assume o papel de facilitador, de organizador e pode também assumir o *status* de artista, como dramaturgista e ator. Como ressalta Vidor, a criadora do *teacher in role*, Doroty Heathcote, através do questionamento de três paradigmas (o paradigma dominante na escola, o paradigma de como o professor vê a criança, e o paradigma de como o professor gerencia suas próprias relações de trabalho), pretendia reavaliar a prática do professor e oferecer outras estratégias de aprendizado.

O questionamento desses paradigmas e a abertura de novos canais de comunicação acarretam uma mudança não só no papel do professor na sala de aula, mas também na forma com que os alunos interagem no processo de ensino/aprendizagem, já que lhes é dado espaço para serem parceiros ativos no processo.

O movimento de mão dupla criado por Guidi, que implica a ida da escola ao ambiente do artista, e a ida do artista à escola, apresenta um outro caminho em que o artista se coloca como condutor de um processo criativo, e os objetivos pedagógicos são aqueles que emergem da prática, da experiência. No processo de drama, mesmo se colocando como artista no processo e estando sujeito aos estímulos produzidos pelos alunos no aqui

---

84 Cf. B. Cabral, Professor-Artista, *Urdimento*, n. 10,\; H.B. Vidor, O Professor Assume um Papel..., *Urdimento*, n. 10; idem, Drama e Teatralidade.

e agora, é essencial que o professor mantenha o foco nos objetivos pedagógicos que fizerem com que ele use a estratégia do professor-personagem. Nos processos conduzidos por Guidi e Romeo Castellucci nos *workshops* e espetáculos, não há previamente o estabelecimento de objetivos pedagógicos, mas a condução de um processo criativo em que os conhecimentos tácitos, propriamente teatrais, são apreendidos no agir através do agir, envolvendo a experimentação e a relação direta com o artista. Pode-se afirmar, portanto, que os objetivos pedagógicos nesse tipo de formação são também tácitos, ocultos, não revelados, mas estão presentes, pois é assim que a tradição teatral se mantém viva ao longo dos anos.

É importante ressaltar que o estudo das parcerias que se estabelecem entre a criança e o adulto nas práticas da Socìetas Raffaello Sanzio revelam uma série de procedimentos criativos que não estão marcados pela infantilização, pelo didatismo, pela *disneyzação*[85], e nem mesmo pela instrução, instigando a criança, ao contrário, a chegar no limite do seu potencial sem, necessariamente, ensiná-la a fazer teatro e a atuar, mas dando a possibilidade de interagir com profissionais e vivenciar diretamente a cena.

A questão incomum que surge da investigação das práticas da companhia e que abre novas perspectivas para a pedagogia do teatro e para a formação do ator, porém, é o reconhecimento do que a criança traz como conhecimento e como competência para a parceria que se estabelece entre ela e o adulto.

Tanto no trabalho de Guidi quanto nos espetáculos de Romeo Castellucci, há um movimento de mão dupla que coloca tanto os adultos quanto as crianças envolvidas, nos papéis de aprendizes e mestres aos mesmo tempo. O adulto coloca à

---

[85] No campo da arte e da cultura infantil, não só no teatro, mas também na dança, na literatura, no cinema e na música, Henry A. Giroux, aponta para a importância de analisar os produtos culturais midiatizados e, principalmente, dar condições e ferramentas aos participantes para a produção dos próprios produtos culturais. O autor atenta para o que vem denominando em seus estudos como "*disneyzação* da cultura infantil", processo através do qual os produtos culturais produzidos pela empresa norte-americana Disney promovem a difusão, não só nos EUA, mas por todo o mundo, de modelos de conduta aparentemente inofensivos, mas altamente questionáveis do ponto de vista político, ético e histórico. Cf. A Disneyzação da Cultura Infantil, em T.T. da Silva; A.F. Moreira (orgs.), *Territórios Contestados*

disposição da criança o seu *know how* do fazer teatral sem as marcas e os signos culturais da infantilização, e a criança reeduca os adultos nas formas de percepção que lhe são próprias.

Uma visão semelhante pode ser reconhecida nas parcerias que Bob Wilson estabeleceu ao longo da sua trajetória com crianças com disfunções físicas e comportamentais, em especial com os jovens artistas Raymond Andrews e Cristopher Knowles. Essas parcerias foram extremamente marcantes em sua obra. O contato com os jovens, segundo José Tonezzi, "deu-lhe base para um entendimento mais apurado em relação às possibilidades de expressão presentes numa mente cuja percepção de mundo fosse alterada por alguma ocorrência de ordem intelectual ou psicológica, como foi o caso do autismo de Knowles, ou propriamente física, como ocorre com a surdez de Andrews"[86].

Como ressalta Tonezzi, não só como artista, mas também como professor e presidente da Byrd Hoffman Foudation, Wilson deixava claro seu propósito de "organizar situações em que pessoas com diferentes interesses, experiências e capacidades pudessem se encontrar, estimulando nelas o desenvolvimento da individualidade"[87], e não a intenção de transmitir informações de áreas específicas do conhecimento.

Wilson reconhece que através da parceria com os dois jovens artistas, que foram posteriormente adotados por ele, aprendeu novas formas de percepção. A respeito de Andrews, Wilson afirma: "era curioso, ele via por vezes coisas que eu não via, preocupado que estava em escutar. Ele percebia gestos, movimentos de olhos, uma linguagem que eu não tinha consciência"[88]. As características dos espetáculos que surgiram das parcerias de Wilson com Andrews, a partir de 1967, como a descontinuidade, a aparente falta de lógica, a multiplicidade de sons e formas e a ausência da palavra, marcaram profundamente toda a obra posterior de Wilson. O seu interesse em trabalhar com essas pessoas, além de explorar novas formas de percepção, também tinha relação, conforme Tonezzi, com a exploração de modos de ser e estar em cena, em vez da representação. Ele não estava

---

86   J. Tonezzi, *A Cena Contaminada*, p. 100.
87   Ibidem, p. 101.
88   B. Wilson apud J. Tonezzi, *A Cena Contaminada*, p. 106.

interessado no virtuosismo dos atores, mas em ver as pessoas serem elas mesmas em cena.

Este duplo interesse também é manifestado por Romeo Castellucci e por Guidi: a criança é investigada por sua forma de perceber o mundo com todos os sentidos da percepção, por transitar naturalmente entre a ficção e o real, e por ser ela mesma em cena. Essa lógica está presente não somente na relação de Romeo Castellucci com a criança, como também na escolha dos atores selecionados por sua natureza singular e por suas características inocultáveis.

É importante reconhecer, portanto, que os desdobramentos da investigação da "infância do teatro" no percurso da Raffaello Sanzio abarcam os diversos âmbitos de suas práticas, e os modos de ser e de estar da criança tornam-se uma espécie de guia aos diferentes aspectos da criação cênica na companhia.

A renovação constante dos procedimentos, estratégias e métodos que ocorre através do entrelaçamento das dimensões formativas, criativas, experimentais, espetaculares e discursivas está ligada também a outros dois aspectos que aparecem desde os anos 1980 no trabalho da Sòcietas Raffaello Sanzio: a iconoclastia e a necessidade de recriar a realidade.

Cada ato criativo, para Castellucci, pressupõe um ato anterior de aniquilamento de velhos hábitos associados às palavras e às ações. A criação torna-se, portanto, re-criação. Em cada fase que precede o ato da re-criação é necessária a extinção sistemática de um certo "cansaço" gerado pelo uso cotidiano das palavras e das ações com o objetivo de redespertar e re-criar seus sentidos. O discurso iconoclasta produzido pela companhia diz respeito, portanto, à necessidade de "destruir o existente", de recuperar uma condição de pobreza no confronto com o mundo, a fim de contrastar os condicionamentos linguísticos, geográficos e culturais.

O encontro com a infância aparece também como uma possibilidade de recriar o mundo, de se abrir para o encontro com o novo. Quando a companhia se coloca em relação com a criança através de uma pedagogia *rovesciata*, um mundo de impensadas novas possibilidades se abre e se inverte o jogo culturalmente estabelecido e proposto pela pedagogia e pela educação (pelo menos nas culturas ocidentais), no qual a criança é o meio pelo qual se projeta um futuro já planejado pelos adultos. A pedagogia *rovesciata* manifesta não um desejo de refazer o planejado por caminhos já conhecidos, mas a intenção de abrir-se para o novo e para o desconhecido que é a infância.

Lidar com a infância como algo que de antemão já sabemos o que é, como matéria-prima para a realização de nossos projetos, desejos e expectativas para o futuro, como afirma Jorge Larrosa, em seu texto "O Enigma da Infância...", é reduzir drasticamente o significado do nascimento de um novo ser no mundo. Desse ponto de vista, a educação não deveria ser a busca da realização de uma ideia de ser humano, de progresso, de vida social determinada *a priori* pelos adultos, mas sim uma forma com a qual se *recebe* aqueles que nascem. Estar aberto e colocar-se à disposição sem pretender reduzir o futuro a uma lógica predeterminada são atitudes fundamentais para que se devolva à criança a sua "presença enigmática", para que se busque na educação e na pedagogia, uma visão de infância como alteridade.

A pedagogia *rovesciata* praticada pela Socìetas Raffaello Sanzio revela uma visão da pedagogia como forma de abrir-se ao desconhecido e vai ao encontro da necessidade de questionar a realidade e recriar a própria noção de teatro. A abertura em se deixar transformar pelo outro e se colocar em estado de escuta na relação com a experiência da infância implica, ainda, em assumir a prática como produtora de conhecimento. Certos saberes emergem somente da experiência do fazer.

Instigada pelos modos de criar, de formar e de produzir experiências da Socìetas Raffaello Sanzio, não busquei todas as respostas para as inúmeras questões que surgiram pelo contato com a vasta e complexa obra da companhia. Procurei colocar-me num estado de receptividade para ser afetada pelo desconhecido. Afinal, como diz o filósofo Bruno Latour e como nos demonstra o trabalho teatral da companhia na profunda e contraditória relação com a infância, o sujeito articulado é aquele que aprende a ser afetado pelo outro.

5. Entrevistas

ROMEO CASTELLUCCI[1]

Melissa Ferreira: O que é ser contemporâneo?
Romeo Castellucci: Ser contemporâneo quer dizer provavelmente uma coisa muito simples, mas difícil de traduzir. Quer dizer viver nesta época, fazer parte desta época. Ser contemporâneo na arte, ser contemporâneo no teatro provavelmente significa viver e perceber as coisas não segundo o tempo desta época, mas no futuro desta época. Ser contemporâneo para mim não significa traduzir as coisas que acontecem neste momento e fazer uma espécie de crônica, fazer um comentário sobre aquilo que acontece, para mim não é isso. Porque isso já é uma atitude historiográfica. Ser contemporâneo, portanto, não é fazer comentários, mas de modo mais simples, e mais complicado possível, se deixar ser atravessado por esta época, interpretando-a no futuro, projetando-a no futuro. Esta é a minha opinião. Não sei se te respondi bem. Esta é uma pergunta complicada.

---

1   Entrevista realizada pela autora no Teatro Comandini, em Cesena, em 21 de abril de 2012.

M.F.: *Existe um belo texto do Giorgio Agamben sobre isso.*
R.C.: Ah, certo! Sim, sim, é verdade... Ser contemporâneo, para mim, não significa traduzir em tempo real a sua experiência deste tempo, porque não é possível. Ou seja, por definição você não pode ser contemporâneo. Para mim, a única possibilidade é a de levar o tempo, de estar à frente... Coisa que naturalmente não existe, não é factível, não é real, mas é necessário.

M.F. *O que significam as palavras interpretação, representação e presença?*
R.C.: No contexto do teatro, a presença para mim não existe, a presença é um fato real, a presença do corpo de alguém, de uma realidade biográfica, de uma ontologia. Veja...palavras filosóficas. O teatro não é um lugar que permite a presença. O teatro a expulsa, a distancia... Apresentar é muito diferente. A apresentação se entende já pela própria palavra, ou seja, a palavra dá a entender que há uma outra parte: se apresenta a alguém. Então, se torna imediatamente mais interessante, um grau a mais, uma passagem a mais em relação à representação. A representação, na realidade, é a apresentação que se pode repetir, como um esquema, como uma cena preparada. Então, a representação é definitivamente teatral. A apresentação poderia ser também um acontecimento religioso, um acontecimento que pertence à liturgia, por exemplo. Na representação, por outro lado, há algo de mecânico, que a torna repetível, a torna um fenômeno calculado, calculável, que se pode repetir. A apresentação é uma palavra que é muito mais próxima à *body art*, à performance. Ou seja, é a presença do artista enquanto entidade biográfica com nome e sobrenome. Essa presença se exprime através de uma ação, mas não faz referência a outra coisa, não há a quarta parede na performance, potencialmente poderia nem mesmo ter um público. Tanto é verdade que existiram muitas performances em que não havia público. E então há uma diferença substancial. A representação, por outro lado, sustenta a ficção. A presença não. A presença, a apresentação e a representação são três graus diferentes de mostrar-se, de aparecer.

M.F.: *Para você, esses três graus podem estar juntos?*
R.C.: Eu acredito que a presença e a representação não podem andar juntas. A presença e a apresentação sim, e a apresentação

e a representação também. Não sei... digo isso intuitivamente, não é um raciocínio fechado. Diria que não me parece possível que a presença possa estar inscrita numa representação. Porque na presença, sendo uma realidade biográfica, ontológica, há uma verdade. É uma contradição, portanto, colocar uma presença na representação. A representação é a mimese falsa, que engana. A representação "corrompe" tudo, porque nela tudo é calculado. Então, por exemplo, me aconteceu de trabalhar com atores que tinham problemas no corpo, tinham cicatrizes, enfim, eram corpos diferentes, e nem por isso se tratava de um "teatro de vida". Não se tratava da realidade inserida no espetáculo. Mesmo porque, no espetáculo, os corpos diferentes tornavam-se imagens. A imagem não é nunca a coisa em si. A imagem é a sombra de uma coisa, é a sua projeção. É muito interessante o que dizem certos etólogos e certos filósofos a respeito do interesse do animal sobre as imagens. Os animais não estão interessados em imagens, mas nas coisas em si. Por exemplo, um macaco diante de um espelho, em um primeiro momento, fica irado, depois, quando entende que é apenas uma imagem, ele vira para o lado e vai embora, porque não tem nada a ver com as exigências vitais da própria existência. Não é algo que ele pode pegar, que ele pode comer, é uma imagem. Para os homens, qualquer imagem representa uma nostalgia na direção de algo que perdemos. Por isso, os homens são muito interessados nas imagens, e, talvez, menos nas coisas. A imagem pertence à lógica da representação. A presença não. Para mim, a presença é a coisa em si. Portanto, a presença não pode ser uma imagem, porque é a coisa mesma. A imagem, ao invés disso, é o oposto da coisa, é a sua projeção. Então, como eu dizia antes, quando trabalhei com corpos diferentes que tinham uma "verdade", por exemplo, o ator que fazia Agamenon em *Orestea*, que tinha síndrome de *Down*, ele não estava lá para fazer o espectador ver que ele era *Down*, não era um momento de realidade, um momento de verdade no espetáculo, nem um pouco, era uma personagem, ou seja, era uma imagem. Portanto, representava uma outra coisa, não ele mesmo. Naquele caso, era Agamenon. No espetáculo, Agamenon tinha síndrome de *Down* porque realmente era um rei estrangeiro. Existe sempre motivos de ordem dramatúrgica, ligados ao conceito e ao tema de cada espetáculo. Mesmo porque eu acredito que o teatro-verdade não existe. Não existe, não pode existir. A realidade no teatro não existe. Pelo menos eu não a conheço. Por isso, para mim, existem alguns tabus, é correto chamá-los assim, tabus. No teatro, o tabu é a própria realidade. Isto é, a realidade não deve entrar no teatro. É uma outra coisa. Se existe a realidade, não existe o teatro. Por exemplo, uma coisa que eu não posso aceitar é a violência real, o sangue verdadeiro. São coisas que não têm nada que ver com o teatro. Porque aquele sangue, se é verdadeiro, pertence àquele indivíduo, não é meu. Eu, por outro lado, quero como espectador que o sangue na cena seja o meu. Então sangue falso. Sangue falso vai muito bem. Desse modo, é ainda mais forte. Mais do que tudo, tais questionamentos são na verdade *naif*, são ingênuos porque são muito simples no final das contas. Porque querem dizer uma coisa. Querem dizer somente uma coisa. Uma imagem não diz uma coisa, diz muitíssimas, diz tantas... É por isso que a imagem é problemática, porque não se sabe jamais o que pode dizer. Pode dizer muitas coisas

M.F.: Um teórico brasileiro, Norval Baitello, fala da iconofagia, quando as imagens devoram os corpos. Ele afirma que, de certo modo, as pessoas perderam a capacidade de imaginar e estão preenchidas de imagens externas.
R.C.: Sim, estou de acordo. Sobretudo, por exemplo, em relação às imagens da publicidade. Existe uma pesquisa que diz que cerca de oitenta ou noventa por cento das imagens da publicidade nos olha. Então, é como uma invasão. As imagens te olham, pensam por você e te enchem. Uma verdadeira invasão. Pode-se falar até, de um certo ponto de vista, de uma espécie de fascismo da publicidade. Por isso, eu estou de acordo. No meu ponto de vista, a imagem interessante não é aquela que é vista, mas aquela que é produzida. Produzida pelo espectador. Mesmo porque um espetáculo, ou uma obra de arte, é feito de uma sequência de imagens. Mas a coisa que retorna ao espectador não é necessariamente a imagem que se vê. Há esta teoria muito interessante, que acredito que seja absolutamente verdadeira, que é a teoria da montagem de Eisenstein. Eu acredito que é verdade quando ele diz que a soma de uma determinada

cena com outra, ou melhor, que a cena A mais a cena B não resulta em A+B, mas, pelo fato de estarem juntas, resulta em C. É uma terceira imagem. A terceira imagem é aquela que não existe. Que não se vê. Mas é a que importa, pois a terceira imagem é tarefa do espectador, é a imagem que ele deve produzir. Por isso, um espetáculo ou uma obra de arte não podem ser um objeto, não podem ser considerados como um objeto, porque não é um objeto que se pode descrever. Certo, podemos descrevê-lo, mas aquilo que conta não é o que é descrito e, sim, aquilo que é elaborado individualmente pelo espectador em uma espécie de epifania, individual, íntima.

M.F.: Eu vejo no seu trabalho que a questão da origem (presente em diversos textos e espetáculos) aparece não como tema, mas como um dispositivo de criação, no sentido de que se busca sempre a cada processo criativo novas formas de criar e produzir teatro. É assim?
R.C.: Sim, está certo. De certo modo, é como se o teatro fosse inventado todas as vezes. Não um espetáculo, mas o teatro. Para mim, o teatro deve ser assim. Inventar não só o teatro, mas a linguagem do teatro, e ainda inventar a necessidade do teatro. Nesse sentido, está certo o que você diz. Nós falamos sobre a origem, mas não no sentido arqueológico, naturalmente. No sentido de origem "originante", isto é, qual é o ponto de origem, um ponto provavelmente invisível, um ponto muito sutil, muito pequeno, inalcançável. Mas eu creio que seja isso. Antonin Artaud dizia uma frase: é necessário "enlouquecer o subjétil"[2]. Por subjétil ele entende o teatro, todas as suas regras, ou seja, o fato de que um teatro vazio já está cheio de regras. Quando você entra numa sala teatral, imediatamente você entende muitas coisas. De um lado, está o palco com um buraco, na outra parte, as cadeiras. Já se entende tantas coisas, se entende muitas leis. Tudo isso é o subjétil, isto é, a estrutura, o esqueleto. "Enlouquecer" quer dizer colocar em vibração, colocar à prova. Isso, colocar à prova o subjétil. Colocar à prova as leis fundamentais do teatro, a cada vez. Então, é exatamente aquilo que

---

2 No original em italiano *forsennare il supporto*, do francês *forsener le subjectil*, traduzido para o português, no âmbito da obra filosófica de Jacques Derrida, como "enlouquecer o subjétil".

você falou. Sim. "Enlouquecer" quer dizer também despertar, como também sacudir, agitar a origem, para que seja capaz, mais uma vez, de originar. O teatro não é um hábito. Isto é, as leis do teatro muito frequentemente são vividas como um hábito. As pessoas estão lá, uma ação, abrem-se as cortinas, assim se faz. Sim, assim é feito, mas não deveria ser. É necessário entender a estranheza disso, porque é completamente estranho.

M.F.: *Você falou antes sobre algumas diferenças entre a performance e o teatro. No seu trabalho, na prática, o que é a performance e o que é o teatro? Por que você chama um trabalho de performance e outro de teatro?*
R.C.: Eu uso poucas vezes a palavra performance.

M.F.: *E este trabalho em Verona, "Attore, il nome non è esatto"? É uma performance?*
R.C.: Ah! É! Sim, é verdade. Chamo de performance, mas não é uma performance. Se formos absolutamente precisos, não é exatamente uma performance. Eu usei esta palavra para dar a entender que é breve, que não há uma plateia, que é um esquema reduzido ao mínimo, primário. Mas não é uma performance. É um espetáculo. Mesmo porque a performance não se repete, mas se faz uma vez. A repetição não pertence à sua linguagem. São eventos, eventos únicos, fundados frequentemente sobre a presença do artista. Então, não é propriamente uma performance.

M.F.: *Eu gostaria de retornar ao tema de ontem sobre o ator, que é o tema da tua performance, que não é uma performance...*
R.C.: Então, eu dizia que a palavra ator, do meu ponto de vista, não é completamente exata. De fato, o título dessa performance, desse espetáculo, é *Ator, o Teu Nome Não É Exato*. Porque a palavra "ator" significa que o ator é um agente, e, portanto, alguém que não só é portador de uma ação, mas o inventor da ação. É aquele que está na base dessa operação, o agente. Ele mesmo é a origem da ação. Eu acredito que o ator não é isso. A posição do ator, a sua tarefa, não é aquela de ser agente, de ser a ação. O ator é talvez, ao contrário, alguém que se deixa atravessar por forças externas, por forças exógenas, por potências exógenas. Pode ser por espíritos do passado. Ontem falei

também de mortos. Poderia ser interessante recordar o candomblé. Este fenômeno de ser um corpo disponível que é habitado, neste caso, pelos deuses, pelos espíritos. Num certo sentido, é a mesma coisa em relação aos atores. O ator deve ser um lugar disponível de modo que possa acolher diferentes espíritos, diferentes operações, diferentes fantasmas. Na verdade, o ator está sempre mudando. Nem sempre faz a mesma coisa, porque é, por sua vez, um palco. Então, um palco sobre um outro palco. Se deixa atravessar. Sim, é então mais uma paixão do que uma ação. Um padecer. Padecer, exatamente, de *pathos*. Ele recebe uma força externa, não existe uma proposta ou uma proposição no *pathos* do ator. Não existe uma intenção. É propriamente um corpo disponível. Um corpo pronto para estar disponível. E, então, há também aquilo que falei sobre a memória, sobre a amnésia. Ele deve esquecer a si mesmo para poder ser outra coisa, outra pessoa. E, esquecendo de si mesmo, não poder ser agente, não pode ser ator, porque não tem a capacidade de ser ator, não tem mais a capacidade de ser ator. É um pouco um jogo de palavras, mas, além do jogo de palavras, o conteúdo é este... o fato de abandonar uma série de técnicas. Porque o ator, da forma como eu o entendo, é alguém que está pronto também a sustentar, num certo sentido, o peso do palco, o peso do teatro que é também a vergonha, e que, para mim, faz parte dessa figura. É isso. Se não há a forma de abandono, se essa figura se torna um profissional que se prepara com uma série de técnicas e de métodos que se tornam uma forma de proteção, de couraça (uma segurança profissional que pode dar consolo), não comove, não toca. Para mim, um ator extremamente eficaz é alguém que faz sentir esse resíduo de vergonha, como núcleo do teatro. A vergonha, o que é? É uma forma de desconforto, de mal-estar pelo fato de encontrar-se no palco. O palco é sempre o lugar do equívoco no teatro ocidental. É o lugar do erro. Sim, do erro. No momento em que a tragédia (o teatro ocidental) nasce, se inventa, é o momento em que os deuses morrem. Quando os deuses morrem, nasce o teatro. Portanto, é um lugar de solidão. Os deuses não existem mais, não há mais uma possível consolação. É um lugar no qual se vê a busca. Há uma imperfeição, há uma crise e, de qualquer modo, é uma cena de crise. Existe alguma coisa de errado, sempre há alguma coisa de errado na tragédia. E quem diz isso é o filósofo alemão Franz Rosenzweig, nos primeiros anos do século xx, quando escreve que o paradoxo da tragédia é que há muitas palavras, e essas muitas palavras que são usadas, são utilizadas para produzir silêncio. Isso é muito belo. Quanto mais o herói fala, fala, fala, mais produz silêncio em torno de si, falta de sentido. Quanto mais fala, mais a vida, o destino desse herói é um engano, é um erro. Então, nesse sentido, é uma cena de crise. Nesse sentido, é um lugar equivocado. E provavelmente é aqui que é preciso buscar esse sentido de vergonha, que não significa a timidez; é uma outra coisa. É mais substancial, consubstancial com a natureza do teatro. Porque, enfim, o ator poderia não estar ali. Então, é também uma culpa. A culpa e a vergonha são elementos fundamentais na mecânica da tragédia. A culpa é um motor, importantíssimo. São conceitos negativos, mas, na realidade, veiculam uma nova forma de energia porque são coisas "feias", são erros, são coisas violentas, ligadas ao mal geralmente, mas tudo isso é esteticamente belo. É verdadeiramente o fundamento da estética.

M.F.: *Gostaria de falar um pouco mais sobre o ator. No século xx, de certa forma, o ator "conquistou" a posição de criador, de compositor. No teu trabalho, qual é o papel e o objetivo do ator no processo criativo.*
R.C.: Justamente há períodos na história ligados a algumas figuras. No século xx havia a figura do ator, mas no século xx há também a figura do diretor. Para mim, houve esta passagem: no início a figura fundamental era o autor, depois o ator, porque também o século xix é marcado pela figura do ator, pois as pessoas iam ao teatro para ver um ator. Os diretores não existiam. Depois nascem os diretores com Gordon Craig etc. Depois, se poderia dizer que houve ainda outras figuras atorais, mas já é uma outra coisa, mais próxima ao discurso da performance. Neste momento, um dos papeis fundamentais é o do espectador, que é uma figura muito importante, muito importante. Então, para voltar à tua pergunta, o ator, para mim, não tem a importância que tinha antes. Ou melhor, é importante como todos os outros elementos que estão presentes sobre o palco naquele momento. Porque... um espetáculo, o que é? É

um conjunto de impulsos visuais e sonoros que saem do quadro da cena em uma única onda emotiva. É difícil separar as coisas. Não há mais uma hierarquia. Houve um tempo em que se poderia escutar as palavras e permanecer de olhos fechados, ou, no século XIX, você olharia o trabalho que Sarah Bernhardt ou Eleonora Duse faziam. As grandes figuras. Ou considerava, há pouco tempo, a invenção do diretor. Para mim, um teatro interessante é um teatro que cancela tudo isso, que não é mais hierárquico, em que não há mais imagens que são mais importantes que outras. Um espetáculo, quando funciona bem, produz uma única onda emotiva. Não há diferença então. Pode ser um ator, um som, uma luz, um movimento, não há diferença. Porque tudo participa da mesma maneira, do mesmo modo. E, então, o ator faz parte desse conjunto de elementos. Não é mais importante que os outros, não é menos importante que as outras coisas, estão todos no mesmo nível.

M.F.: Mas, na prática, no processo criativo, quem é o criador nos teus espetáculos?
R.C.: No meu trabalho, antes de começar os ensaios, eu escrevo tudo. Mas não é suficiente. Quando estamos no palco durante os ensaios, há o trabalho dos atores, a presença dos atores, seus corpos assim como são, a soma-sema, uma palavra grega, e depois toda a combinação dos elementos. Então, no fim, a criação nasce graças à combinação de todos esses elementos que, naturalmente, eu devo ajustar, encontrar um equilíbrio, entender quais são as coisas essenciais, e quais, ao contrário, devem ser eliminadas. Ao mesmo tempo, contraditoriamente, eu raciocino como um espectador. E, portanto, eu sou um espectador. É como se eu fosse um espectador que vê antes que os outros.

M.F.: Como dizia Grotowski, um espectador profissional...
R.C.: É? Não sabia. Nós finalmente temos algo em comum. De fato, no final das contas, não permanece nada do teatro. Não é um produto. Não permanece nada. É como um fogo que consome o combustível enquanto queima. E não resta nada no fim. O que permanece? Uma impressão, se poderia dizer, uma impressão fotográfica no corpo do espectador. É esse o ponto final. É a única coisa importante. O "como se chega", o método,

o grau de preparação do ator... são coisas não tão importantes diante desse fato. Mesmo porque cada espectador vê uma coisa diferente. Digo uma banalidade, mas é importante. Cada espectador vê uma coisa diferente, com sua vivência, a sua vida, a sua memória. É esta pessoa que, com a sua história e a sua vivência, carrega da vida uma série de fenômenos que ocorrem diante dela. Quer dizer, se existe um sentido em algum lugar, ele é privado e pertence a cada espectador. É isso o espetáculo. Não o conjunto de objetos, sons, movimentos, luzes, formas que se veem no palco. O espetáculo definitivo, se pode também dizer o palco definitivo, é o corpo do espectador. Então, quando falamos de corpo, falamos do corpo do espectador, que é o quadro final. Então, o quadro final é o seu espírito, o seu cérebro. Por isso, tudo é relativo. Não há uma prioridade, nenhuma coisa é hierarquicamente mais importante que outra. Os atores, os elementos, os sons e o diretor são, todos, coisas relativas. Dessa forma, acho que trabalhar no teatro é muito mais interessante porque você é, de certo modo, forçado, obrigado a mudar, a viver neste mundo e, assim, ser contemporâneo. Por isso não acredito muito nas escolas, nos métodos, nos estilos, porque já são velhos, estão condenados a ser velhos.

M.F.: *Como é o teu trabalho na prática, nos ensaios?*
R.C.: Muda muito. Muda muitíssimo. Cada projeto é muito diferente. Tudo depende, provavelmente, do que podemos chamar de tema, do assunto. Há espetáculos que requerem muito tempo, por diversas razões, razões técnicas sobretudo, mas não só. Por exemplo, me vem à mente um trecho que um ator, em *Genesis*, deveria interpretar em hebraico antigo. Ele precisou aprender uma língua, um trecho muito longo. Então foi um trabalho longo também sobre o plano linguístico. Outro desses exemplos é quando os atores devem interagir com máquinas, ou, em certos casos, com animais, e então isso muda o modo de ser deles, muda também a técnica, os tempos e os modos. Em outras ocasiões, basta pouquíssimo tempo. Mas isso não depende só de mim, depende também da capacidade dos atores de entrarem no tema, no problema. Há trabalhos em que trabalho com atores; em outros casos, trabalho com atores que

não são profissionais, que não conhecem nem mesmo o teatro e, normalmente, funciona muito bem.

M.F.: *Em quais espetáculos isso aconteceu?*
R.C.: Isso aconteceu, por exemplo, no episódio *C.#11* da *Tragedia*. Havia muitas pessoas em cena. Nós literalmente saímos pelas ruas para convidar alguns senhores. Eles fariam os *gangsters*. Perfeito, perfeito! Eram verdadeiramente pessoas fora do lugar e aquilo dava a tonalidade certa. Para dar outros exemplos, também em *Orestea* havia muitos atores que nunca tinham representado. Também em *Gilgamesh*. Em *Gilgamesh* havia três atores. As duas figuras protagonistas, Gilgamesh e Enkidu, eram dois jovens que nunca haviam pisado no teatro. Não só nunca tinham sido atores, mas não conheciam nada de teatro, nem o edifício. E eram perfeitos, perfeitos, absolutamente. Como se tivessem feito anos de escola. Então, não se trata só de técnica, existem outros elementos que tornam o trabalho eficaz.

M.F.: *Existe alguma coisa que permanece no tempo no seu modo de trabalhar?*
R.C.: Eu diria que sim, embora seja sempre perigoso avaliar o próprio trabalho. Ao longo do tempo, se mistura uma série de automatismos: "se isso eu sei fazer, eu faço isso". Este é o perigo do profissionalismo, que, para mim, é grave. Em um certo sentido, ao se fazer este trabalho [teatro], a coisa mais certa a fazer talvez seja praticar a contradição. Se estou seguro de uma coisa, eu não faço, faço uma outra coisa na qual sou obrigado, como dizia Artaud, a "enlouquecer o subjétil", inventar o teatro. Então, por isso, seria ideal ter a contradição como uma disciplina. No teatro se pode estar sobre diversas linhas de frente – linha de frente é um termo militar que significa estar na frente, no calor da batalha. É claro que há o teatro de repertório, que é tranquilo, mas eu não quero fazer isso. Teatro de repertório é uma profissão. Se você faz sempre a mesma coisa, tudo bem, mas eu não sou atraído por essa forma. A coisa bela do teatro, que é muito diferente do cinema, por exemplo, é que no teatro é necessário queimar muita energia. Isso é muito cansativo, requer muita energia, talvez precise ser jovem, provavelmente sim. Talvez não dure por toda a vida, mas é melhor mudar de profissão do que

fazer sempre as mesmas coisas. Acredito que é isso que mantém o trabalho em tensão. E o trabalho deve estar sempre em tensão.

M.F.: *Você escreveu algumas coisas sobre a relação entre a ética e a estética nos anos 1990. O que você pensa sobre isso atualmente?*
R.C.: Eu acredito que a ética deriva da estética, e não o contrário. Uma coisa boa, uma coisa ética não necessariamente é capaz de produzir a beleza. Enquanto o contrário é sempre verdade. A beleza é, em si, ética. É também a opinião de Dostoiévski, se não me engano, que diz "a beleza nos salvará". Ele quer dizer que a beleza, em uma concepção estética da vida e da arte, contém uma ética. Esse é um pouco o discurso resumido da relação entre ética e estética. Nietzsche também pensava desse modo. Também o espectador que vem ao teatro é um modelo de homem estético. O mesmo para o espectador do teatro grego, onde se julgava uma forma, chamada de āgon dramático. O "agonismo", essa palavra que é esportiva, deriva da palavra āgon, que eram as festas do teatro grego. O āgon era uma disputa, uma competição, e no fim existia um vencedor e então se julgava uma estética. A coisa mais bela vencia e a coisa mais bela era também a mais justa, num certo sentido. Desse ponto de vista, existe uma relação que atualmente aparece invertida. A ética é pensada como mais um domínio da política, porém, eu penso o contrário. Creio que uma ética é possível somente se nasce de uma estética. E o que é a estética? Isso é um outro problema, eu não sou um filósofo, é um problema muito complexo.

M.F.: *Qual é a tua pesquisa atual no teatro, na arte? Nos anos 1990 havia a questão do teatro pré-trágico...*
R.C.: Atualmente minha pesquisa não tem uma etiqueta, não tem um nome. Mas eu encontrei um conto de um escritor do século XIX, Nathaniel Hawthorne. É um escritor norte-americano da época do Melville, um pouco antes de Melville. Digamos que era o pai espiritual de Melville. Ele escreveu este pequeno conto que se intitula "O Véu Negro do Pastor". O título original é "The Minister Black Veil". É uma história que me tocou. É uma história realmente impressionante. E penso que ultimamente o meu trabalho está centrado sobre esse conto. São

diversos trabalhos que nasceram depois que eu li a história. Então, não sei como chamar... uma fase, um ciclo, talvez. Um ciclo ligado a essa história, mesmo que não seja nunca ilustrada. Na verdade, eu fiz uma tentativa na França de colocar em cena "O Véu Negro do Pastor". Não funcionou. Acontece. Foi muito mal, do meu ponto de vista.

M.F.: *E para o espectador?*
R.C.: Para o espectador, não sei. Não sei. Os espectadores não se dão conta do que eu sinto. Talvez eles estivessem contentes. Isso eu não sei. Mas eu não estava satisfeito, por isso eu mudei.

M.F.: *Você apresentou só uma vez?*
R.C.: Duas vezes. Eu fiz em Rennes (França) e em Antuérpia, na Bélgica. Depois eu o retomei em Roma, porém já era diferente. Mas não ia bem. Então, agora o proponho novamente em Avignon, só que com um título totalmente diferente. Mas o núcleo, o problema é sempre o mesmo. Você conhece a história?

M.F.: *Não, não conheço.*
R.C.: É muito simples. É a história do pastor de uma igreja em uma comunidade puritana de New England. Ocorre na época dos puritanos, dos primeiros puritanos norte-americanos. E esse pastor é um homem que vivia em um vilarejo e era o centro da comunidade, a pessoa mais importante, porque naquela época os sacerdotes eram não só os pastores da igreja, mas eram também os juízes, o coração da comunidade. Então, aos domingos ele vai na missa e, como em todos os dias, não muda nada, seu comportamento é sempre igual. Mas numa manhã ele coloca sobre o rosto um pedaço de tecido negro, um véu. As pessoas ficam desconcertadas, as pessoas do vilarejo não entendem o que está acontecendo. O pastor Uper – se chama assim – faz a missa, fala como sempre e não diz nada sobre o motivo da sua escolha. As pessoas permanecem confusas. Saem da missa, mas todos esperam que o pastor explique, diga alguma coisa. Nada. Ele está sempre com o lenço negro, todos os dias, mesmo quando está sozinho. E não diz nunca o porquê. Não explica nunca. Esse fato provoca uma espécie de confusão, de pânico, de colapso na comunidade. No fim, ele é

afastado, é mandado embora, porque é um escândalo, é inquietante, dá medo. Enfim, esse é o núcleo da história. Esse homem, um homem muito inteligente, muito equilibrado, que um dia cobre o próprio rosto. A coisa extraordinária é que é um padre. Então o padre é afastado. A coisa estranha é o véu negro. Ele é um padre, um pastor, então, por que coloca um véu negro? O que ele viu? Ou que coisa significa? O significado explode, pode significar muitas coisas, me lembra a figura de Moisés. Moisés também, na *Bíblia*, diante de Deus é obrigado a colocar um véu sobre a cabeça. Mas não se entende se esse pastor viu Deus ou se entendeu que Deus não existe. É muito estranho, mas é extraordinário como o rosto se torna um lugar político, um lugar comum; então, esconder o rosto é um gesto fora da lei. Então, de certo modo, o ato é de um terrorista. É muito interessante, nesta época em que há a iconofagia das imagens, pensar numa figura que cobre a face, que nega o próprio rosto. O véu negro não é uma máscara, é um buraco. É um buraco capaz de conter a face dos outros. E é por isso que causa medo; os habitantes do vilarejo viam o reflexo do próprio rosto no buraco e o próprio vazio, por isso era insuportável. Essa história é também a base do espetáculo *Sul concetto di volto nel figlio di Dio*, no qual há um rosto de Jesus que é coberto por um véu negro. Há algumas outras relações, mas estão escondidas, são enigmáticas, subterrâneas. Há ainda um outro trabalho que devo preparar para um outro festival que se chama Ruhrtriennale, na Alemanha[3]. Aqui também tem uma conexão com essa história. Então é um ciclo de trabalho.

CLAUDIA CASTELLUCCI[4]

Melissa Ferreira: Você conduz atualmente uma escola chamada Calla?
Claudia Castellucci: Calla terminou há pouco, durou três anos. Cada escola tem uma duração própria, porque a escola é uma forma de relação humana, onde se formam obras de arte feitas

---

3   Castellucci se refere ao festival Folk, apresentado na cidade de Duisburg, em 2012.
4   Entrevista realizada pela autora no Teatro Comandini, em Cesena (Itália), em 19 de abril de 2012.

de relação humana. E, como toda obra de arte, tem um tempo de conclusão. Essa escola durou três anos, Stoa durou cinco anos, a Scuola Teatrica della Discesa durou vários anos, enfim, é uma duração que sempre muda. Não sigo nenhum método, não importa nenhum método, porque é uma obra de arte. Também não é uma formação e, portanto, a escola não tem a função de educar, mas, em grupo, ressalto, em grupo, se constrói uma obra de arte feita de relação e de movimento, feita de reflexão, de intervenções que são realizadas na cidade. Ultimamente, tenho tido a vontade de deslocar essa escola e experimentar fazê-la longe da base. A base é Cesena, o lugar é este, o Teatro Comandini. E até agora não havia nunca transferido a escola porque ela está baseada sobre um lugar, e mais do que em um lugar, ela está baseada em um tempo. Um tempo compartilhado, um tempo estruturado ao longo dos anos, um tempo periodizado, periódico. O ritmo natural dessas escolas sempre foi alongado em muito tempo. Sempre nos encontramos regularmente uma vez por semana e isso é muito estruturante. Mas, ultimamente, quando as escolas se concluíram, eu quis experimentar um outro modo, isto é, estar distante da base e estar distante de um tempo longo. Então, eu fiz isso em uma outra cidade e em um tempo breve. Para se criar uma obra de arte e, portanto, uma relação em um tempo breve, todos os parâmetros devem mudar. Por exemplo, no lugar da periodicidade há a intensidade do trabalho, ou seja, o fato de nos encontrarmos todos os dias, oito horas por dia. Então, se trata de uma experiência intensa e limitada no tempo. Nas escolas que eu fiz aqui não havia um fim *a priori*, mas terminavam assim como quando se faz um quadro, ou seja, termina quando se diz: "está pronto". No caso da última escola, o fim foi decidido antes, eu sabia que depois de um mês seria o fim e, portanto, mudou todo o parâmetro de relação. Nesse último caso, existe uma relação constante com o fim, no primeiro, o fim está dentro de cada dia, porque a relação com o fim é constante, contínuo, no sentido de que cada instante deve ser completo, deve ter uma relação com o conceito de completude. Não há um objetivo a alcançar, não há um progresso para o fim no qual há uma manifestação, não. Cada dia da escola é completo. É uma relação humana que se torna perfeita a cada dia, se torna completa a cada dia. No caso da escola breve, é muito mais forte a relação com o fim como data previamente decidida. Portanto, é muito diferente. Eu experimentei fazer essa escola em Bordeaux e a chamei de École du Rythme. Geralmente não seleciono as pessoas, porque é muito importante para mim trabalhar com pessoas que escolhem pessoalmente a escola e eu. Não ao contrário. Eu não devo escolhê-las. Elas decidem se é uma experiência que vale a pena começar. E para fazer isso, para haver essa liberdade de escolha, começo a escola com uma visita às cidades, onde eu faço as pessoas experienciarem um primeiro dia de escola, que é o mais importante de todos. Porque no primeiro dia elas entendem se pode interessá-las ou não. Em geral, um dia é suficiente. Existem pessoas que têm necessidade de mais dias, mas geralmente é suficiente um dia, já que no primeiro dia nos encontramos em trinta, no segundo, em quinze. Estas permanecem geralmente até o final, porque aquilo que faço no primeiro dia é uma ação já completamente dentro da escola; então, não é uma simples apresentação e muito menos uma explicação com a voz. Eu faço imediatamente certas coisas. Não explico, não pergunto sequer os nomes, justamente porque o nome de uma pessoa é muito importante para ser verdadeiramente perdido no primeiro dia em meio a uma lista de chamada. O nome faz parte de uma descoberta, deve ser conhecido por meio de uma descoberta que se realiza nos primeiros dias. Realiza-se um pouco mais adiante, quando as pessoas já escolheram entre ir embora ou permanecer, aí então ocorrem os exercícios com o nome. Fazemos as coisas com as portas fechadas, mas as portas fechadas servem para depois podermos sair e ir para a cidade e ali manifestarmos, através da celebração, as invenções que fizemos a respeito do tempo. A origem da palavra celebração, seja religiosa ou civil, se remete a uma assembleia de pessoas que se encontram para se manifestarem em relação a um conceito, a uma ação. Trata-se de reaprender um modo de fazer coletivo que perdeu o sentido em nossa sociedade. Não tem mais sentido porque na época na qual nos encontramos não existem mais deuses, os ritos, a fé compartilhada profundamente, em sentido comunitário. Não existe comunidade. Quando existe comunidade é uma paródia. A internet também é uma paródia de comunidade. Portanto, não se trata de restaurar um tempo que já não pode ser recuperado, mas se trata de encontrar um novo sentido na relação com o tempo que passa, na relação com o lugar, e também na relação com um ambiente de vida em que possa existir um vínculo de significado recíproco em consideração ao lugar onde vivo. Nos encontramos em uma condição na qual é importante encontrar, inventar, de certo modo, as raízes, em sentido absolutamente simples, não simulado, não falso, como, por exemplo, ressuscitar antigos ritos ou retomar antigos mitos, pois isso não é possível. Então é necessário recomeçar de coisas extremamente basilares, essenciais, simples, como, por exemplo, o tempo solar e as estações que passam. Retomar, verdadeiramente, uma espécie de condição elementar de vida no confronto com essa existência terrestre. Propriamente retomar as ligações que estão completamente despedaçadas nesse momento. E, naquilo que diz respeito ao espaço, a mesma coisa, porque é verdade que nós, falo por mim e por todos aqueles que frequentaram a escola aqui ou em Bordeaux, somos pessoas que vivem onde nasceram e onde nasceram os próprios pais. Portanto, por muito tempo estamos em um lugar que, mesmo que seja verdade termos perdido o significado de pertencer a este lugar, todavia, ainda persiste esse sentimento em tantos hábitos materiais como, por exemplo, comer o pão. Nós não pensamos sobre isso, mas o pão traz consigo milênios de história ligada à cerealicultura. Em outras partes do mundo, não existe o pão. Na Itália, e sobretudo em outros países da Europa, existem muitas pessoas vindas de países culturalmente e geograficamente distantes que devem encontrar um sentido no novo lugar em que são, muitas vezes, obrigados a habitar. Então, a procura dessas pessoas por um sentido no novo lugar onde se encontram é para nós uma profecia, porque mesmo nós, que vivemos onde nascemos, que nascemos em um lugar culturalmente e geograficamente íntimo, digamos, não estranho, interno, mesmo para nós se trata de retomar a ligação com a terra, com o próprio habitar um lugar. E essas escolas falam e agem sobre isso. É realmente algo que tem a ver com a realidade. A obra de arte tem a ver com a arte de viver, verdadeiramente. Há também o aspecto da ficção, há também o aspecto da representação, é verdade. Mas essa representação faz parte da celebração, é uma forma de celebração. Então, em certo sentido, se pode falar de paraliturgia, apesar de ser necessário livrar a área de qualquer argumento religioso. Porque o argumento paralitúrgico da liturgia, exatamente, no nosso caso, não tem nada a ver com uma fé. Como dizia antes, fomos arrancados de Deus e dos deuses, não somente do Deus cristão ou do hebraico, e então o argumento da paraliturgia serve para introduzir na sociedade algumas ações que têm um valor, seja de ficção seja de realidade. A liturgia religiosa é uma forma de representação que age. E isso me interessa.

M.F.: *Você já falou um pouco sobre isso, mas gostaria de saber qual é a atitude que o ator deve ter para participar de um processo de pesquisa como este? Qual é o papel, o objetivo do ator neste trabalho? Se é que se pode falar de ator...*
C.C.: Sim, sim, se pode. Como aquele que age. O ator é aquele que age. Para mim, neste momento, interessa um ator que age na realidade através do instrumento da representação, mas age verdadeiramente na realidade. No momento, eu não estou frequentando o âmbito propriamente teatral, e sim tenho frequentado o âmbito escolástico. Mas o ator, substancialmente, a meu ver, deve procurar ser autor daquilo que faz. Mesmo que seja totalmente guiado por um diretor deve ser, do mesmo modo, autor. O diretor constrói o seu trabalho baseado na total confiança do ator, que faz aquilo que o diretor diz. Mas esse seu fazer, em certo ponto, se torna próprio, e, só assim, da parte do diretor é possível conseguir superar o aspecto mais superficial e ineficaz do seu trabalho, que é aquele de dirigir as pessoas. Não se trata, portanto, de dirigir as pessoas, mas de conceder ao ator o próprio poder de transfiguração. Se, e somente se, o ator consegue completar, cumprir essa concessão que o diretor oferece como transfiguração da realidade através da sua obra de arte, então, só então, se pode verdadeiramente falar de uma obra que atinge o seu fim. Não é que tem a ver simplesmente com o aspecto personalista ligado ao talento, ligado à capacidade, mas verdadeiramente se torna algo que, por sua vez, entrega o poder de transfiguração da realidade ao espectador. É, na verdade, uma corrente magnética. É o mecanismo mais íntimo da obra de arte que comove. Esse mecanismo foi descrito por Platão no seu livro *Íon*, em que fala da pedra de Eraclea, que é

uma pedra magnética, quando descreve o mecanismo da criação artística. Ele diz que antes de tudo a musa inspira o poeta. O poeta, inspirado pela musa, escreve. O poeta é inspirado pela musa porque, como uma pedra magnética, atrai o autor, o qual, quase automaticamente, escreve porque é a musa que o inspira. Essa obra é entregue ao rapsodo, ao ator, que, a interpretando, atrai os espectadores para si. E diz Platão: a força inicial da pedra magnética se mantém, mesmo que os elos forem diferentes. O primeiro elo é o autor, o segundo é o ator e o terceiro o espectador, mas todos participam da mesma substância que é a obra de arte. Então ocorre, em um certo ponto, uma forma de fusão entre o ator e o autor, ou pode ser também o caso do ator que é autor. Em todo caso, o ator é sempre autor. Mesmo no caso em que segue a direção dada pelo diretor, mesmo nesse caso, deve ser autor, isto é, deve participar da mesma força que o autor transmite através da obra de arte.

M.F.: Nos anos 1980 você escreveu o manifesto iconoclasta que "não era uma negação da imagem, mas uma ruptura com a representação do mundo". De que modo o trabalho sobre o tempo e sobre o ritmo nasceu dessa pesquisa?
C.C.: A representação compreende toda a realidade. E a realidade é feita de imagem e de tempo também, não? É verdade que o discurso sobre a iconoclastia dos anos 1980 era um discurso ligado ao tempo, ligado às experiências sucessivas que eu tive do tempo, porque se tratava de romper a ligação com cada forma de representação. Assim, como o próprio Platão dizia, a representação duplica aquilo que já é duplo. Na verdade, no nosso caso a iconoclastia não se referia à proibição platônica de utilizar a arte e então deliberadamente duplicar a realidade. Porque para Platão a realidade falsificava as ideias. No nosso caso, pelo contrário, a questão era existencial, isto é, se tratava de recuperar a condição de absoluta pobreza em relação ao mundo, ou até de resgatar uma absoluta condição inicial. Portanto, procurando nos colocar numa condição de autodeterminação total que contrastasse até a época, o tempo, as condições que imediatamente nos invadem, nos obrigam, nos determinam assim que nascemos: a latitude, a longitude, a cultura, a meteorologia, o vocabulário, a língua, todas as coisas que não

decidimos, todas as coisas que nos determinam. É isso, o gesto iconoclasta é um gesto que põe tudo em discussão, mesmo as coisas basilares, mesmo as coisas que frequentemente não podem ser postas em discussão porque são os dados de fato, incontrovertíveis, porque não se pode inventar a época em que se nasce. Não se pode reinventar ou desconsiderar o vocabulário. Mas essa é a contradição originária e original da arte, ou seja, o fato de ter que refazer o mundo completamente, completamente, então não aceitar o mundo que existe. Mas a contradição é: para poder fazer isso, obviamente, é indispensável utilizar os elementos do mundo que foram negados, porque estamos nessa condição. Porém, essa é uma atitude de quem quer, propriamente, romper a realidade dada, as leis, para determinar uma nova realidade.

M.F.: *O objetivo da Stoa era uma pesquisa sobre o movimento rítmico. Quais eram os objetivos das outras escolas?*
C.C.: Nas outras escolas isso não era tão evidente; bastava vivermos juntos um dia de cada vez sem fixar um objetivo. Construir ações, ou então conversar, ou, ainda, inventar pensamentos, cantar, fazer ginástica, ou seja, realizar ações que tinham uma completude, como eu dizia antes, no próprio dia em que se fazia. E as criações desses encontros eram realmente obras de arte. Todas as vezes eram alimentadas dia após dia, ou seja, um dia alimentava o outro. Porque era a própria relação que estimulava a evolução da escola. De fato, se pode dizer que, do ponto de vista lógico, a escola poderia ser sintetizada no primeiro dia, porque o primeiro dia é realmente o dia mais importante, é o dia do início do movimento. É automático, o movimento é automático. Certamente, no primeiro dia eu devo dar um empurrão, é o meu papel. Isso é verdade, e essa é a diferença fundamental que existe entre a professora e o aluno. Na verdade, eu prefiro não usar a palavra "professora", porque ela indica uma sabedoria que eu deveria transmitir. Prefiro usar a palavra "escolarca", que quer dizer "aquele que começa uma escola". Eu começo..., é mais ou menos como um pêndulo, ou uma gangorra, a alavanca. Sim, a alavanca. E, então, eles começam. É automático. É um automatismo no qual a inteligência fica continuamente atenta. Isso. Atenta... porque é posível se abandonar ao automatismo,

isto é verdade, mas ao lado do abandono tem a vigília. Há a inteligência e há a vigília. E é pela inteligência e pela vigília que se diz: a obra está concluída, agora não nos encontramos mais.

SERGIO SCARLATELLA[5]

Melissa Ferreira: Quais espetáculos você fez com a Socìetas Raffaello Sanzio?
Sergio Scarlatella: Eu comecei com *Giulio Cesare*, em 2001. O espetáculo, porém, nasceu em 1997 com outro elenco, mas pararam de apresentá-lo por um período. Em 2001, quando eles decidiram retomá-lo, precisaram mudar algumas pessoas da equipe técnica e do elenco de atores e, por isso, me chamaram para a segunda etapa da vida do espetáculo. Alguns atores permaneceram, outros foram substituídos.

M.F.: Você já conhecia o trabalho da companhia?
S.S.: Sim. Somos de cidades vizinhas, então era fácil para eu ver os espetáculos deles. Eu os conhecia antes de trabalhar com eles.

M.F.: Você trabalha exclusivamente como ator?
S.S.: Sim. Quando comecei a trabalhar com eles ainda trabalhava com outras companhias. Depois, com o tempo, a quantidade de trabalho foi aumentando com a Raffaello Sanzio e fui perdendo o contato com os outros grupos. Por um tempo mantive o trabalho como ator e também o trabalho como professor. Nas escolas, eu ensinava atividades ligadas ao teatro para alunos que iam desde crianças pequenas até adolescentes. De acordo com o projeto da cidade ou da escola, variava o tipo de trabalho e a idade dos alunos. Infelizmente, esses projetos não aconteceram mais por problema de orçamento. A Itália, nos últimos anos, infelizmente sofreu muitos cortes na cultura, no espetáculo e na educação. Por isso, se torna muito difícil ser chamado em uma escola. Elas buscam utilizar mais os recursos internos, ou seja, os próprios professores.

---

5 Entrevista realizada pela autora no Teatro Comandini, em Cesena, em 22 de abril de 2012.

M.F.: Em quais outros espetáculos você trabalhou com a Raffaello Sanzio?
S.S.: Depois de *Giulio Cesare* a companhia iniciou o ciclo da *Tragedia endogonidia*. Depois do primeiro episódio, que foi de certa forma o espetáculo piloto de todo o projeto, uma série de coproduções foram realizadas, ou seja, produções que foram inseridas no projeto, por meio das quais a Raffaello Sanzio conseguiu fazer os onze episódios. Eu entrei no projeto no segundo episódio: o episódio de Avignon, portanto o A.#02. Depois teve o B.#03, em Berlim, no qual tinha somente figuras femininas e, por isso, eu não participei. Retornei no quarto episódio de Bruxelas, o BR.#04. E depois fiz todos os episódios até o décimo primeiro: BM.#05, Bergen; P.#06, Paris; R.#07, Roma; S.#08, Strasburgo; L.#09, Londres; M.#10, Marselha e C.#11, Cesena.

M.F.: Como é o trabalho com os atores nos espetáculos da Raffaello Sanzio?
S.S.: No processo de trabalho da *Tragedia endogonidia*, Romeo e Chiara, a cada vez, nos convocavam para contar a ideia do episódio que seria produzido. Havia já, portanto, uma estrutura precisa, tanto em relação ao projeto cenotécnico quanto ao projeto atorial e coreográfico. Por isso, nos contavam sobre a ideia do projeto e, começando com partituras físicas ou partituras escritas, dependendo do episódio, se iniciava o trabalho quase sempre na cidade que seria apresentado o episódio. Em alguns casos, nos quais dois espetáculos foram criados ao mesmo tempo, como o de Roma e o de Paris, que foram apresentados um seguido do outro com pouquíssimo tempo entre eles, aconteceu de ensaiarmos aqui na sede da companhia. Nesse caso, tivemos a ajuda também do Teatro Bonci, que tem um palco muito grande no qual se pode ensaiar com as cenografias mais imponentes. No mais, trabalho, trabalho cotidiano. Depois que estava alinhavado o esquema do episódio, ou, digamos, o desenho atorial coreográfico (porque, muitas vezes, o espetáculo não tinha palavra, só talvez pequenas frases, ou texto em *off*), trabalhava-se cotidianamente sobretudo em relação à estrutura cenotécnica, que às vezes era fundamental porque nós interagíamos com ela: os objetos eram mais ou menos grandes, mais ou menos mecanizados, dependendo do episódio. Por isso,

tinha esta via dupla: ensaio de atuação e mais as interações com as ideias de Romeo em relação às questões mecânicas, técnicas. Por exemplo, em Roma havia diversas mudanças de cena. Dentre elas, a última, na qual eu imergia do palco. O palco era dividido ao meio e dali eu surgia novamente como Arlequim, agora com outras roupas. Na primeira vez, eu aparecia com uma roupa colorida e, na última cena, branca e preta. Então, por exemplo, havia essa cena para ensaiar, para experimentar. Em Paris, havia muitíssimos elementos, dentre eles, duas máquinas de lavar roupa que deviam ser colocadas em movimento: era preciso esvaziá-las e, em certo momento, elas se inclinavam... Eram tantos elementos a serem levados em consideração. Em alguns episódios havia também animais. Por exemplo, em Londres, gatos. A minha cena, que era uma cena de São Paulo, se desenvolvia em uma mesa de costas para o público. Enquanto São Paulo comia, havia vários gatos que andavam em torno dele. Havia também o cavalo no episódio de Marselha. A um certo ponto do espetáculo, entrava um cavalo negro na cena e eu, vestido como uma espécie de cavalariço, com baldes cheios de leite, derramava o leite sobre o cavalo negro. Eu dava um banho de leite no cavalo. Litros e litros de leite eram derramados sobre o cavalo para resultar em uma poça de leite que desenhava no chão um grande círculo branco. São, enfim, tantas situações diferentes umas das outras, realizadas em pouquíssimo tempo, em poucos anos... muitas experiências... foi uma bela aventura.

M.F.: Você já fez teatro clássico?
S.S.: Digamos que trabalhar no verdadeiro sentido da palavra, não. Mas fiz uma escola de teatro com tendência clássica.

M.F.: Qual escola?
S.S.: Era uma escola privada de Bologna que era gerida por um professor que se formou no Antoniano há muitos anos. Por isso, era uma formação bastante clássica. Fazíamos Shakespeare, poesia do século XIX, Beckett, como estudos. E era muito clássica também a interpretação ensinada. Participei de alguns espetáculos criados pelo professor da companhia, sempre com interpretação clássica. E me dei conta, fazendo esse

tipo de teatro, que me faltava alguma coisa. Não me satisfazia plenamente, não era minha praia. Por isso, quando terminou a escola comecei a procurar caminhos alternativos e acabei participando de vários laboratórios com professores que trabalham com um teatro mais contemporâneo. Aos poucos, me aproximei do teatro contemporâneo também como espectador. E descobri muitos grupos: a Raffaello Sanzio e o Teatro della Valdoca, de Cesena; Teatro dele Albe, de Ravenna; Danio Manfredini; enfim, uma série de grupos que, à parte Danio Manfredini, que é de Milão, estavam perto de onde eu vivo, e era fácil poder vê-los.

M.F.: *A respeito do trabalho do ator, qual a diferença entre o trabalho realizado com a Raffaello Sanzio e em um teatro mais clássico?*
S.S.: É uma abordagem mais próxima ao meu modo de ser como pessoa. Penso que houve, contudo, uma evolução também no próprio trabalho da Raffaello Sanzio. Por exemplo, o espetáculo *Giulio Cesare* tinha uma estrutura clássica: era dividido em atos (o primeiro e o segundo ato), o palco, a plateia, a cortina. A interpretação também era muito exacerbada, porque era um teatro em que se trabalhava com a retórica e com a arte da oratória. Então, ou era empurrada à enésima potência, ou propriamente levada à mínima potência, como quando, por exemplo, as palavras eram sufocadas por um ator (que fazia Antônio) que não tinha mais as cordas vocais. E, então, nesse sentido, podemos dizer que no espetáculo o meu modo de interpretar era clássico, porque havia a impostação da voz e uma musicalidade das palavras que era mais próxima da interpretação clássica, apesar de haver uma ruptura muito forte, que resultava de um trabalho muito meticuloso feito com a Chiara sobre a voz e, do ponto de vista físico, também muito meticuloso com Claudia, constituído por gestos que se remetiam sempre à retórica. Da *Tragedia endogonidia* nasceram apêndices que foram denominados *Crescite*. Era como se, dos episódios, crescessem apêndices que se transformavam em situações fortes que eram mais próximas à arte da performance. Tratava-se de uma série de ações que tinham uma duração limitada e eram repetidas várias vezes ao longo do mesmo dia com um fluxo contínuo de espectadores que entravam e saíam. Pode-se dizer que era uma

combinação entre performance e teatro porque, de todo modo, tinha uma duração, um desenvolvimento e um fim. Portanto, ali já se estava chegando a uma situação menos teatral, porque as apresentações eram realizadas em quartos, salas e lugares não convencionais nos quais havia necessidade de enxugar também o modo de interpretar. Pode-se dizer que existia uma interpretação mais próxima ao cinema, menos projetada, menos lançada. Por fim, chegamos a dois trabalhos: primeiro o *Purgatorio*, do ciclo da *Divina Commedia*, no qual trabalhávamos em um teatro em que éramos microfonados e a interpretação era cinematográfica. Não havia ênfase na interpretação teatral, tudo era muito similar ao cinema. Era como se houvesse uma câmera que gravasse o ator nas situações que se desenvolviam. E o segundo trabalho é o *Sul concetto di volto nel figlio di Dio*, no qual a interpretação também é muito naturalista, muito próxima ao cinema. A diferença do espetáculo *Purgatorio* é que nele não há microfones individuais e sim um microfone direcional que capta todo o ambiente sonoro, não só as nossas vozes (minha e do ator que interpreta o pai).

M.F.: Como foi o processo de criação desse espetáculo?
S.S.: Fundamentalmente, aconteceu como te contei antes. Romeo nos chamou, nos contou a sua ideia e começamos os ensaios aqui no Comandini com as cenas entre eu (que faço o filho) e o pai, interpretado por outro ator. Romeo escreveu um texto simples, banal até, não no sentido negativo, banal no sentido de que nos contou a situação e dessa situação ele tirou um texto que não revela nada, ou seja, é simplesmente um diálogo cotidiano entre um pai e um filho que se movem em torno de uma situação incômoda. O pai tem um grave problema de saúde, de desinteira, então, não consegue reter as fezes. Todo o diálogo se dá em torno dessa situação, que tem alguns elementos como referência: à esquerda da cena tem uma sala, no centro, uma mesa, e à direita, uma cama, um quarto. E a cena se desenvolve partindo da sala e faz uma espécie de plano sequência que guia o movimento das ações dos atores: da sala passam à mesa até, por fim, chegarem à cama. Então, o trabalho girou em torno de começarmos a ensaiar isso e também de especularmos o que poderia acontecer numa situação desse tipo, na

qual o pai está mal, não consegue reter as fezes e, então, o filho precisa atendê-lo continuamente: lavar, trocar, enxugar, acompanhar, mudar de lugar, enfim, buscar fazer de tudo para que o pai esteja bem. Ele faz o que pode, lhe dá o remédio, faz o que é possível. Então, nós ensaiamos isso, mas como uma dificuldade que era dada pela matéria. A matéria, as fezes, está presente em todo o espetáculo, e era necessário descobrir como fabricá-la, como criá-la, como torná-la realista. E, em segundo lugar, como entrar em relação com ela, fazê-la aparecer em toda parte. Experimentamos vários modos: com pipetas, com bolsas e com seringas, com o objetivo de tornar a cena realista. E, então, tudo nasceu em torno da relação do uso da matéria, das fraldas, das toalhas, da água, das esponjas e tudo mais. Essa era a dificuldade principal. Do ponto de vista do trabalho atorial, tudo aconteceu de modo muito natural entre eu e o Gianni. Tanto da minha parte quanto da parte dele, nasceu logo uma relação de intimidade. Eu tenho que lidar com suas partes íntimas, limpá-lo continuamente e isso poderia ser um obstáculo, um problema, mas não foi, tudo aconteceu de uma maneira muito tranquila, de confiança. Depois, nós entramos na dimensão em que seria feito o espetáculo na Alemanha, na qual estava presente também a estrutura do muro, com o qual eu entro em relação na segunda parte do espetáculo, antes de sair de cena. Mas digamos que aquilo que fundamentalmente se refere a mim e ao Gianni é a situação familiar, domiciliar, a sala, a mesa, a cama, enfim, o apartamento. Depois, com o tempo, as coisas se afinaram, melhoraram, seja do ponto de vista prático, da relação com os materiais, como também do ponto de vista atorial.

M.F.: *Como foi para a equipe os protestos que aconteceram em Paris?*
S.S.: Foi realmente difícil. Difícil fundamentalmente porque nós nos encontramos catapultados em uma situação que não esperávamos. Nós sabíamos que alguns grupos de um movimento em particular estavam movendo a opinião pública com o objetivo de impedir a apresentação do espetáculo. Na prática, o que aconteceu durante a apresentação é que eles interromperam o espetáculo, subiram no palco e fizeram um protesto

absurdo num momento totalmente delicado do espetáculo, no qual não havia absolutamente nada de blasfemo, nada contra a igreja, nada contra Cristo, contra Deus, enfim. É o momento em que o pai está com o problema de reter as fezes e o filho o ajuda de todos as formas. Então, trata-se de uma cena extremamente delicada, e eu me pergunto de onde tiraram coragem para ver essa cena e entrar no palco, assim, destrutivamente. Nós nos encontramos nessa situação, e o teatro, da sua parte, agiu para organizar as questões de segurança e nós, da nossa parte, a única coisa que podíamos fazer era esperar para depois continuar o nosso trabalho. Era a única coisa que podíamos fazer, o único modo de protestarmos era fazer com que o espetáculo fosse apresentado apesar de todos aqueles movimentos fora e dentro do teatro. Da nossa parte havia um pouco de temor, porque não sabíamos a que ponto as coisas podiam chegar. Porém, o teatro nos garantiu normas de segurança bastante restritas, com muitas pessoas vigiando durante todo o espetáculo; enfim, desse ponto de vista, me sentia tranquilo. A única coisa é que, para além do trabalho que de todo modo nós conseguimos levar adiante, eu, e acredito que todos nós, nos sentimos sós e abandonados. Mesmo que o teatro, o diretor e a produção fizessem de tudo para que nos sentíssemos bem, tanto do ponto de vista ideológico quanto do ponto de vista prático, estávamos sós. Romeo infelizmente teve que partir. Ele permaneceu nos dois primeiros dias, depois teve que voltar para a Itália por conta de outro espetáculo que precisava estrear. O diretor do teatro, que tratava com os jornalistas, se colocou pessoalmente como porta-voz do evento, deu entrevista para a televisão etc. Ele defendia o espetáculo, mas não éramos nós, não era a companhia. Tudo foi muito exagerado pela mídia, pelos jornalistas, tanto que no fim se tornou incontrolável. Foi lançada uma série de falsas notícias que não conseguíamos verificar e dizer, "isto não é verdade". Romeo, da Itália, ficava o dia todo no telefone com os jornalistas, mas se tornou incontrolável. De todo modo, fomos até o fim e as medidas de segurança foram impecáveis. Não pudemos curtir a cidade de Paris porque nos diziam para nos locomovermos somente em grupo, e era preciso que chegássemos todos os dias no teatro em horários diferentes. Enfim, foi feito o que era necessário. Do ponto de vista pessoal, eu me encontrava totalmente de acordo em estar em cena, em levar adiante, em ir até o fim, ser testemunha do trabalho, no sentido de estar absolutamente tranquilo, porque o que estávamos fazendo não era de forma alguma contra a religião ou contra Cristo; então era certo, do meu ponto de vista, seguir em frente, levar até o fim. É claro que eu também me fiz algumas perguntas: eles têm razão? Somos contra? Estamos violando? É normal se fazer algumas perguntas, mas, falando com pessoas amigas, pessoas preparadas, pessoas em quem confio, falando também muito com Romeo, estávamos convencidos, ao menos eu estava muito convencido, do que estávamos fazendo. Então, eu o faria de novo tranquilamente, sim, eu o faria novamente.

Referências

AGAMBEN, Giorgio. *O Que Resta de Auschwitz*. Tradução de Selvino J. Assmann. São Paulo: Boitempo, 2008.

ANDRADE, Milton de. A Pesquisa em Artes do Corpo: Método, Linguagem e Intencionalidade. In: TELLES, Narciso (org.). *Pesquisa em Artes Cênicas: Textos e Temas*. Rio de Janeiro: E-papers, 2012.

AUDINO, Antonio. Trasfigurazione: La biennalle teatro diretta da Romeo Castellucci. In: ____ (org.). *Corpi e visioni: Indizi sul teatro contemporaneo*. Roma: Artemide, 2007.

ARTAUD, Antonin. *O Teatro e Seu Duplo*. Tradução de Teixeira Coelho. São Paulo: Max Limonad, 1987.

BAITELLO, Norval. Podem as Imagens Devorar os Corpos? *Sala Preta*, São Paulo, n.1, v. 7, 2007.

BARBOSA, Ana Mae. *John Dewey e o Ensino da Arte no Brasil*. 5. ed. São Paulo: Cortez, 2002.

BENJAMIN, Walter. *Obras Escolhidas I: Magia e Técnica, Arte e Política*. Tradução de Sérgio Paulo Rouanet. 7. ed. São Paulo: Brasiliense, 1994.

BERGSON, Henri. *O Pensamento e o Movente*. Tradução de Bento Prado Neto. São Paulo: Martins Fontes, 2006.

BONFITTO, Matteo. *Entre o Ator e o Performer*. São Paulo: Perspectiva, 2013.

____. *A Cinética do Invisível: Processos de Atuação no Teatro de Peter Brook*. São Paulo: Perspectiva, 2009.

____. O Ator Pós-Dramático: Um Catalizador de Aporias? In: GUINSBURG, J.; FERNANDES, Sílvia (orgs.). *O Pós-Dramático: Um Conceito Operativo?* São Paulo: Perspectiva, 2009.

BOLTON, Gavin; HEATHCOTE, Doroty. *Drama for Learning: Dorothy Heathcote's Mantle of the Expert Approach to Education*. London: Heinneman, 2005.

CABRAL, Beatriz A.V. *Teatro em Trânsito: A Pedagogia das Interações no Espaço da Cidade*. São Paulo: Hucitec, 2012.
____. Ação Cultural e Teatro Como Pedagogia. *Sala Preta*, São Paulo, v. 12, n.1, jun. 2012.
____. Professor-Artista: Perspectivas Teóricas e Deslocamentos Históricos. *Urdimento*, Florianópolis, n.10, 2008.
____. O Professor Dramaturgo e o Drama na Pós-Modernidade. *Ouvirouver*, Uberlândia, n. 3, 2007.
____. *Drama Como Método de Ensino*. São Paulo: Hucitec, 2006.
CARLSON, Marvin. *Performance: Uma Introdução Crítica*. Tradução de Thais Flores Nogueira Diniz e Maria Antonieta Pereira. Belo Horizonte: Editora UFMG, 2010.
CARREIRA, André. Pesquisa Como Construção do Teatro. In: TELLES, Narciso (org.). *Pesquisa em Artes Cênicas: Textos e Temas*. Rio de Janeiro: E-papers, 2012.
CASTELLUCCI, Claudia; CASTELLUCCI, Romeo. *Los Peregrinos de la Materia*. Tradução de Carla Matteini. Madrid: Continta me Tienes, 2013.
____. *Il teatro della Socìetas Raffaello Sanzio: Dal iconoclastia alla super-icona*. Milão: Ubulibri, 1992.
CASTELLUCCI, Claudia; CASTELLUCCI, Romeo; GUIDI, Chiara. *L'epopea della polvere: Il teatro della Socìetas Raffaello Sanzio 1992-1999*. Milão: Ubulibri, 2001.
CASTELLUCCI, Claudia et al. *The Theater of Socìetas Raffaello Sanzio*. Nova York: Routledge, 2007.
CASTELLUCCI, Romeo. *Itinera: Trajectoires de la forme – "Tragedia endogonidia"*. Arles: Actes Sud, 2008.
____. O Peregrino da Matéria. Tradução de Narahan Dib. *Sala Preta*, São Paulo, v. 7, 2007.
CASTELLUCCI, Romeo; SOCÌETAS Raffaello Sanzio. *Epitaph*. Milão: Ubulibri, 2003.
CHINZARI, Stefania; RUFFINI, Paolo. *Nuova Scena Italiana: Il teatro dell'ultima generazione*. Roma: Castelvecchi, 2000.
COELHO, Nelly Novaes. *O Conto de Fadas*. São Paulo: Ática, 1987.
COMETTI, Jean-Pierre. Arte e Experiência Estética na Tradição Pragmatista. Tradução de Luciano Vinhosa. *Poiésis, Revista de Pós-Graduação dos Estudos Contemporâneos das Artes*, Rio de Janeiro, n. 12, ano 10, nov. 2008.
CHEVALLIER, Jean Frédéric; MÉVEL, Matthieu. La curvatura dello sguardo (Conversazione con Romeo Castellucci). In: AUDINO, Antonio (org.). *Corpi e visioni: Indizi sul teatro contemporaneo*. Roma: Artemide, 2007. Disponível em: <mathieumevel.ek.la>.
CORNAGO, Óscar. Atuar "de Verdade": A Confissão Como Estratégia Cênica. Tradução de André Carreira. *Urdimento, Revista de Estudos em Artes Cênicas*. Florianópolis, n. 13, 2009.
____. Cuerpos, Política y Sociedad: Una Cuestión de Ética. In: DOMÍNGUEZ, Juan; GALÁN, Marta; RENJIFO, Fernando (orgs.). *Éticas del Cuerpo*. Madrid: Fundamentos, 2008.
____. *La Escena en Tiempo Presente: Teatro y Performance Desde los Noventa*. Madrid. (Nota de curso do Programa de Pós-Graduação em Teatro, Udesc, 2010)
DAWSEY, John C. Victor Turner e a Antropologia da Experiência. *Cadernos de Campo*. São Paulo, v. 13, 2005.

REFERÊNCIAS

DELEUZE, Gilles; GUATTARI, Félix. *Mil Platôs: Capitalismo e Esquizofrenia*, v. I. São Paulo: Editora 34, 2004.

DE MARINIS, Marco. Corpo e Corporeidade no Teatro: Da Semiótica às Neurociências. Pequeno Glossário Interdisciplinar. Tradução de Débora Geremia. *Revista Brasileira de Estudos da Presença*, Porto Alegre, v. 2, n. 1, jan.-jun. 2012.

_____. Ter Experiência da Arte: Para uma Revisão das Relações Teoria/Prática no Contexto da Nova Teatrologia. Tradução de André Carreira. In: TELLES, Narciso (org.). *Pesquisa em Artes Cênicas: Textos e Temas*. Rio de Janeiro: E-papers, 2012.

DERRIDA, Jacques. *A Escritura e a Diferença*. Tradução de Maria Beatriz Marques Nizza da Silva, Pedro Leite Lopes e Pérola de Carvalho. São Paulo: Perspectiva, 2009.

DESGRANGES, Flávio. O Efeito Estético: Finalidade Sem Fim. *Urdimento*, Florianópolis, n. 17, 2011.

_____. A Arte Como Experiência da Arte. *Lamparina, Revista de Ensino de Teatro*, Belo Horizonte, v.1, n. 1, 2010.

_____. *Pedagogia do Espectador*. São Paulo: Hucitec, 2003.

DEWEY, John. *A Arte Como Experiência*. Tradução de Vera Ribeiro. São Paulo: Martins Fontes, 2010.

EISENSTEIN, Sergei. Palavra e Imagem. *O Sentido do Filme*. Tradução de Teresa Ottoni. São Paulo: Zahar, 2002.

FÉRAL, Josette. Teatro Performativo e Pedagogia. Tradução de Verônica Veloso. *Sala Preta*, São Paulo, n. 1, v. 9, 2009.

FISCHER-LICHTE, Erika. *The Transformative Power of Performance*. London/New York: Routledge, 2008.

FIGUEIREDO, Vera Lúcia Follain de. Encenação da Realidade: Fim ou Apogeu da Ficção? *Matrizes*, São Paulo, ano 3, v. 1, ago.-dez. 2009.

FINO, Carlos Nogueira. Vygotsky e a Zona de Desenvolvimento Proximal (ZDP): Três Implicações Pedagógicas. *Revista Portuguesa de Educação*, Braga, v. 14, n. 2, 2001.

FOUCAULT, Michel. *História da Sexualidade 3: Cuidado de Si*. Tradução de Maria Thereza da Costa Albuquerque. Rio de Janeiro: Graal, 1985.

GIROUX, Henry A.; MCLAREN, Peter L. Por uma Pedagogia Crítica da Representação. Tradução de Tomas Tadeu da Silva. In: SILVA, Tomaz T.; MOREIRA, Antônio F. (orgs.). *Territórios Contestados: O Currículo e os Novos Mapas Políticos e Culturais*. 6. ed. Petrópolis: Vozes, 2005.

GIROUX, Henry A. Animating Youth: The Danification of Children's Culture. *Socialist Review*, v. 24, n. 3, 1995.

GUARINO, Raimondo. *Il teatro nella storia*. Roma/Bari: Laterza, 2005.

GUIDI, Chiara. Puerilia: Romagna iniziative. Festival de Puericultura Teatrale, Teatro Comandini, 2011. *Material de Divulgação do Puerilia*. Cesena, 2011.

_____. *Diario della Scuola Sperimentale di Teatro Infantile – Anno II*. Cesena: Casa del Bello Estremo, 1997.

_____. *Diario della Scuola Sperimentale di Teatro Infantile – Anno I*. Cesena: Casa del Bello Estremo, 1996.

GUIDI, Chiara; BOTTIROLI, Silvia. To See Versus to Believe: A Conversation on Listening. *Performance Research*, v. 15, n. 3, 2010.

GUINSBURG, J.; FERNANDES, Sílvia. *O Pós-Dramático: Um Conceito Operativo?* São Paulo: Perspectiva, 2009.

GUMBRECHT, Hans Ulrich. *Produção de Presença*. Tradução de Ana Isabel Soares. Rio de Janeiro: Contraponto, 2010.

HADOT, Pierre. *O Que É Filosofia Antiga?* Tradução de Dion Davi Macedo. São Paulo: Loyola, 1999.

ICLE, Gilberto. *Pedagogia Teatral Como Cuidado de Si*. São Paulo: Hucitec, 2010.

JOBIM E SOUZA, Solange. *Infância e Linguagem: Bakhtin, Vygotsky e Benjamin*. Campinas: Papirus, 1994.

KIRBY, Michael. On Acting and Not-Acting. In: ZARRILLI, Phillip. *Acting (Re)considered: a Theoretical and Practical Guide*. London: Routledge, 2002.

LARROSA, Jorge. Notas Sobre a Experiência e o Saber da Experiência. *Revista Nacional de Educação*. Tradução de João Wanderley Gerald, Rio de Janeiro, n.19, 2002.

_____. O Enigma da Infância ou o Que Vai do Impossível ao Verdadeiro. In: LARROSA, Jorge; LARA, Núria P. de. *Imagens dos Outros*. São Paulo: Vozes, 1998.

LATOUR, Bruno. O Que É Iconoclash? ou, Há um Mundo Além das Guerras de Imagem? *Horizontes Antropológicos*. Tradução de Nicole Reis, Porto Alegre, ano 14, n. 29, jan.-jun. 2008.

_____. Como Falar do Corpo? A Dimensão Normativa dos Estudos Sobre a Ciência. Tradução de Gonçalo Praça. In: NUNES, João Arriscado; ROQUE, Ricardo (orgs.). *Objetos Impuros: Experiências em Estudos Sociais da Ciência*. Porto: Edições Afrontamento, 2007,

LEHMANN, Hans-Thies. *Teatro Pós-Dramático*. Tradução de Pedro Süssekind. São Paulo: Cosac Naify, 2007.

_____. Das Crianças, do Teatro, do Não-Compreender. Tradução de Elaine Padilha Guimarães. *Revista Brasileira de Estudos da Presença*, Porto Alegre, v. 1, n. 2, jul.-dez. 2011.

MACHADO, Marina Marcondes. A Criança É Performer. *Educação & Realidade*, n. 35, v. 2, 2010.

MARQUES, Isabel A. *Ensino de Dança Hoje: Textos e Contextos*. São Paulo: Cortez, 1999.

MAZZAGLIA, Rossella. A Instabilidade do Sonho: Os Gestos da Dança Contemporânea. Tradução de Adriana Aikawa da Silveira Andrade. *Urdimento*, n.12, mar. 2009.

MERLEAU-PONTY, Maurice. *O Visível e o Invisível*. Tradução de José Artur Gianotti e Armando Mora d´Oliveira. São Paulo: Perspectiva, 2000.

_____. *Fenomenologia da Percepção*. Tradução de Carlos Alberto Ribeiro de Moura. São Paulo: Martins Fontes, 1999.

MONTAGNER, Alessandra. Sobre o Conceito do Rosto no Filho de Deus: A Inexplicabilidade de uma Perda Sem Nome. *Revista Aspas*, São Paulo, v. 3, n. 1, 2013.

PAVIS, Patrice. Postdramatic Theatre. Material didático fornecido no "Colóquio Internacional Pensar a Cena Contemporânea", organizado pelo Programa de Pós-Graduação em Teatro na Udesc, 2013. (Não publicado.)

PICON-VALLIN, Béatrice. Teatro Híbrido, Estilhaçado e Múltiplo: Um Enfoque Pedagógico. Tradução de Verônica Veloso. *Sala Preta*, São Paulo, n. 1, v. 11, 2011.

PITOZZI, Enrico. À Beira das Imagens: O Cérebro Como Tela de Projeção. Tradução de Marta Isaacsson. *Revista Cena*, Porto Alegre, v. 8, 2010.

POLANYI, Michael. *Tacit Dimension*. London: Routledge/Kegan Paul, 1966.

PONTE DI PINO, Oliviero. *Il nuovo teatro italiano 1975-1988*. Firenze: La Casa Usher, 1988.
PUPO, Maria L.S.B. O Pós-Dramático e a Pedagogia Teatral. In: GUINSBURG, J.; FERNANDES, Sílvia. *O Pós-Dramático: Um Conceito Operativo?* São Paulo: Perspectiva, 2009.
QUILICI, Cassiano Sydow. *Antonin Artaud: Teatro e Ritual.* São Paulo: Annablume, 2004.
____. As "Técnicas de Si" e a Experimentação Artística. *Revista do Lume*, Campinas, n. 2, nov. 2012.
____. O Conceito de "Cultivo de Si" e os Processos de Formação e Criação do Ator/*Performer*. *Anais VI Reunião Científica da Abrace*, Porto Alegre, 2011.
SACCHI, Annalisa. *Il posto del re(gista). Estetiche e prassi operative della regia nelle origini e nel contemporaneo*. 507 f. Dipartimento di Musica e Spettacolo – Università di Bologna. (Tese de doutorado)
SÁNCHEZ, José. *Prácticas de lo Real en la Escena Contemporánea*. Madrid: Visor Libros, 2007.
SOCÌETAS Raffaello Sanzio. *Il teatro iconoclasta*. Ravenna: Edizioni Essegi, 1989.
TONEZZI, José. *A Cena Contaminada: Um Teatro das Disfunções*. São Paulo: Perspectiva, 2011.
TREZISE, Bryoni. Spectatorship that Hurts: Socìetas Raffaello Sanzio as Meta-affective Theatre of Memory. *Theatre Research International*, n. 37, 2012.
TURNER, Victor. *From Ritual to Theatre: The Human Seriousness of Play*. New York: Performing Arts Journal Publications, 1982.
VIDOR, Heloise Baurich. *Drama e Teatralidade*. Porto Alegre: Mediação, 2010.
____. O Professor Assume um Papel e Traz, Por Que Não, um Personagem Para a Sala de Aula: Desdobramentos do Procedimento *Teacher in Role* no Processo de Drama. *Urdimento*, Florianópolis, n.10, 2008.
VYGOTSKY, Lev Semenovic. *A Formação Social da Mente*. Tradução de José Cipolla Neto, Luís Silveira Menna Barreto e Solange Castro Afeche. São Paulo: Martins Fontes, 2003.

BIBLIOGRAFIA NA WEB

ABETE, Ana. *Una famiglia per il teatro*, 2008. Disponível em: <http://ilforum-dellemuse.forumfree.it/>. Acesso em: 20 out. 2012.
ALLEN, Christopher. Interview With Castellucci. *Montclair State University*, 2005. Disponível em: <http://jhlinsley.net/>. Acesso em: 19 abr. 2011.
ANTONACI, Matteo. C'era una volta. *Artribune*, 2 mai. 2011. Disponível em: <http://www.artribune.com/>. Acesso em: 10 jun. 2012.
CARUANA, Pablo. Entrevista a Romeo Castellucci: "El Teatro no Es Mi Casa, Soy y Me Siento un Extranjero". *Teatron*. Avignon, 2008. Disponível em: <http://www.tea-tron.com/> Acesso em: 21 fev. 2014.
CASTELLUCCI, Romeo. Laboratorio di Teatro: Romeo Castellucci. *La Biennale Channel*. Veneza, 2010. Disponível em: <http://www.youtube.com/watch?>. Acesso em: 11 out. 2012.

_____. Vedere contro credere. *La Biennale di Venezia*, 2010. Disponível em: <http://www.labiennale.org/>. Acesso em: 16 out. 2012.

CESARALE, Sandra. Nella foresta con la strega. *Corriere della Sera*, 12 nov. 1997. Disponível em: <http://archiviostorico.corriere.it/>. Acesso em: 26 set. 2012.

CORETTI, Alessandra. *Chiara Guidi: Màntica Festival: Pratica Vocale Molecolare*, 2011. Disponível em: <http://www.digicult.it/>. Acesso em: 17 out. 2012.

DE MARINIS, Marco. Dopo l'età d'oro: l'attore post-novecentesco tra crisi e trasmutazione, *Cultureteatrali*, 2005. Disponível em: <http://www.cultureteatrali.org/>. Acesso em: 15 jan. 2011.

FERRARESI, Filippo. "*Divina Commedia: Purgatorio*": Close up. Storie delle visione, 2009. Disponível em: < http://www.close-up.it/>. Acesso em: 11 out. 2012.

FERRARESI, Roberta. Intorno al laboratorio: prima, dopo e oltre. Intervista a Romeo Castellucci. *La Biennale Channel*. Biennale di Venezia, 2010. Disponível em: <http://www.labiennalechannel.org/>. Acesso em: 20 mar. 2012.

_____. Inneschi: Al lavoro sulla presenza dell'attore. *La Biennale Channel*. Biennale di Venezia, 2010. Disponível em: <http://www.labiennalechannel.org/>. Acesso em: 20 mar. 2012.

FERREIRA, Taís. Teatro Para Crianças e Estereótipos da Infância. In: COSTA, Marisa Vorraber (org.). *A Educação na Cultura da Mídia e do Consumo*. Rio de Janeiro: Lamparina. Disponível em: <http://www.academia.edu/>. Acesso em: 28 ago. 2013.

FRANCABANDERA, Renzo. *Stoa, occupare e ornare: Intervista a Claudia Castellucci*, 2009. Disponível em: <http://www.youtube.com/watch>. Acesso em: 19 out. 2012.

GALLINARO, Paolo. L'Italia cancella l'arte dalle scuole, è definitivo. *Ilmediano.it*, 2014. Disponível em: <http://www.ilmediano.it/>. Acesso em: 04 abr. 2014.

GUARINO, Raimondo. *L'apocalisse teatrale della Socìetas Raffaello Sanzio*, 2001. Disponível em: <http://www.teatroestoria.it/>. Acesso em: 01 set. 2009.

GUIDI, Chiara. Puerilia: Material de Divulgação. *UnDo.Net*, 2011. Disponível em: <http://www.undo.net/> Acesso em: 25 set. 2012.

HILLAERT, Wouter; CROMBEZ, Thomas. *Cruelty into the theater of the Socìetas Raffaello Sanzio*. 2005. Disponível em: <http://homepages.vub.ac.be/>. Acesso em: 10 mar. 2010.

LAFRANCE, Maude B. Quand le réel entre en scène: La figure de l'enfant chez Castellucci. *Jeu Revue du Théâtre*. Montreal, n. 142, 2012. Disponível em: <http://www.revuejeu.org/>. Acesso em: 15 dez. 2012.

LEONE, Francesca. *Intervista a Chiara Guidi*, 2011. Disponível em: <http://www.youtube.com/watch?>. Acesso em: 20 jan. 2011.

MANCINI, Azurra. Intervista a Chiara Guidi. *L'orientale Web Magazine*. Università degli Studi di Napoli, 2009. Disponível em: <http://magazine.unior.it/>. Acesso em: 30 maio 2012.

MANNO, Francesca. Il bambino come messia artodiano nel teatro dei "Raffaello Sanzio". *Segni e Compressione*, ano 18, n. 53, 2004. Disponível em: <http://siba-ese.unisalento.it/>. Acesso: 15 jan. 2010.

MARINO, Massimo. Il metodo errante di Chiara Guidi. *Doppiozero*, 03 abr. 2014. Disponível em: <http://www.doppiozero.com/>. Acesso em: 03 abr. 2014.

____. Nuovi sguardi per la infanzia. *Doppiozero*, 21 dez. 2011. Disponível em: <http://www.doppiozero.com/>. Acesso em: 24 set. 2012.

____. L'altra Scuola del Nuovo Teatro. *Fillide Revista*, n. 3, 2011. Disponível em: <http://www.fillide.it/>. Acesso em: 03 mar. 2012.

MARRANCA, Bonnie; VALENTINI, Valentina. The Universal: The Simplest Place Possible. Interview With Romeo Castellucci. In: PAJ: *A Journal of Performance and Art*, v. 26, n. 2, 2004. Disponível em: <http://www.mitpressjournals.org/>. Acesso em: 10 mar. 2010.

MARSHALL, Jonathan. The Castellucci Interview: The Angel of Art Is Lucifer. *RealTime Arts* 2002. Disponível em: <http://www.realtime.net/>. Acesso em: 07 dez. 2011.

MARTINELLI, Marco. Chiaroveggenza. *Prove, Rivista di Inchieste Teatrale*, ano 10, n. 2, p. 11-16, dez. 2004. Disponível em: <http://www.muspe.unibo.it/>. Acesso em: 17 out. 2012.

McCLOUGHAN, Mark. Dewey Dell: Agata Castellucci, Demetrio Castellucci, Teodora Castellucci and Eugenio Resta in conversation with Mark McCloughan. *Movement Research Blog*, 2011. Disponível em: <http://www.movementresearch.org/>. Acesso em: 21 out. 2012.

MENEZES, Maria Eugênia de. A Fantástica Heresia de Castellucci. *Teatrojornal Leitura de Cena*. São Paulo, 2013. Disponível em: <http://teatrojornal.com.br/>. Acesso em: 18 out. 2013.

MIGLIETTI, Francesca Alfano. Socìetas Raffaello Sanzio: Conversazione con Claudia e Romeo Castellucci. *Magazines, L'edicole digitale delle reviste italiane di arte e cultura contemporanea*, n. 14, nov. 2008. Disponível em: <http://www.undo.net/>. Acesso em: 15 out. 2011.

NEBBIA, Simone. Primo anno di Puerilia al Teatro Comandini: Intervista a Chiara Guidi. *Teatro e critica: Informazione, immagine e sguardi critici dal mondo del teatro*, 2011, Roma. Disponível em: <http://www.teatroecritica.net/>. Acesso em: 2 abr. 2011.

PASCARELLA, Michele. Claudia Castellucci: La mia opera è creare scuole. *Artribune*, dez. 2013. Disponível em: < http://www.artribune.com/>. Acesso em: 28 mar. 2014.

PIRILLO, Antônio. Conversando con Romeo Castellucci. *Culture teatrali: Studi, interventi e scritture sullo spettacolo*. Disponível em: <http://www.cultureteatrali.org/>. Acesso em: 10 mar. 2010.

PRIKLADNICKI, Fábio. Entrevista Romeo Castellucci. *Zero Hora*, Porto Alegre, 2013. Disponível em: <http://zerohora.clicrbs.com.br/>. Acesso em: 22 out. 2013.

PROPP, Vladimir. As Raízes Históricas do Conto Maravilhoso. São Paulo: Martins Fontes, 2002.

SOCÌETAS RAFFAELLO SANZIO. Site oficial. Disponível em: <http://www.raffaellosanzio.org/>. Acesso em: 04 abr. 2014.

SOFIA, Gabriele. Dai Neuroni Specchio al Piacere dello Spettatore. In: SOFIA, Gabriele (org.). *Dialoghi tra teatro e neuroscienze*. Roma: Editora & Spettacolo. Disponível em: <http://www.academia.edu/>. Acesso em: 13 set. 2013.

STROMMEN, Marit. A Esthetics and Ethics in the Work of Socìetas Raffaello Sanzio. The Need for a Debate. TRANS: *Internet Journal for Culture Studies*.

Viena, n. 9, maio 2001. Disponível em: <http://www.inst.at/>. Acesso em: 04 set. 2013.

TOLVE, Antonello. Elogio dell'educazione creativa: Un dialogo con Chiara Guidi (I). *Artribune*, jun. 2013. Disponível em: <http://www.artribune.com/>. Acesso em: 12 mar. 2014.

_____. Elogio dell'educazione creativa: Un dialogo con Chiara Guidi (II). *Artribune*, jun. 2013. Disponível em: <http://www.artribune.com/>. Acesso em: 12 mar. 2014.

TREZISE, Bryoni. A Theater for Children Other to Itself. *Realtime Magazine*, Sidney, n. 108, 2012. Disponível em: <http://www.realtimearts.net>. Acesso em: 12 set. 2013.

_____. A Childhood of Theatre. *Realtime Magazine*, Sidney, n. 100, 2010. Disponível em: <http://www.realtimearts.net>. Acesso em: 12 set. 2013.

FONTES

Material Audiovisual

GUIDI, Chiara; CASTELLUCCI, Romeo. *Diario della Scuola Sperimentale di Teatro Infantile – Anno I*. Itália: Socìetas Raffaello Sanzio, U-matic, 58', cor, 1996. (Italiano. Sem legenda.)

_____. *Diario della Scuola Sperimentale di Teatro Infantile – Anno II*. Itália: Socìetas Raffaello Sanzio. U-matic, 49', cor, 1997. (Italiano. Sem legenda.)

CASTELLUCCI, Romeo. *Inferno, Purgatorio, Paradiso*. Itália: Socìetas Raffaello Sanzio, DVD, 200', cor, 2008. (Francês. Legenda italiano.)

_____. Interview de Romeo Castellucci par Gustav Hofer. In: Socìetas Raffaello Sanzio. *Inferno, Purgatorio, Paradiso*. DVD, 200', cor, 2008. (Francês. Legendas em italiano e inglês)

CASTELLUCCI, Romeo. *Tragedia endogonidia*. Itália: Socìetas Raffaello Sanzio. DVD, cor, 2007. (Italiano. Sem legenda.)

Audiovisual dos Espetáculos

Registro sonoro do espetáculo *Buchettino* (1995)
Registro audiovisual do espetáculo *Orestea (una commedia organica?)* (1995)
Registro audiovisual do espetáculo *Giulio Cesare* (1997)
Registro audiovisual do espetáculo *Voyage au bout de la nuit* (1999)
Registro audiovisual do espetáculo *Genesi: From the Museum of Sleep* (1999)
Registro audiovisual da performance *Attore, il tuo nome non è esatto* (2010)

TEATRO NA ESTUDOS
últimos lançamentos

Eisenstein Ultrateatral
Vanessa Teixeira de Oliveira (E249)

Teatro em Foco
Sábato Magaldi (E252)

A Arte do Ator Entre os
Séculos XVI e XVIII
Ana Portich (E254)

O Teatro no Século XVIII
Renata S. Junqueira e Maria Gloria C. Mazzi (orgs.) (E256)

A Gargalhada de Ulisses
Cleise Furtado Mendes (E258)

Dramaturgia da Memória no Teatro-Dança
Lícia Maria Morais Sánchez (E259)

A Cena em Ensaios
Béatrice Picon-Vallin (E260)

Teatro da Morte
Tadeusz Kantor (E262)

Escritura Política no Texto Teatral
Hans-Thies Lehmann (E263)

Na Cena do Dr. Dapertutto
Maria Thais (E267)

A Cinética do Invisível
Matteo Bonfitto (E268)

Luigi Pirandello:
Um Teatro Para Marta Abba
Martha Ribeiro (E275)

Teatralidades Contemporâneas
Sílvia Fernandes (E277)

Conversas Sobre a Formação do Ator
Jacques Lassalle e Jean-Loup Rivière (E278)

A Encenação Contemporânea
Patrice Pavis (E279)

As Redes dos Oprimidos
Tristan Castro-Pozo (E283)

O Espaço da Tragédia
Gilson Motta (E290)

A Cena Contaminada
José Tonezzi (E291)

A Gênese da Vertigem
Antonio Araújo (E294)

A Fragmentação da Personagem no Texto Teatral
Maria Lúcia Levy Candeias (E297)

Alquimistas do Palco: Os Laboratórios Teatrais na Europa
Mirella Schino (E299)

Palavras Praticadas: O Percurso Artístico de Jerzy Grotowski, 1959-1974
Tatiana Motta Lima (E300)

Persona Performática: Alteridade e Experiência na Obra de Renato Cohen
Ana Goldenstein Carvalhaes (E301)

Como Parar de Atuar
Harold Guskin (E303)

Metalinguagem e Teatro: A Obra de Jorge Andrade
Catarina Sant'Anna (E304)

Ensaios de um Percurso
Esther Priszkulnik (E306)

Função Estética da Luz
Roberto Gill Camargo (E307)

Poética de "Sem Lugar"
Gisela Dória (E311)

Entre o Ator e o Performer
Matteo Bonfitto (E316)

A Missão Italiana: Histórias de uma Geração de Diretores Italianos no Brasil
Alessandra Vannucci (E318)

Além dos Limites: Teoria e Prática do Teatro
Josette Féral (E319)

Ritmo e Dinâmica no Espetáculo Teatral
Jacyan Castilho (E320)

A Voz Articulada Pelo Coração
Meran Vargens (E321)

Beckett e a Implosão da Cena
Luiz Marfuz (E322)

Teorias da Recepção
Claudio Cajaiba (E323)

A Dança e o Agit-Prop
Eugenia Casini Ropa (E329)

O Soldado Nu: Raízes da Dança Butô
Éden Peretta (E332)

Teatro Hip-Hop
Roberta Estrela D'Alva (E333)

Alegoria em Jogo: A Encenação Como Prática Pedagógica
Joaquim C.M. Gama (E335)

Jorge Andrade: Um Dramaturgo no Espaço-Tempo
Carlos Antônio Rahal (E336)

Campo Feito de Sonhos: Inserção e Educação Através da Arte
Sônia Machado de Azevedo (E339)

Os Miseráveis Entram em Cena: Brasil, 1950-1970
Marina de Oliveira (E341)

Isto Não É um Ator
Melissa Ferreira (E342)

Este livro foi impresso na cidade de São Paulo,
nas oficinas da Orgrafic Gráfica e Editora, em setembro de 2016,
para a Editora Perspectiva.